高等院校**应用技术型**财会类精品教材

会计学原理

Accounting Principles

金艳红 高晨星　主　编
王　倩 臧泽华　副主编

上海财经大学出版社

图书在版编目(CIP)数据

会计学原理/金艳红,高晨星主编．—上海:上海财经大学出版社,2016.1

(高等院校应用技术型财会类精品教材)

ISBN 978-7-5642-2296-3/F・2296

Ⅰ.①会… Ⅱ.①金… ②高… Ⅲ.①会计学-高等学校-教材 Ⅳ.①F230

中国版本图书馆 CIP 数据核字(2015)第 304305 号

□ 责任编辑　顾晨溪
□ 封面设计　韩庆熙

KUAIJIXUE YUANLI
会 计 学 原 理

金艳红　高晨星　主　编
王　倩　臧泽华　副主编

上海财经大学出版社出版发行
(上海市武东路 321 号乙　邮编 200434)
网　　址:http://www.sufep.com
电子邮箱:webmaster @ sufep.com
全国新华书店经销
上海华业装璜有限公司印刷装订
2016 年 1 月第 1 版　2016 年 1 月第 1 次印刷

787mm×1092mm　1/16　18.25 印张　467 千字
印数:0 001—4 000　　定价:35.00 元

前 言

2006年,财政部发布了《企业会计准则》体系后,实现了我国会计准则与国际接轨。2007年新准则开始在上市公司实施,2008年在大型国企实施,并随着在全社会的推开而陆续进行了修订。近几年,财政部发布了若干项《企业会计准则解释》,并于2014年修订、制定了7项具体准则,会计与经济发展的密切关系决定了会计的教学必须紧跟经济发展的节奏,这些准则及解释公告对会计类教材的影响非常大。

作为会计学课程体系的起点,《会计学原理》教材的内容范围、结构安排等似乎已成定式,而非会计专业的学生在学习本课程后通常没有机会继续学习中级财务会计、高级财务会计,但又有需求考取会计从业资格证书并从事实际会计工作,因此有必要让这些学生通过学习这门课程对会计学原理有一个整体的把握,并打下牢固的基础、提高进一步自学的能力。

从多年的经济管理类本科学生的"会计学原理"课程开展经验来看,学生在一开始对会计学原理能否产生兴趣非常重要,为此,本教材在编写过程中对课程安排进行了调整,在课程初期加强了对会计的基本核算方法的介绍,将会计核算方法体系单列了一章,并在讲解会计核算的基础上安排了例题,这些基本知识的理解有利于学生在今后的实际学习和工作中最大限度地发挥自己的潜能。

本书编写风格上注重原理与实用性的结合,每章增设了引导案例、重点知识总结和课后习题,对学生加深知识的理解和应用有很大好处。

本书共分十一章,第一、二、三、四章由金艳红执笔,第五章由高晨星执笔,第六、七、八章由王倩执笔,第九、十、十一章由臧泽华执笔。

感谢在教材撰写和出版过程中裴子英教授、林士伟教授给予的关心和支持,感谢徐思怡、卢盘莲等同学参与的校正工作,同时,感谢上海财经大学出版社对本教材出版给予的帮助。

编 者

2016年1月

目录

第一章　总　论

学习目标

通过本章的学习，对会计有一个概括的认识，以本章的知识为基点，进一步学习全书内容。了解会计的发展史、概念、本质、职能；了解世界和我国会计核算的规则和规范的内容；掌握会计的基本假设及核算基础、会计信息质量特征。

关键概念

会计对象　会计假设　权责发生制　会计信息质量特征

引导案例

原始、渔猎、农耕时代的会计活动是从“结绳记事”“刻木记事”开始的；电视剧《大染坊》中主管会计活动的是“账房先生”——头戴瓜皮帽、佩戴老花镜，工具是账本和算盘；而现代从事企业会计活动的是具有一定专业知识、学历和职业资格，通晓计算机，且具备各种软件技能的会计主管或财务总监。这给我们一个启示：会计活动是一段历史时期人类生产实践、经济管理和社会发展的客观需要；会计的方法和技术，是通过长期实践，加上运用先进的科学技术成果，逐渐完善起来的。

启示：会计核算随着经济活动的发展而发展，为了记录越来越复杂的经济活动，会计人员逐步建立了各种规则和惯例。这些规则和惯例在世界范围内被统称为“公认会计准则”，并以假设、原则、准则、惯例等不同的术语加以表述。

会计的含义以及这些公认的会计理论的基础，是本章将要介绍的内容。

第一节　会计的含义

一、会计的产生及发展

“会”“计”两字均有计量、计算的意思。清朝焦循在《孟子正义》中将两字进行区别，即零星算之为“计”，总合算之为“会”。会计作为一种计量、记录活动，其产生可以追溯到非常久远的年代。现在我们所说的会计(即真正意义上的会计)是商品经济的产物,是随着商品经济的出现、社会生产的发展、经济管理的要求而逐步发展完善起来的。

(一)会计的萌芽阶段

在人类社会早期,随着生产活动中分配、交换的出现,数量概念和简单的计量行为相继发生(结绳记事、简单刻记等)。会计的最初表现就是人类对经济活动的计量和记录行为。不过,在生产力十分低下的时期,人们更关心的是生产活动本身,会计只是一种附属职能,不是真正意义上的会计。一般把从旧石器时代中晚期到奴隶社会这一时期称为会计的萌芽阶段,也叫会计的原始计量与记录时代。

(二)古代会计

随着生产力的发展、剩余产品的出现及私有制的产生,会计经历了一个从简单到复杂、从低级到高级的发展过程。我国早在商朝,会计就成为官厅中的一项专门工作。西周设"司会"官职,掌握钱粮、赋税、收支,进行"月计岁会"。秦汉以后,各朝代均有主管会计的官职。在会计技术方面,唐宋之际产生了相当科学的会计结算方法,即四柱结算法(四柱清册):旧管+新收=开除+实在。明末清初17世纪初,民间出现"龙门账":草流(凭证)→流水簿(日记账)→总清簿(分类核算),公式为:进-缴=存-该(合龙平衡公式),称经济收支活动尤其人欠、欠人,千变万化,但犹如江河入海,九九归一。古代会计的主要技术方法包括原始计量记录法、单式簿记法和初创形态复式记账法等。

(三)近代会计

近代会计是从运用复式簿记开始的,复式记账技术首先来自中世纪意大利银行的存款转账业务。在13世纪意大利的银行账簿中,已分别以"借主""贷主"登记债权和债务,为近代会计的借贷记账法奠定了基础。

1494年,意大利数学家卢卡·帕乔利的《算术、几何、比与比例概要》一书问世,书中系统地介绍了威尼斯的复式记账法,并给予理论阐述,该书的迅速推广标志着借贷记账法正式成为大家公认的复式记账法。复式记账法对每笔经济业务同时在两个或两个以上的账户中进行记录,以反映资金运动记账的来龙去脉。相比单式记账法而言,复式记账法能科学地记录经济业务的全貌。

从世界范围来看,通常认为"借贷复式记账法"的出现及《算术、几何、比与比例概要》一书的问世是近代会计史的第一个里程碑。借贷记账法在清朝末期光绪年间从日本传入中国,目前在世界各国通用。我国企业、行政事业单位的会计记账都采用借贷记账法。

从15世纪到19世纪,会计的理论与方法的发展仍然是比较缓慢的。直到19世纪,英国进行了工业革命,出现了股份公司,在原来记账、算账的基础上对会计提出了编制和审查财务报表且企业的会计需要接受外界监督的新要求。1854年世界上第一个会计师协会——英国的爱丁堡会计师公会的成立,使会计成为一种职业,这被认为是近代会计发展史上的第二个里程碑。

近代会计同商品经济的发展有着不可分割的联系,与古代会计相比,其主要特点是:一方面,纸张的出现、货币制度的建立、阿拉伯数字的普及、商品经济在一些国家发展的结果,使会计有可能充分地应用货币形式，作为计量、记录与报告的手段；另一方面，会计的记录采用了复式记账法，形成了一个严密的体系。

从上述会计产生和发展的历史过程中，我们可以得出以下结论：

(1)会计是随着社会生产的发展和管理经济的需要应运而生的；

(2)会计的发展以社会生产的发展为背景，以当时的科学技术水平为前提条件；

(3)会计的发展对社会生产的发展有着十分显著的反馈作用，社会生产越发展，会计就越重要。

(四)现代会计学科体系的发展

现代会计学科体系形成于20世纪30年代。财务会计的出现、管理会计的产生、计算机应用于会计，标志着现代会计的产生。现代管理会计的出现，是近代会计发展成为现代会计的重要标志。

英美模式的会计学科体系主要是按照学科内容的深浅划分，在管理会计产生之前，会计学的主干学科划分为初级会计、中级会计和高级会计。20世纪30年代管理会计产生之后，会计学科分为财务会计与管理会计两大领域。

财务会计是在市场经济条件下，建立在企业或其他主体范围内的、旨在向企业或其他主体外部提供以财务信息为主的信息的一个经济信息系统。因此，它主要是通过定期编制和提供财务报表，为外界与企业有经济利害关系的各个集团或个人服务。例如，股票持有者关心的是投资的安全程度和盈利的分配，因而他们需要通过财务报表来了解企业的财务状况和经营成果，以便对其所掌握的股份进行分析和评价；一些潜在的投资人、企业的长期和短期的债权人、政府的有关机关等也都从不同的角度要求企业能够提供正确决策所需的报告。所以，企业的财务状况和经营成果成为各有关方面共同关心的对象。财务会计正是从他们的利益出发，集中地研究企业会计中的有关问题，并着重通过各种财务报表来满足有关方面的需要。这种以提供财务报表为中心的会计就称为财务会计。

管理会计不同于以上所说的财务会计，主要表现在：它服务的目的不是满足企业外部有关方面的需要，而主要是适应企业内部管理的需要，即为企业管理部门正确地进行管理决策和有效经营提供有用的资料。如果说财务会计是以提供财务信息为中心的会计，那么管理会计就是以经营管理为中心的会计。

财务会计所要描述的是已经发生的事实，不强调将来；而管理会计不仅重视过去和现在，而且还着眼于将来，还要预测将来可能发生的经济活动及其效果。因此，管理会计既要利用财务会计的资料，又要利用其他一切可能利用的资料，以便完成为经营管理服务的任务。

管理会计的创立和日趋成熟，大大地丰富了会计的内容，使会计进入了其发展历程中的高级阶段。许多会计学家基于会计的这种新变化，对会计的概念做了新的解释。

我国会计学科体系的发展可以分为以下几个阶段：

(1)20世纪五六十年代，在计划经济的基础上，引进或学习苏联会计学科体系，形成了我国传统的会计学科体系。特点是始终围绕国家财经制度和计划两个中心，以会计方法为主体、以会计核算为重点来确定会计学科体系的内容。形成的会计学科体系包括会计核算原理、部门会计学、部门财务管理、部门经济活动分析。

(2)20世纪80年代以来，随着我国改革开放的深入，研究领域不断扩展，既注重会计基本理论研究，同时也注重研究西方会计理论与实务，并逐渐形成了我国现代会计学科体系。20世纪80年代初，在传统会计学科体系的基础上增加了审计学、西方会计学、电算化会计、管理会计学、会计史及会计理论等学科，突破了传统会计学科体系的框架。20世纪80年代中后期，我国会计学科体系逐步完善，出现了社会会计学、人力资源会计、物价变动会计、责任会计、成本管理会计、股份公司会计、联营会计、中外合资会计等。它们对我国改革开放的深入、与国际惯例接轨起到了积极作用。

(3)进入20世纪90年代，会计学界对会计这门科学有了全面的认识，一致认为会计学科属于经济管理学科，建立了一批既具有实用价值又具有发展潜力的会计边缘交叉学科，如会计经济学、会计行为学、环境会计、资源会计等。管理活动论认为会计不仅是一种经济管理工具，它本身就是管理的重要组成部分，是一种管理活动。

二、从管理活动论观点来理解会计的含义

会计的发展史表明会计的产生与发展与人们管理经济、讲究经济效益紧密地联系着，随着生产力水平的不断发展、管理水平的提高及人类对经济效益的更高追求，相应地会对会计提出新的要求，这是会计发展的原动力。会计的发展已经走过了一条从简单到复杂、从低级到高级、从不完善到完善的道路，但只要生产和管理在发展，会计的水平和含义也会有新的发展，不可能永远停留在现有的水平上，这是可以预见的。

会计的本质像英文“Accounting”(会计)源于其词干“Count”(计量、计算)一样，从一开始就与计量技术密不可分。会计计量要运用货币为计量尺度，来记录经济活动所占用、所耗费的各种实物财产物资，核算所取得的劳动成果，并将取得的劳动成果与所耗费的财产物资进行比较，从而衡量经济活动的经济效益。会计在核算、计量过程中，所运用的计量尺度主要是货币计量，其他计量尺度如劳动尺度、实物尺度等只是一种辅助手段。以货币作为计量尺度，使会计核算区别于其他核算如统计核算、其他业务核算等核算活动。

会计核算以货币尺度进行计量，所以它反映的是经济主体的资金运动。

20世纪以来，中外会计学界针对会计本质问题所形成的两种主流学派是会计信息系统论和会计管理活动论。所谓会计信息系统论，就是把会计的本质理解为一个经济信息系统；而会计管理活动论则认为会计的本质是一种经济管理活动。

我们认为，讨论会计的含义，首先应明确“会计”是指什么。它是指“会计学”还是“会计工作”，或是“会计方法”？如果不明确界定这一前提，则必将引起一场不必要的辩论。本书中，我们将“会计”界定为“会计工作”。基于这一前提，我们认为“会计管理活动论”的观点代表了我国会计改革的思路与方向，是对会计本质问题的科学论断，因此，我们倾向于选择“会计管理活动论”来为会计定义。在“会计管理活动论”的前提下，我们完全有理由认为会计是经济管理的重要组成部分，是以提供经济信息、提高经济效益为目的的一种管理活动。由此可得出会计的定义如下：

会计是以货币为主要计量单位，采用专门的技术方法，对企业、行政事业单位或其他经济组织的经济活动进行全面、综合、连续、系统的核算和监督，并向有关方面提供会计信息的一种经济管理活动。

会计的本质是：会计是一项管理活动，在微观经济中是企业管理的重要组成部分，在宏观

经济中是国民经济管理不可缺少的部分。

三、会计的职能

会计的基本职能是核算和监督，其他职能还包括预测、决策、控制和分析等。

（一）会计的核算职能

会计核算贯穿于经济活动的全过程，它是会计最基本的职能，又称反映职能，是指会计以货币为主要计量单位，通过确认、计量、记录、报告等环节，对特定主体的经济活动进行记账、算账、报账，为各有关方面提供会计信息的功能。会计以财务会计报告的形式对企业的经济活动进行全面、连续、系统、综合的反映，以满足各有关利益方面对会计信息的需求。

核算职能的特点如下：

(1)会计主要以货币作为计量单位，从数量上核算各单位的经济活动情况；

(2)会计主要核算已经发生或已经完成的经济业务；

(3)会计在反映经济活动时具有完整性、连续性和系统性。

（二）会计的监督职能

会计的监督职能又称控制职能，是指会计人员在进行会计核算的同时，对特定主体经济活动的合法性、合理性进行审查。

监督职能的特点如下：

(1)会计监督既要利用货币计价进行监督，也要进行实物监督；

(2)会计监督是包括事前监督、日常监督和事后监督的一个过程；

(3)会计监督是单位内部的监督，是外部监督不可代替的。

会计的核算职能和会计的监督职能是相互联系、相辅相成的。会计核算是会计监督的基础，没有会计核算提供的会计信息，会计监督就没有依据；只有会计核算而没有会计监督，就难以保证提供的会计信息的真实性，就不能在经济管理中发挥应有的作用。

（三）会计的预测职能

会计的预测职能是指运用专门的技术方法，利用会计信息资料和其他信息资料，找出经济活动中客观存在的规律性，并以此为依据，对经济活动未来的发展趋势或状况进行估计或测算。企业通过会计预测，能在一定程度上掌握未来经济活动的不确定因素和未知因素，为会计决策和其他经营决策提供有用的数据信息资料。因此，它是企业决策、制定经营政策、规划企业行为的前提和重要手段。

（四）会计的决策职能

会计的决策职能是指在会计预测的基础上，对未来一定时期的经济活动，可能采取的各种备选方案，根据所掌握的会计数据和其他相关的资料，严密地进行定量分析，权衡利弊得失，从中选取最优方案。会计人员的决策活动有直接决策和参与决策两种情况，对于企业会计范围内的决策活动，如各项费用消耗、产品成本可能达到的水平、企业盈利的多少、资金需要量的多少等，会计人员可以根据会计信息资料直接做出决策；对于涉及全厂生产和经营活动的决策，如生产、销售决策，设备更新决策，重大投资决策，产品定价决策等，属于企业经营管理的高层次决策，必须有会计人员参与，提供经过加工处理的高级会计信息资料，为最高管理层决策提供可靠的数字依据。

（五）会计的控制职能

会计的控制职能是指按照管理的目的和要求，通过组织、指挥、协调企业的经济活动，对经济行为进行必要的干预，使其按照预定的轨道有序进行。会计控制的内容包括：(1)编制预算，确定企业财务目标；(2)组织预算的执行；(3)在预算执行过程中随时利用会计信息同预算和财务目标相比较，进行评价；(4)及时反馈并采取措施调整脱离预算的偏差，以实现预定的财务目标。在经济活动中是否能有效地发挥会计控制职能的作用，是衡量会计管理工作水平高低的重要标志。今后随着现代管理技术的发展和会计电算化、电控化的广泛运用，会计控制职能的作用将逐渐发挥出来。

（六）会计的分析职能

会计的分析职能是指以会计核算提供的信息资料为主要依据，结合预算、统计和其他资料，对会计主体的经济活动结果、财务状况及预算执行情况进行比较、分析、评价，总结经验、改进工作的过程。

四、会计的目标

会计的目标是指会计所要达到的目的。随着企业组织制度的发展和变化，为适应股份公司这一主要企业组织形式发展的需要，会计也突破了仅仅为单个企业业主服务的界限，会计核算和会计信息服务对象的范围逐渐扩大到企业外部投资者、债权人以及社会公众。在 20 世纪 30 年代资本主义经济危机以后，资本主义国家开始运用宏观经济政策调控和干预其经济运行过程，政府有关部门也对企业会计信息提出了要求，使企业会计不仅要满足企业投资者的需要，也要考虑政府对经济运行实施干预和管理。

我国的会计目标是与社会主义市场经济体制相适应的，它仍然是对会计主体的经济活动进行核算，提供反映会计主体经济活动的信息。

（一）为国家宏观经济管理和宏观调控提供会计信息

企业是国民经济的“细胞”，企业生产经营情况的好坏、经济效益的高低，直接影响整个国民经济的运行情况。在社会主义市场经济条件下，政府需要通过对企业会计归集整理的会计信息进行汇总分析，了解和掌握国民经济整体运行情况，以便对国民经济运行情况做出准确判断，从而制定出正确合理有效的宏观调控和管理措施，促进国民经济协调有序发展。

（二）为企业内部管理提供会计信息

会计是企业内部重要的信息系统，会计提供可靠的信息，有助于企业加强经济核算，并为决策者进行合理决策提供数据，有助于强化内部管理。

(三)为企业外部有关各方了解其财务状况和经营成果提供会计信息

在市场经济条件下,企业处于错综复杂的经济关系之中,其生产经营活动与投资者、债权人、政府、职工和社会公众等方面存在着密切的联系。企业的投资者为了保护自身的利益,需要保证投入资产的安全和完整,监督企业有效地运用资产,提高资产的使用效益;债权人出于自身债权安全的考虑,也需要了解企业的运行情况,对企业的偿债能力和债权投资风险做出判断;政府为了维护正常的经济秩序,为了取得财政收入,也需要了解企业的生产经营情况。由于这些企业外部利益关系的各个方面不直接参与企业的生产经营活动,其对企业会计信息的要求只能通过企业对外提供的会计报表来得以满足。

五、会计学科的分类

会计实践是不断发展和不断丰富的,同样,会计学科也在不断地完善和发展。随着会计学研究的深入发展,会计学分化出许多分支学科。

(一)按研究内容分类

(1)基础会计:主要阐明会计核算的基本理论、基本方法和基本操作技术,以及会计核算必须依据的核算规则、准则和会计程序及会计循环理论。它作为会计学的入门学科,主要给初学者一个应有的"会计思维",是学习其他会计学科的基础及最前续课程。

(2)财务会计:主要阐述企业如何按照会计核算的一般原则和账务处理程序,对经济业务进行确认、计量、记录和编制会计报表,对外传递会计信息。

(3)管理会计:是以加工财务会计提供的信息为基础,包括侧重于内部管理的执行和以专用方法帮助决策两部分的内容。

(4)财务管理:主要阐述以筹资、投资、日常经营资金的管理和分配为主要内容,以企业价值最大化为评价标准的资金管理的学科。

(5)审计:是阐述审查和评价企业信息的真实性、公允性和完整性的学科。

(二)按活动目标分类

(1)财务会计:也称对外会计,是指主要为外部的投资者、债权人、政府部门(宏观调控、税收)、供应商提供财务报表会计信息的会计,按公认会计原则核算,核算的基础是权责发生制。

(2)管理会计:也称对内会计,是指主要为内部经营决策者提供有用信息的会计。管理会计建立在财务会计信息再加工的基础上,按决策原则核算。

(3)预算会计:主要研究非营利组织会计核算的理论、方法、技术,以及所依据的核算原则及程序。非营利组织主要是指政府机构、社会团体以及事业单位中除去经营活动的部分。非营利组织的共同点是没有股东或所有者,预算会计核算的基础不同于财务会计,是收付实现制。

(三)按就业领域分类

(1)公共会计师:即注册会计师,主要提供社会审计。

(2)企业会计师:承担企业会计核算、编制企业会计报表、财务预测、内部审计和内部控制以及设计企业会计制度的工作。

(3)政府和非营利组织会计师:承担政府部门(包括税务管理部门、证券管理部门)、事业单位及社会团体的会计核算工作。

第二节　会计的对象

一、会计对象的一般含义

会计的对象是指会计所核算和监督的内容。凡是特定主体能够以货币表现的经济活动,都是会计核算和监督的内容,也就是会计的对象。也可以说会计的对象是社会再生产过程中的资金运动。

(一)资金

资金是指企业、行政事业单位或其他经济组织的各项财产物资的货币表现。由于会计需要以货币为主要计量单位,因而会计并不能核算和监督社会再生产过程中的所有经济活动,而只能核算和监督社会再生产过程中能够用货币表现的各项经济活动。因此,具体来说,会计对象是指会计主体在日常经营活动或业务活动中所表现出的资金运动,构成了会计核算和会计监督的内容。

(二)资金运动

由于会计服务的主体的具体经济组织的性质不同,决定了其经济活动的具体内容不同,因此有必要分类考察不同性质的经济组织的资金运动形式。企业的资金运动是经营资金的运动,行政事业单位的资金运动是预算资金的运动。

1. 工业企业的资金运动

其运动过程为:货币资金→储备资金→生产资金→成品资金→货币资金。

2. 商业企业的资金运动

其运动过程为:货币资金→商品资金→货币资金。

3. 行政事业单位的资金运动

其运动过程为:预算资金的拨入→预算资金的支出。

经济组织可以分为营利性的工业、农业、商业等企业和非营利性的行政事业单位。它们的资金运动有各自的特点,资金运动的具体形式也有较大差别。由于工业企业有一定的代表性(制造业企业是指以产品加工生产和销售为主要经济活动内容的工业企业),本教材以工业企业的资金运动作为会计核算的对象。

二、会计对象的具体表现

工业企业的资金运动包括资金的投入、资金的循环与周转、资金的退出三部分。

(一)资金的投入

资金的投入过程也称为企业的资金筹集过程。

企业的一切资金无非来源于两个渠道:一部分来源于投资人(不需要偿还的),另一部分来源于债权人(需要偿还的)。即投入企业的资金包括企业所有者投入的资金和债权人投入的资金两部分,前者属于企业所有者权益,后者属于企业债权人权益即企业负债。

投入的资金分布在各个不同项目,构成企业的资产。

(二)资金的运用——循环与周转

资金的循环与周转分为供应、生产、销售三个阶段。

1. 购置生产设备和生产资料的供应过程

这是生产的准备过程,企业要用货币资金购置固定资产、购入并储备各种原材料等劳动对象。在这一过程中,企业的货币资金转化为固定资金形态和储备资金形态。

2. 产品的生产过程

这既是产品的制造过程,又是资产的耗费过程,也是新价值的创造过程。生产车间从仓库领用原材料等劳动对象,生产工人操作机器设备加工劳动对象,生产出特定的产品。随着劳动对象的消耗,资金从储备资金形态转化为生产资金形态;随着劳动力的消耗,企业向劳动者支付工资、奖金等劳动报酬,资金从货币资金形态转化为生产资金形态;随着固定资产等劳动手段的消耗,固定资金通过折旧或摊销的形式部分地转化为生产资金形态。当产品制成后,资金又从生产资金形态转化为成品资金形态。

3. 产品的销售过程

这是产品价值的实现过程。企业将产品销售出去取得销售收入,同时也会支付装卸费、运输费、广告费等费用,这一过程使成品资金转化为货币资金。

可见,工业企业的资金运用过程就是再生产过程,是以生产过程为中心的供应、生产、销售的统一。一方面表现为资金的不断耗费和回收,另一方面又表现为资金存在形态的不断转化。在供应过程中,货币资金转化为固定资金和储备资金;在生产过程中,固定资金、储备资金和货币资金转化为生产资金,生产完工后,再转化为成品资金;在销售过程中,成品资金又转化为货币资金。企业生产经营活动是连续不断的,这种周而复始的循环称为资金的周转。资金的循环和周转是工业企业再生产过程中资金运动的主要内容。

(三)资金的退出

资金的退出包括偿还各项债务、上缴各种税金、向投资者分配利润等,生产过程结束后,这部分资金退出本企业,不再参与企业资金的循环周转。

上述工业企业资金运动的三个过程是相互支撑、相互制约的统一体。没有资金的投入,就没有资金的循环与周转;没有资金的循环与周转,就没有债务的偿还、税金的上缴和利润的分配等;没有资金的退出,就不会有新一轮的资金投入,也就不会有企业的进一步发展。这个资金的循环周转过程也就是工业企业的再生产过程。

第三节　会计的基本假设

上一节中我们介绍了会计的对象，知道会计是以货币计量为基本形式，运用专门的方法，对经济活动（社会再生产过程中的资金运动）进行核算和监督的一种管理活动。为了保证会计工作的正常进行，就必须对错综复杂的经济业务从空间上、时间上以及计量方法上做一些必要的、在会计上合乎推理的判断和规定，这些规定和判断是会计核算的前提和条件，也称为会计假设，是会计核算的基本前提。

会计基本假设是企业会计确认、计量和报告的前提，是对会计核算所处的时间、空间环境等所做的合理设定。会计假设是从会计实践中抽象出来并得到公认的、会计理论中最基本的部分，是会计核算的基本前提。会计基本假设包括以下四项内容：

一、会计主体

会计主体是指会计核算和监督的特定单位从事会计工作和提供会计信息的空间范围。

会计主体又称为会计实体、会计个体，是指会计人员所核算和监督的特定单位。会计主体假设要求会计人员只能核算和监督所在主体的经济活动。这一前提的主要意义在于：一是将特定主体的经济活动与该主体所有者及职工个人的经济活动区别开来；二是将该主体的经济活动与其他单位的经济活动区别开来，从而界定了从事会计工作和提供会计信息的空间范围，同时说明某会计主体的会计信息仅与该会计主体的整体活动和成果相关。

例如，一项商品购销业务，甲方是买方，乙方是卖方。按照会计主体的要求，会计人员应站在本企业的立场上处理业务，即甲方的会计应做商品购进的账务处理，而乙方的会计应做商品销售的账务处理。

需要注意的是，会计主体与法律主体（法人）并非是对等的概念，一般来说，法律主体往往是会计主体，而会计主体不一定是法律主体。

例如，由自然人所创办的独资和合伙企业不具有法人资格，这类企业的财产和债务在法律上被视为业主或合伙人的财产和债务，但在会计核算上必须将其作为会计主体，以便将企业的经济活动与其所有者的经济活动以及其他实体的经济活动区分开来。又如，企业集团由若干个具有法人资格的企业组成，各个企业既是独立的会计主体，也是法律主体，但为了反映整个集团的财务状况、经营成果及现金流量情况，还应编制该集团的合并会计报表，企业集团是会计主体，但通常不是一个独立法人。再如，由企业管理的证券投资基金、企业年金基金等，尽管不属于法律主体，但属于会计主体，应当对每项基金进行会计确认、计量和报告。

二、持续经营

持续经营是指会计主体在可以预见的未来，企业将会按当前的规模和状态继续经营下去，不会停业，也不会大规模削减业务。除非有足够的证据证明，特定会计主体将破产和清算，否则都应当认为一个特定会计主体能够按当前规模经营下去。

企业是否持续经营，在会计原则、会计方法的选择上有很大差别。例如，会计准则规定企业固定资产计量应按购建时的历史成本入账，判断企业会持续经营，就可以假定企业的固定资产会在持续经营的生产经营过程中长期发挥作用并服务于生产经营过程，固定资产就可以采用折旧的方法将历史成本分摊到各个会计期间或相关产品的成本中。这一会计处理方法必须是以持续经营为前提的。

在企业持续经营假设的前提下，企业的会计政策才可保持前后一致的稳定，确认和计量会计信息的许多原则才能使用。现实中，若出现与“持续经营假设”相对应的情况——企业破产、倒闭及清算，“持续经营假设”便不再适用，建立在这一假设基础上的会计确认、计量、报告的原则及会计程序和方法也不再适用。

三、会计分期

会计分期是指将一个会计主体持续经营的生产经营活动人划分为若干个相等的会计期间，以便确认某个会计期间的收入、费用、利润，以及资产、负债和所有者权益，并编制会计报表。

这一基本前提的主要意义是：界定了会计信息的时间段落，为分期结算账目和编制财务会计报告，贯彻落实权责发生制、可比性原则、一贯性原则、相关性原则、配比性原则、及时性原则、划分收益性支出与资本性支出的原则及谨慎性原则奠定了基础。由于会计分期，产生了当期与前期、后期的差别，使会计主体有了记账的基准，进而出现了折旧、摊销等会计处理方法。

我国企业会计准则中将会计期间分为年度、半年度、季度和月度。年度、半年度、季度和月度的起讫日期采用公历日期，即会计年度与公历年度相同，从 1 月 1 日开始到 12 月 31 日为止。半年度、季度和月度均称为会计中期，编制的会计报表称为中期报表。

四、货币计量

货币计量是指会计主体在财务会计确认、计量和报告时以货币计量，反映会计主体的生产经营活动。在会计的确认、计量和报告过程中之所以选择货币为基础进行计量，是由货币的本身属性决定的。货币是商品的一般等价物，其他计量单位如重量、长度、容积、台、件等，只能从一个侧面反映企业的生产经营情况，无法进行汇总和比较，不便于会计计量和经营管理，只有选择货币尺度进行计量才能充分反映企业的生产经营情况。所以，基本准则规定，会计确认、计量和报告选择货币作为计量单位。

在有些情况下，统一采用货币计量也有缺陷，某些影响企业财务状况和经营成果的因素，如企业经营战略、研发能力、市场竞争力等，往往难以用货币来计量，但这类信息对于信息使用者和决策者来讲也很重要，那么这样的信息需要以财务报告中补充披露有关非财务信息的形式来弥补上述缺陷。

我国会计准则规定：“企业的会计核算以人民币为记账本位币。业务收支以人民币以外的货币为主的企业，可以选定其中一种货币作为记账本位币，但是编报的财务会计报告应当折算为人民币。在境外设立的中国企业向国内报送的财务会计报告，应当折算为人民币。”

以上会计核算的四项基本前提，具有相互依存、相互补充的关系。会计主体确立了会计核算的空间范围，持续经营与会计分期确立了会计核算的时间长度，而货币计量为会计核算提供了必要的手段。没有会计主体，就没有持续经营；没有持续经营，就不会有会计分期；没有货币计量，就不会有现代会计。

知识拓展 1—1　国际公认会计准则

会计核算随着经济活动的发展而发展。当商业、经济活动出现新的交易类型时，为了记录和解读这些经济交易事项，使会计处理后的会计信息具有真实性和可比性，会计人员就逐步建立了各种规则和惯例。这些规则和惯例在世界范围内被统一称为“公认会计准则”，并以假设、原则、准则、惯例等不同的术语加以表述。

1973 年，美国、英国、澳大利亚、加拿大、法国、联邦德国、日本、墨西哥、荷兰 9 国的 16 个会计职业团体在伦敦发起成立了国际会计准则委员会；2001 年，国际会计准则委员会改组为国际会计准则理事会。公认的会计原则并非是自然界的自然规律、定律，而是会计界人士制定的当作“国际通用商业语言”的处理会计事项的规则，其权威性取决于能否为会计职业界所普遍接受。目前，市场经济国家大多数都接受了国际公认会计准则，各国会计准则的大部分是类似的，但也存在一些差别。

我国于 1997 年 5 月加入国际会计师联合会，同时成为国际会计准则委员会成员。我国于 2006 年 2 月发布了新的《企业会计准则》，强化了为投资者和社会公众提供有用的会计信息的新理念，首次构建了比较完整的有机统一体系，实现了向国际公认会计原则的趋同。

现代会计理论的公认会计原则是以一系列的会计假设和会计原则为基础的。

第四节　权责发生制与收付实现制

权责发生制与收付实现制是两种截然不同的会计处理基础，两者确认收入和费用的标准不同。正确地应用权责发生制是会计核算中非常重要的一条规范。

由于企业生产经营活动是连续的，有一部分收入和费用可能会出现收支期间和应归属期间不相一致的情况。例如，企业预付未来两年的房租，企业虽然于今年实际支付了款项，但这笔支出不应归属于付款当年的费用。又如，企业预收到一笔来年的咨询费，虽然今年实际收到了款项，但这笔款项又不应该确认为当年的收入。

企业只有正确核算当期的各项收入、费用，才能计算出当期的经营利润。因此，对于出现收支期间和应归属期间不相一致的情况，企业应正确选择合适的会计处理基础，合理确定收入和费用的归属期间。可供选择的会计处理基础包括权责发生制和收付实现制。

一、权责发生制

权责发生制，又称应收应付制，是指企业以收入的权利和支出的义务是否归属于本期为标准来确认收入、费用的一种会计处理基础。也就是以应收应付为标准，而不是以款项的实际收付是否在本期发生为标准来确认本期的收入和费用。《企业会计准则——基本准则》第九条指出：“企业应当以权责发生制为基础进行会计确认、计量和报告。”

在权责发生制下，凡是属于本期实现的收入和发生的费用，不论款项是否实际收到或实际付出，都应作为本期的收入和费用入账；凡是不属于本期的收益和费用，即使款项在本期收到或付出，也不作为本期的收入和费用处理。由于它不管款项的收付，而以收入和费用是否归属本期为准，所以称为应计制。

例1—1 2015年6月，甲有限责任公司销售一批商品，价款为800 000元，该产品已经发货，符合收入确认的条件。

解析：不管款项是否已经收到，按权责发生制的核算要求，应将该款项800 000元作为6月份的收入。

对于这笔经济业务，根据权责发生制原则，会计应记录一个收入类账户的增加，同时记录"应收账款"账户的增加。

例1—2 甲有限责任公司在2015年8月份预定了2016年的报刊，共计6 000元。尽管该企业已经支付款项，但由于报刊2016年才能使用，按照权责发生制要求，这6 000元就不应作为8月的费用，而应在2016年的12个月中平均每月分摊500元费用。

解析：对于这笔经济业务，根据权责发生制原则，会计应在8月记录"银行存款"账户的减少，同时记录"预付账款"账户的增加。

在2016的每个月确认500元费用增加的同时，每月相应记录预付账款减少500元。

例1—3 4月，朝阳广告公司收到一家公司预付的广告筹划款项10万元。虽然4月实际收到了款项10万元，但由于相应的服务尚未提供，因此4月不应确认10万元为营业收入。

解析：4月，朝阳广告公司该项交易事项的会计核算应记录"银行存款"账户增加10万元，同时记录"预收账款"账户增加10万元。

这样的会计记录说明，此笔经济业务导致"银行存款"账户增加了10万元，但4月这笔款项还不是真正的收入，仅是未实现的收入；因此对应记录的是"预收账款"账户增加10万元。

例1—4 8月，朝阳广告公司将广告策划交给客户。

解析：这笔经济业务的发生，使得从客户处收到的"预收账款"这项负债不再存在。8月，随着"预收账款"负债的不复存在，才真正实现了收入10万元。因此，8月会计应记录"预收账款"账户减少10万元，同时在收入类账户中记录收入增加10万元。

由于会计账簿上日常记录的收入和费用的实际收付与权责发生制要求不一致，因此，企业在会计期末要按照归属期对收入和费用进行账项调整。

通过例1—1至例1—4可以看出，权责发生制原则要求按照权利和责任的发生来处理经济业务，其核心是根据权责关系的实际发生和影响来确认本期的收入、费用和损益。采用权责发生制的会计处理合理、科学，能真实地反映本期的收入和费用，正确计算本期损益。

由于实行该核算原则能正确反映企业不同会计期间盈亏的经营状况和财务成果，因此，营利性企业都采用权责发生制。我国《企业会计准则》规定，经营性企业都应采用权责发生制核算。

二、收付实现制

收付实现制，又称实收实付制，是以款项是否实际收到或付出作为确定本期收入和费用的标准。采用收付实现制会计处理基础要求凡是本期实际收到的款项，不论其是否属于本期实际的收入，都作为本期的收入处理；凡是本期付出的款项，不论其是否属于本期负担的费用，都作为本期的费用处理。反之，凡本期没有实际收到款项和付出款项，即使本应归属于本期，但也不作为本期收入和费用处理。

例1—5 2015年6月，甲有限责任公司销售一批商品，价款为100 000元，该产品已经发货，符合收入确认的条件，但月末仍然未收到货款。

解析：按照收付实现制要求，收入的确认应以是否实际收到款项为标准。对于这笔经济业务，因为尚未收到款项，所以6月不记账，不将该款项100 000元作为6月份的收入。

例1—6 上述甲有限责任公司在2015年8月收到该款项100 000元。

解析：按照收付实现制要求，应在8月对这笔经济业务记账，记录"银行存款"账户增加100 000元，同时将其作为8月份的收入。

例1—7 甲有限责任公司在2015年8月份预定了2016年的报刊，共计付款6 000元。

解析：尽管该会计主体8月份未受益，但由于该费用已在8月份支出，按照收付实现制要求，费用的确认应以实际支付为标准，因而这6 000元应作为8月份期间的费用。而2016年虽然实际使用了报刊，但由于当年不需要付款，所以2016年不需要做会计核算。

在收付实现制下，由于会计账簿上日常记录的收入和费用与收付实现制要求相一致，因此在会计期末不需要对会计账簿日常记录的收入和费用进行调整，可直接根据账簿记录确定本期损益。

通过例1—5至例1—7可以看出，收付实现制原则要求按款项实际收付的发生来处理经济业务，其核心是根据款项收付发生的时间是否在本期来确定本期的收入、费用和损益。采用此原则，凡是本期实际收到的款项的收入和付出的费用，不论其是否归属于本期，都作为本期的收入和费用处理。所以，收付实现制也称"现收现付制"。

由于收付实现制不能反映收入和费用的权责关系（即不反映所有者权益的变化）的归属，所以，不适于正确反映某一会计期间的盈亏经营情况和财务成果。在收付实现制下，会计处理不能准确计算和确定各个会计期间的损益，只适用于非营利性组织的行政单位会计，事业单位会计除经营业务可以采用权责发生制以外，其他大部分业务采用收付实现制。但是，企业单位在编制现金流量表时，通常采用收付实现制来开展现金流量分析。

第五节　会计信息的质量特征

会计信息质量特征也称为会计信息质量要求，是对企业财务报告中所提供会计信息质量的基本要求，是使财务报告中所提供会计信息对使用者的决策有用而应具备的基本特征。

一、对会计信息质量提出要求的意义

企业提供的会计信息的质量特征类似于企业生产产品的质量标准。企业生产的实物产品（或商品）必须达到既定的产品质量标准才能进入商品市场，未达到质量标准的产品，不仅不能给消费者带来应有的效益，而且还可能会损害消费者的利益甚至威胁到消费者的生命

财产安全。同实物产品一样，会计信息也是企业向社会提供的一种“产品”，这种特殊的信息产品进入资本市场后会为投资者等市场参与者带来效益。企业(特别是上市公司)提供的会计息，是资本市场存在与正常运行的信息基础。作为一种运用于资本市场的公共产品，企业提供的会计信息必须达到既定的质量标准。不合格的会计信息甚至是“假冒伪劣”的会计信息进入市场，无疑会损害作为会计信息产品消费者的投资者、债权人等会计信息使用者的切身利益。

不同国家或地区的会计信息质量特征由其会计准则制定机构来设定并颁布。例如，美国财务会计准则委员会作为美国现行财务会计准则的制定机构，其于 1980 年专门发布了第 2 号财务会计概念公告(SFAC)《会计信息的质量特征》，提出了企业提供会计信息应当达到的质量标准。作为国际会计准则的制定机构，国际会计准则委员会同样规定了企业提供会计信息的质量标准，其在 1989 年 7 月颁布的《编报财务报表的框架》中，明确界定了“财务报表的质量特征”及其具体内容。我国财政部于 2006 年 2 月发布的《企业会计准则——基本准则》，明确提出了八项会计信息质量特征。

会计信息质量特征的主要功能体现在以下几个方面：

(一)会计信息质量特征是实现会计目标的基础

会计的目标在于向会计信息使用者提供对其决策有用的会计信息。什么样的会计信息才能对投资者、债权人的经济决策有用，这就涉及会计信息的质量问题。会计信息质量特征的设定，是保证会计目标顺利实现的基础。

(二)会计信息质量特征是会计确认、计量、记录和报告行为的指南

会计信息质量特征提出了企业会计信息质量的具体要求，因此，企业对经济活动进行会计确认、计量、记录和报告必须以此为“行动指南”。在一定程度上，会计信息质量特征实质上是会计确认、计量、记录和报告经济交易或事项的原则性依据。

(三)会计信息质量特征是评价会计信息质量的依据或标准

从投资者与企业之间的委托代理关系来看，“两权分离”使得投资者只能借助于企业提供的会计信息来了解企业的经济活动情况。正是有了明确的会计信息质量标准，投资者等会计信息的使用者才能够认可会计信息，并据此进行有关经济决策，会计信息的质量特征也成为利益相关者之间利益分配关系能够平衡的一个支撑点。由于会计信息不仅具有“经济属性”，而且也具有“社会属性”，因此，会计信息质量特征也构成社会经济活动评价的一种标准。

二、八项会计信息质量特征

会计的主要目的之一是向企业的利益相关者提供反映经营者受托责任和供投资者决策有用的会计信息。要达到这个目的，就必须要求会计信息符合一定的质量要求。我国的会计信息质量特征包括以下八项：

(一)可靠性

会计信息的可靠性,也称真实性、客观性,是指会计信息能够真实地反映企业经济活动的实际情况,而不偏离甚至歪曲企业的经济活动。会计信息的可靠性质量特征,要求在对企业所发生的经济交易或事项进行会计确认、计量、记录和报告时,应当以客观发生的经济活动为对象,以证明经济业务发生的原始凭证为依据,并且应该揭示企业经济活动的本来面目。可靠性质量特征的实质,是要求企业以一种客观、公正、中立的立场来披露其财务会计信息,而不以某一利益相关者的意志为转移。只有具有可靠性的会计信息,才不会误导信息使用者的决策。

在会计实务中,以企业实际发生的交易或事项进行会计处理,按资产取得时的历史成本(实际成本)计量资产的价值及其变动,合理估计损失与负债,不得随意变更会计计量方法,不得漏记、重记、错记经济交易或事项,不得虚构经济交易,等等,都是为了满足会计信息可靠性质量特征的要求。依据不可靠的信息进行决策或判断,必然会导致信息使用者决策失误,这不仅仅会损害投资者、债权人等信息使用者的经济利益,而且会严重扰乱社会经济秩序、阻碍社会经济的发展。蓄意违背客观性原则,“粉饰报表”“会计造假”等行为是触犯法律的。

可靠性质量特征并不意味着会计信息必须绝对肯定或者绝对精确。由于企业所处市场经济环境的不确定性、会计计量属性本身的缺陷以及会计计量方法选择的主观性等因素,会计中数量化的信息内容不可能是十分精确的。例如,对固定资产折旧价值进行计量(确定各个年度固定资产的折旧费用)时,只能估计固定资产的使用年限并采用人为的计算方法,因而其结果无疑只是近似而非精确的。

(二)相关性

会计信息的相关性也称有用性,是指企业所提供的会计信息与信息使用者的决策需要相关联。换言之,企业提供的会计信息能够实质性地影响信息使用者的决策行为,满足信息使用者的决策需要。

会计信息是否具有相关性,有两个基本的判断标准:一是会计信息能否帮助信息使用者对过去、现在或未来的经济事项进行评价,并影响信息使用者的相关决策行为;二是会计信息能否证实或纠正信息使用者过去已经做出的判断或评价,并影响信息使用者的相关决策行为。

例如,债权人能够根据债务人企业上一年度资产负债表中的现金资产、流动资产及流动负债的数额,来评价该企业在下一年度的偿债能力,并证实此前其对该企业偿债能力的判断。这说明该企业提供的会计信息对债权人的决策是有用的,具有相关性,该债权人可能会因此而决定是延续还是终止其对该企业的贷款政策。

会计信息的相关性质量特征,是针对企业的利益相关者而言的,包括企业现实的和潜在的利益相关者。因为只有企业的利益相关者,才会关心企业的经济活动情况,包括企业过去的经济状况和未来的发展趋势。企业的非利益相关者无须使用该企业的会计信息,因而也不必要求该企业的会计信息与这些非利益相关者的决策行为相关。

会计信息的相关性质量特征,是针对整个会计信息使用者群体而不是某一特定的信息使用者而言的。不同类别的企业会计信息使用者,由于其决策的内容不同,因而其各自的信息需求存在差异。例如，尽管投资者和债权人都注重企业整体的经营情况，但投资者更关心企业的盈利能力，而债权人则更关心企业的偿债能力。同一类别的会计信息使用者，其信息需求也不尽相同，如短期债权人主要关注企业的流动资产、现金资产等信息以判断企业的短期偿债能力和现金支付能力，而长期债权人则主要关注企业的长期偿债能力。

(三)可理解性

会计信息的可理解性是指企业提供的会计信息应当清晰地反映企业经济活动的全貌，企业财务报告应当便于信息使用者的理解和利用。换言之，企业财务报告在全面、完整地反映企业财务状况、经营业绩和现金流量情况的前提下，应当简明扼要、清晰易懂。所以会计信息的可理解性也被称为“明晰性”或“可读性”。

会计信息可理解性质量特征要求企业财务报告做到内容完整清晰、形式简洁明了，以易于会计信息使用者理解，其根本目的还是为了提高会计信息的决策有用性，满足信息使用者的决策要求。

从信息使用者的角度看，企业提供的会计信息是否易于理解，是针对具有一定经济管理与会计知识的使用者而言的，并且这些使用者会主动地分析和研究会计信息。财务报告是联结企业与信息使用者的“桥梁”，只有当会计信息具有可理解性时，会计的职能和意义才得以实现。

(四)可比性

投资者、债权人等信息使用者关心企业所提供的财务报表及其会计信息，除了解企业的经济活动情况外，无非是想对企业财务状况及经营业绩进行分析、评价。这种分析包含两层含义：一是将同一企业不同时期的会计指标进行比较，二是将不同企业同一时期的会计指标进行比较。前者也称为会计信息的“一致性”或“一贯性”。

1. 同一企业不同时期可比

这是为了便于投资者等财务报告使用者了解企业财务状况、经营成果和现金流量的变化趋势，比较企业在不同时期的财务报告信息，全面、客观地评价过去、预测未来。会计信息质量的可比性要求同一企业不同时期发生的相同或者相似的交易或者事项，应当采用一致的会计政策，不得随意变更。但是，企业并非一定不能变更会计政策，如果按照规定或者在会计政策变更后可以提供更可靠、更相关的会计信息的，可以变更会计政策。有关会计政策变更的情况，应当在附注中予以说明。

例如，将某公司本年的利润数与去年的利润数进行比较时，该公司两个期间在收入、费用的确认以及利润计算方面必须遵循相同的标准，如果本期的收入、费用确认方法及标准发生了重大变化，则比较结果并不能说明企业经营成果的变化趋势。

2. 不同企业相同会计期间可比

为了便于投资者等财务报告使用者评价不同企业的财务状况、经营成果和现金流量及其变动情况，会计信息质量的可比性要求不同企业同一会计期间发生的相同或者相似的交易或者事项，应当采用规定的会计政策，确保会计信息口径一致、相互可比，以使不同企业按照一致的确认、计量和报告要求提供有关会计信息。

例如，将甲公司与乙公司的利润进行比较以分析其盈利水平时，其前提条件必须是两家公司确认收入、费用的标准相同，利润指标的计算方法也相同；否则，比较结果没有任何意义。

由于企业的经济环境总是处于变动之中，而且各个企业经济活动的具体情况千差万别，因此，要求企业的会计信息绝对可比是不现实的。会计信息可比性质量特征的重要意义在于，企业应当把进行会计确认、计量、记录和报告的会计政策和会计政策的变动及其对财务报告的影响明示给会计信息的使用者，使使用者能够鉴别同一企业在不同期间以及不同企业对相同交易或事项所采用会计政策之间的差别。

（五）实质重于形式

由于企业经济活动本身的复杂性，企业经济交易或事项的法律形式（表现形式）可能与其经济实质并不一致。例如，甲企业采用融资租赁方式租入一台设备，由于融资租赁这种租赁方式的租期较长，并且在租期满后，设备归承租方所有，甲企业实质上获得了该设备所提供的主要经济利益，同时承担了与资产有关的风险。因此，在租赁期里甲企业应按固定资产核算该设备，并且要计提固定资产折旧。融资租赁方式虽然在法律形式上是租赁，但在会计上如果将该项交易按照法律形式来记录和报告，就不能如实反映经济交易的本来面目。

要求会计信息的实质重于形式，就是要求依据经济交易或事项的实质或经济现实而不是仅依据其法律形式来记录和报告经济交易或事项。其目的在于确保会计信息真实、准确地反映企业的财务状况、经营业绩和现金流量情况。

在现实经济生活中，经济活动形式的复杂性与多变性往往会影响人们对经济活动实质的判断。同时，管理者为获得不当利益而产生的“操纵行为”，也会使得经济现象“扑朔迷离”。因此，为了确保会计信息质量，会计人员应当充分利用其专业判断能力，透过企业经济活动的现象看本质，使会计信息能如实地记录和报告其意欲反映的经济交易或事项。

（六）重要性

重要性是指在会计核算过程中，对交易或事项应当区别其重要程度，采用不同的核算方式。对资产、负债、损益等有较大影响，并进而影响财务会计报告使用者据以做出合理判断的重要会计事项，必须按照规定的会计方法和程序进行处理，并在财务会计报告中予以充分、准确的披露；对于次要的会计事项，在不影响会计信息真实性和不至于误导会计报告使用者做出正确判断的前提下，可适当简化处理。

在实务中，如果会计信息的省略或者错报会影响投资者等财务报告使用者据此做出决策的，该信息就具有重要性。重要性的应用需要依赖职业判断，企业应当根据其所处环境和实际情况，从项目的性质和金额大小两方面加以判断。

例如，我国上市公司要求对外提供季度财务报告，考虑到季度财务报告披露的时间较短，从成本效益原则考虑，季度财务报告没有必要像年度财务报告那样披露详细的附注信息。因此，中期财务报告准则规定，公司季度财务报告附注应当以年初至本中期末为基础编制，披露自上年度资产负债表日之后发生的，有助于理解企业财务状况、经营成果和现金流量变化情况的重要交易或者事项。这种附注披露，就体现了会计信息质量的重要性要求。

(七)谨慎性

会计信息的谨慎性也称为稳健性，是指企业面对经济环境的不确定性因素，在确认、计量和披露会计信息时应当持谨慎(或稳健)的态度，这包含两层含义：一是不高估企业资产或收益，二是不低估企业负债或费用。

谨慎性是保守主义思想在会计中的一种体现，是企业对其所面临风险或不确定性因素的一种审慎反应。它要求企业在进行经济交易或事项的会计处理时，保持小心谨慎的态度，充分估计企业可能发生的风险和损失；在不影响会计信息质量的前提下，尽可能选择不虚增资产和收益的会计计量与信息披露方法。依照会计信息的稳健性质量特征要求，会计系统能够提供反映企业经济风险的信息，从而有利于企业规避财产风险和损失，提高企业的市场竞争能力，同时，也有利于信息使用者在进行经济决策时做出正确的判断和选择。

在会计实务中，谨慎性质量特征主要体现在两个方面：一是确认和计量企业可能发生的损失和费用，如应收账款债权可能面临的坏账损失、受市场影响而产生的资产减值等；二是选用不高估资产价值的计量方法，如在物价上涨的情况下采用后进先出法对期末存货价值进行计量、按加速折旧法计提固定资产折旧(即采用加速折旧法分摊固定资产成本)等。

以稳健的态度计量和披露会计信息，并非意味着企业可以建立“秘密准备”。因此，稳健性会计方法的运用应当受到相应的限制。

(八)及时性

会计信息的及时性是指企业的经济业务发生后，相应的会计核算应当及时进行，不得提前，也不得滞后。

任何信息的价值大小都与信息的时效性有关。相对于特定的决策行为而言，已经时过境迁的信息是没有决策价值的。在市场经济条件下，人们之所以要进行经济决策，是因为存在许多有利可图的商机。这些商机给人们带来财富和希望，但也稍纵即逝。如何不失时机地把握好这些机会，便需要人们在“第一时间”做出经济行为的判断与选择。显然，这种抉择必须以具有决策价值的信息作基础。对于信息使用者的决策来讲，如果信息不及时，那么无论信息多么可靠，这些信息都不能满足决策需求。

为保证企业所提供会计信息的及时性，有利于信息使用者的经济决策，我国企业会计制度规定：企业月度、季度、半年度中期财务报告应当分别于会计期间终了后的 6 天、15 天、60 天内对外提供(披露)，年度财务报告应当于年度终了后 4 个月内对外提供(披露)。

会计信息的质量特征由许多具体的质量标准构成，并已形成一个完整的标准体系。在这个体系中，各种不同的质量标准从不同角度、不同层面来规范会计信息的质量要求，尽管某些质量标准要求有时难以兼顾，但这些质量标准的有机结合可以使企业会计信息的总体质量达到最佳。

知识拓展 1—2　我国会计准则体系的主要内容

我国会计核算的法律、法规及规范有三个层次：最高层次是《会计法》等法律法规(我国第一部会计大法《中华人民共和国会计法》颁布于 1985 年)。第二个层次是在《会计法》管辖下，参照国际公认会计准则制定的《企业会计准则》，它主要用于指导股份有限公司的会计核算，我国另有《小企业会计制度》以及《金融业企业会计核算制度》。第三个层次是根据《企业会计准则》，各企业自行制定的会计制度。我国会计核算在国内执行《企业会计准则》，到国外筹集资金时，其会计报表的编制要按筹集资金对象国的会计准则要求规范。

我国现行新会计准则体系分为基本准则、具体准则、应用指南。

其中，基本准则规定了整个准则体系的目的、假设和前提条件、基本原则、会计要素及其确认计量、会计报表的总体要求等内容；具体准则包括“存货”“长期股权投资”“投资性房地产”“固定资产”等41项内容，基本涵盖了各类企业的主要经济业务；应用指南主要解决在运用具体准则处理经济业务时所涉及的会计科目账务处理、会计报表及其格式等。

本章小结

会计是生产力发展的产物，其发展经历了古代、近代和现代三个阶段；会计是以货币为主要计量单位，综合核算和监督经济活动过程的一种管理活动；核算和监督是会计的基本职能，参与经济预测及决策是会计进一步发展的新职能。

会计对象是企事业单位在日常经营活动或业务活动中所表现出的价值运动或资金运动。但是这一概念的涉及面过于广泛和抽象，在会计实践中还要对其进行进一步适当的分类，会计对象的具体分类是第三章中要学习的会计要素。

会计假设是企业会计确认、计量和报告的前提，是为了确保会计核算工作的正常进行和会计信息质量而对会计核算所处的时间和空间环境等所做的人为的限定。会计假设主要包括会计主体、持续经营、会计分期和货币计量。

会计信息质量特征是对企业财务报告中所提供的会计信息质量的基本要求，是财务报告中所提供的会计信息应具备的基本特征。它主要包括可靠性、相关性、可理解性、可比性、实质重于形式、重要性、谨慎性和及时性。

权责发生制是指按照权、责关系的实际发生及其影响期间来确认企业的收入和费用归属期的一种会计核算方法，其核心内容是：凡是本期实现的收入和应该负担的费用，不论款项是否实际收付，都应作为本期的收入和费用入账。

本章习题

一、单项选择题

1. 会计的管理活动论认为(　　)。

A. 会计是一种经济管理活动

B. 会计是一种经济信息系统

C. 会计是一项经济管理工具

D. 会计是以提供信息、提高经济效益为目的的一种经济管理活动

2. 会计的基本职能是(　　)。

A. 控制与监督　　B. 反映与监督

C. 反映与核算　　D. 反映与分析

3. 企业资金的循环与周转过程不应包括(　　)。

A. 供应过程　　B. 生产过程

C. 销售过程　　D. 分配过程

4. 确定会计核算工作的空间范围的会计假设是(　　)。

A. 会计主体　　B. 持续经营

C. 会计分期　　D. 货币计量

5. 强调经营成果的企业适合采用(　　)。

A. 权责发生制　　B. 实地盘存制

C. 收付实现制　　D. 永续盘存制

6. 企业于 4 月初用 24 000 元支付本季度房租，4 月末仅将 8 000 元计入本月的费用。这符合(　　)。

A. 配比原则　　B. 收付实现制原则

C. 历史成本计价原则　　D. 权责发生制原则

7. 存货价格持续下跌时，下列计价方法中符合谨慎性原则的是(　　)。

A. 先进先出法　　B. 加权平均法

C. 后进先出法　　D. 先进后出法

8. 对应收账款在会计期末计提坏账准备这一做法体现的原则是(　　)。

A. 配比原则　　B. 谨慎性原则

C. 可靠性原则　　D. 重要性原则

9. 各企业单位处理会计业务的方法和程序在不同会计期间要保持前后一致，不得随意变更，这符合(　　)。

A. 相关性原则　　B. 可比性原则

C. 可理解性原则　　D. 重要性原则

10. 企业的会计期间是(　　)。

A. 自然形成的　　B. 人为划分的

C. 一个周转过程　　D. 营业年度

二、多项选择题

1. 会计主体可以是(　　)。

A. 一个营利性组织　　B. 具备"法人"资格的实体

C. 不具备"法人"资格的实体　　D. 不进行独立核算的企业

E. 非营利性组织

2. 按权责发生制原则要求，下列关于收入确认的项目中，正确的是(　　)。

A. 本月销售产品一批，价值 20 000 元，货款尚未收到，已确认为收入

B. 本月月初收到上月利息收入 3 000 元，确认为本月财务费用减少 3 000 元

C. 本月收到上月产品销售收入 30 000 元，已存入银行，确认为本月收入

D. 本月签订一份销售合同，规定下月销售货物一批，价值 50 000 元，确认为本月收入

E. 本月预收了下季度的闲置厂房租赁收入 30 000 元，未确认收入

3. 可靠性要求(　　)。

A. 企业应当以实际发生的交易或事项为依据进行会计确认、计量和报告

B. 如实反映符合确认和计量要求的各项会计要素及其他相关信息

C. 保证会计信息真实可靠、内容完整

D. 企业提供的合计信息应当清晰明了，便于财务报告使用理解和使用

E. 包括在财务报告中的会计信息应当是中立的、无偏的

4. 按照收付实现制原则的要求，下列收入或费用中，应计入本期的有(　　)。

A. 本期提供劳务已收款　　B. 本期提供劳务未收款
C. 本期欠付的费用　　D. 本期预付后期的费用
E. 本期支付上期的费用

5. 按照权责发生制原则的要求，下列应确认为本期收入的有(　　)。
A. 本月销售实现的，尚未收到的货款　　B. 月初收到的上月的利息收入
C. 上月销售实现的未收货款，本月收妥入账　　D. 签订销售合同，规定下月销售一批货物
E. 本月销售一批原材料，货款上月已经预收

6. 谨慎性原则要求对企业可能发生的损失和费用做出合理预计，通常的做法有(　　)。
A. 对应收账款计提坏账准备　　B. 固定资产加速折旧
C. 对财产物资按历史成本计价　　D. 存货计价采用成本与可变现净值孰低法
E. 对长期股权投资提取减值准备

7. 近代会计史上的两个里程碑是(　　)。
A. 出现了剩余产品和私有制　　B. 帕乔利《算术、几何、比与比例概要》一书的出版
C. 会计职业的出现　　D. 会计学基础理论的创立

三、判断题

1. 我国所有企业的会计核算都必须以人民币作为记账本位币。(　　)
2. 谨慎性要求企业不仅要核算可能发生的收入，也要核算可能发生的费用和损失，以对未来的风险进行充分核算。(　　)
3. 会计核算必须以实际发生的经济业务及证明经济业务发生的合法性凭证为依据，表明会计核算当遵循可靠性原则。(　　)
4. 收付实现制和权责发生制的主要区别是确认收入和费用的标准不同。(　　)
5. 融资租入固定资产因为所有权不属于企业，故不能确认为企业的资产。(　　)
6. 会计计量单位只有一种，即货币计量。(　　)

四、业务分析题

1. 400 元能创办一个企业吗？不管你相信与否，这的确可以。李红是北京一所著名美术学院的学生。与其他大学生一样，她常常为了补贴日常花销而不得不去挣一些零用钱。现在她正为欲购买一台电脑而烦恼。尽管她目前手头仅有 400 元，可她还是决定于 2014 年 12 月开始创办一个美术培训部。她支出了 120 元在一家餐厅请朋友吃饭，帮她出出主意，又根据曾经在一家美术培训班服务兼讲课的经验，向她的一个师姐借款 4 000元，以备租房等使用。她购置了一些讲课所必备的书籍、用品，并支出一部分钱用于装修画室。她为她的美术培训部取名为“周围”。李红支出 100 元印制了 500 份广告宣传单，用 100 元购置了信封、邮票等。8 天后她已经有了 17 名学员，规定每人每月学费 1 800 元，并且找到了一位较具能力的同学做合伙人。她与合伙人分别为“周围”的发展担当着不同的角色(合伙人兼做“周围”的会计和讲课教师)并获取一定的报酬。至次年 1 月末，她们已经招收了 50 个学员，除了归还师姐的借款本金和利息共计 5 000 元、抵消各项必需的费用外，各获得讲课、服务等净收入 30 000 元和 22 000 元。她们用这笔钱继续租房，扩大了画室面积，为了扩大招收学员的数量，她们甚至聘请了非常有经验的教授、留学归国学者免费进行了两次讲座，为下一步“周围”的发展奠定了非常好的基础。

4 个月下来，她们的“周围”平均每月招收学员 39 位。她们还以每小时 200 元的讲课报酬聘请了 4 位同学作为兼职教师。至此，她们核算了一下，除去房租等各项费用，共获利 67 800 元。这笔钱足够各自购买一台优质的电脑并且还有一笔不小的节余。但更重要的是，她们通过 4 个月的锻炼，懂得了许多营销技巧，也懂得了应该怎样与人合作和打交道，学到了不少财务知识，获得了比金钱更为宝贵的工作经验。

要求：根据上述资料分析：

(1)会计在案例中扮演了什么样的角色？

(2)从中你是不是获得了有关会计方面的许多术语，如投资、借款、费用、收入、盈余、投资人投资、独资企业、合伙企业和公司等？

2. 某企业某月发生以下经济业务：

(1)以银行存款 12 000 元支付明年的财产保险费；

(2)销售产品一批总计 18 000 元，货款尚未收到；

(3)收回上月销售货款 20 000 元；

(4)预收下月销售定金 25 000 元；

(5)现金支付本月工资 20 000 元；

(6)销售产品一批收到款项 15 000 元。

要求：试用权责发生制分析哪些应该确认为本月的收入或费用。

3. 某企业某年发生以下经济业务：

(1)销售产品 6 000 元，货款存入银行；

(2)销售产品 40 000 元，货款尚未收到；

(3)付 7～12 月份的租金 6 000 元；

(4)收到 6 月份应收的销货款 10 000 元；

(5)收到购货单位预付货款 20 000 元，下月交货；

(6)本月应付水电费 700 元，下月支付。

要求：根据上述经济业务内容，按权责发生制和收付实现制原则计算企业 7 月的收入和费用，并填入下表中。

收入与费用的确认与计量

业务号	权责发生制		收付实现制	
	收入	费用	收入	费用

4. 某会计师事务所由张新、李安合伙创建，最近发生了下列经济业务，并由会计进行相应的处理：

(1)6 月 10 日，张新从事务所出纳处拿了 380 元现金给自己的孩子购买玩具，会计将 380 元记为事务所的办公费支出，理由是：张新是事务所的合伙人，事务所的钱也有张新的一部分。

(2)6 月 15 日，会计将 6 月 1～15 日的收入、费用汇总后计算出半个月的利润，并编制了财务报表。

(3)6 月 20 日，事务所收到某外资企业支付的业务咨询费 2 000 美元，会计没有将其折算为人民币反映，而直接记到美元账户中。

(4)6 月 30 日，计提固定资产折旧，采用年数总和法，而本月前计提折旧均采用直线法。

(5)6 月 30 日，事务所购买了一台电脑，价值 12 000 元，为了少计利润、少缴税，将 12 000 元一次性全部计入当期管理费用。

(6)6 月 30 日，收到达成公司的预付审计费用 3 000 元，会计将其作为 6 月份的收入处理。

(7)6 月 30 日，在事务所编制的对外报表中显示“应收账款”60 000 元，但没有“坏账准备”项目。

(8)6 月 30 日，预付下季度报刊费 300 元，会计将其作为 6 月份的管理费用处理。

要求：根据上述资料，分析该事务所的会计对这些经济业务的处理是否完全正确；若有错误，主要是违背了哪项会计假设或会计原则？

第二章 会计核算的方法体系

学习目标

通过本章的学习，对会计核算方法有一个概括的认识，以本章的知识为基点，在以下各章中进一步详细学习各种会计核算方法的应用。了解会计方法体系及会计核算方法体系；理解账户设置的依据；理解复式记账的基本原则；了解经济业务发生后，取得原始凭证、编制并审核记账凭证、以会计凭证为依据登记账簿、通过财产清查确保账实相符、期末根据正确的账簿记录结果编制财务会计报表等一系列基本账务流程中会计核算方法的作用。

关键概念

会计核算方法体系　会计账户　会计科目　账簿　复式记账　会计凭证　记账凭证　成本计算　财产清查　财务会计报表

引导案例

江华公司 2015 年 5 月末各项目的余额如下：

(1)出纳员处存放现金 1 700 元。

(2)存入银行的存款 2 939 300 元。

(3)投资者投入的资本金 13 130 000 元。

(4)向银行借入三年期的借款 500 000 元。

(5)向银行借入半年期的借款 300 000 元。

(6)原材料库存 417 000 元。

(7)生产车间正在加工的产品 584 000 元。

(8)库存产成品 520 000 元。

(9)应收外单位产品货款 43 000 元。

(10)应付外单位材料货款 45 000 元。

(11)对外短期投资 60 000 元。

(12)公司办公楼价值 5 700 000 元。

(13)公司机器设备价值 4 200 000 元。

(14)公司运输设备价值 530 000 元。

(15)公司的资本公积金共 960 000 元。

(16)盈余公积金共 440 000 元。

(17)外欠某企业设备款200 000元。

(18)拥有某企业发行的三年期公司债券650 000元。

(19)上年尚未分配的利润70 000元。

企业6月份发生如下经济业务：

(1)以银行存款支付材料款2 000元。

(2)购进并入库原材料30 000元，货款尚未支付。

(3)取得短期借款9 000元，存入银行。

(4)以银行存款偿还上月的原材料价款6 000元。

(5)从银行提取现金8 000元。

(6)以银行存款50 000购入机器设备。

(7)投资人向企业投资40 000元存入银行。

思考：通过本章的学习，你是否能指出江华公司应设置哪些账户？应在哪些账户中记录本月发生的七笔经济业务？6月末应以什么为依据编制财务报表，以反映企业的财务状况和经营成果？

第一节　会计方法体系与会计核算方法体系

会计方法是用来反映和监督会计对象、完成会计任务的手段。研究和运用会计方法是为了实现会计的目标，更好地完成会计任务。

一、会计方法体系的构成

现阶段会计方法包括会计核算方法、会计分析方法和会计检查方法。

(一)会计核算方法

会计核算方法是对各单位已经发生的经济活动进行连续、系统、完整的反映和监督所应用的方法。会计核算方法是会计方法的主要内容，狭义的会计方法就是指会计核算方法。

会计(财务会计)，不同于管理会计，它偏重于对已经发生的经济业务进行分类、汇总、记录，具体包括确认、计量、记录和报告四个环节，运用记账、算账和报账的形式，形成了设置账户、复式记账、填制和审核会计凭证、登记账簿、成本计算、财产清查和编制会计报表等一系列专门的会计核算方法。

(二)会计分析方法

会计分析方法主要是利用会计核算的资料，考核并说明各单位经济活动的效果，在分析过去的基础上，提出指导未来经济活动的计划、预算和备选方案，并对它们的报告结果进行分析和评价。

(三)会计检查方法

会计检查方法也称为审计，是根据会计核算提供的数据、资料及其他有关资料，对会计工作的正确性，会计资料的真实性、完整性，及单位经济活动的合理、合法性进行的检查。也包括根据会计核算资料编制的未来时期的计划、预算是否可行、有效。

上述各种方法紧密联系，相互依存、相辅相成，形成了一个完整的会计方法体系。其中，会计核算方法是基础，会计分析方法是会计核算方法的继续和发展，会计检查方法是会计核算方法和会计分析方法的保证。

二、会计核算方法体系的构成

会计核算方法是用来反映和监督会计对象的，由于会计对象具有多样性和复杂性，就决定了用来对其进行反映和监督的会计核算方法不能采用单一的方法形式，而应该采用方法体系的模式，因此，会计核算方法由设置账户、复式记账、填制和审核凭证、登记账簿、成本计算、财产清查和编制财务会计报告等具体方法构成。这七种会计核算方法并不是孤立存在的，而是形成了一个相互联系、相互渗透的完整科学的方法体系。运用这七种会计核算方法要依据一定的会计惯例和会计准则，同时也要靠一定的会计核算程序（会计循环），把七种方法串起来，使之成为一个有一定程序、有一定顺序的会计方法体系。

知识拓展 2—1　简化的记账程序与步骤

在实务工作中，简化的记账程序如图 2—1 所示。

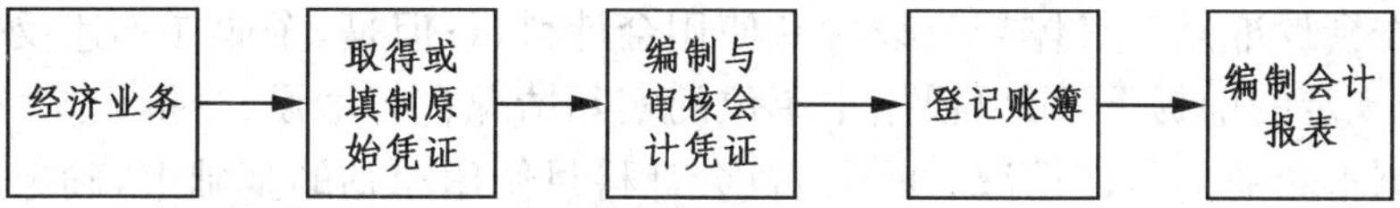

图 2—1　简化的记账程序

在会计教学过程中，为了简化账务处理的举例，通常对记账程序的各步骤进行适当处理：

(1)用文字介绍经济业务代替原始凭证；

(2)用会计分录代替记账凭证；

(3)用简化的 T 形账户代替真实的账簿；

(4)用简化的报表代替真实的报表。

第二节　设置账户

设置账户是对会计对象的具体内容进行确认、归类和监督的一种专门方法，其实质是对会计对象进行的科学分类，从而使复杂多样的经济业务得以分门别类地予以登记和归集，产生各种类别的财务会计指标。

会计核算的主要对象是企业发生的各项资金运动，如机器设备的购置和折旧情况、职工的薪酬分配情况、债务的增减变化情况、利息的发生和支付情况、股东的权益变化等，会计学将这些复杂多样的经济内容按资产、负债、所有者权益、收入、费用和利润进行分类归纳与整理，将会计对象初步分为六大类，并称为六大会计要素。但会计要素本身所涉及的内容较为复杂，以资产为例，企业拥有的资产中，有多少是存放在银行的、有多少机器设备、有多少是持有的股票债券，又有多少是无形资产？会计要素所提供的分类信息仍不能满足企业日常管理的需要。为了能提供更为详细的分类信息，需要进一步设置会计科目与会计账户。

对会计信息的最基本分类就是会计要素，将会计要素再进一步详细分类核算的项目就是会计科目或会计账户。会计账户是用于分类反映会计要素增减变动及其结果的一种工具，设置账户是会计核算方法之一，是会计记录和汇总的前提。

一、设置账户的依据

(一)会计科目是设置账户的依据

会计科目是账户的名称，同时也是各单位设置账户的一个重要依据。企业设置账户应依据《企业会计准则》中制定的科目名称和规范。

(二)《企业会计准则——应用指南》对会计科目的规范

1. 对会计科目的总说明

《企业会计准则》中统一规定了会计科目的编号，便于编制会计凭证、登记账簿、查阅账目以及实行会计电算化。企业不应当随意打乱重编。某些会计科目之间留有空号，供增设会计科目之用。

企业应当按会计准则的具体规定设置和使用会计科目；但是，企业在不违反会计准则中确认、计量和报告规定的前提下，可以根据本单位的实际情况自行增设、分拆、合并会计科目。并且企业可以根据本企业的具体情况，在不违背会计科目使用原则的基础上，确定适合于本企业的会计科目名称。

2. 会计科目填列的规定

企业在填制会计凭证、登记账簿时，应当填列会计科目的名称，或者同时填列会计科目的名称和编号，不应当只填科目编号，不填科目名称。

知识拓展2—2　会计科目名称和编号表中的会计科目编号方法

《企业会计准则》在会计科目名称和编号表中采用了科学的“四位数＋后位数”的编号法来为会计科目编号。前面四位数表示一级会计科目，例如：“222101”这个科目代号中，“2”表示该会计科目属于负债类，“221”是一级科目“应交税费”的代号。“222101”中的“01”是“应交税费”会计科目的第一个二级科目，即“应交增值税”。“22210102”中的“02”是“应交税费”会计科目的第一个二级科目“应交增值税”下的三级科目“已交税金”。

由于会计准则是对我国所有企业的规范，其六大类的会计科目涉及所有企业，如共同类主要是金融企业使用。本教材主要以工业企业为例，所以，我们根据工业企业的特点，整理出常用的适合工业企业的会计科目表，如表2—1所示。

表 2—1　　基础会计常用会计科目表

序号	编号	会计科目名称	序号	编号	会计科目名称
一、资产类			25	2231	应付利息
1	1001	库存现金	26	2232	应付股利
2	1002	银行存款	27	2241	其他应付款
3	1121	应收票据	28	2501	长期借款
4	1122	应收账款	三、所有者权益类		
5	1123	预付账款	29	4001	实收资本
6	1221	其他应收款	30	4002	资本公积
7	1231	坏账准备	31	4103	本年利润
8	1401	材料采购	32	4104	利润分配
9	1402	在途物资	33	4101	盈余公积
10	1403	原材料	四、成本类		
11	1405	库存商品	34	5001	生产成本
12	1601	固定资产	35	5101	制造费用
13	1602	累计折旧	五、损益类		
14	1604	在建工程	36	6001	主营业务收入
15	1605	工程物资	37	6051	其他业务收入
16	1606	固定资产清理	38	6301	营业外收入
17	1701	无形资产	39	6401	主营业务成本
18	1901	待处理财产损溢	40	6402	其他业务成本
二、负债类			41	6403	营业税金及附加
19	2001	短期借款	42	6601	销售费用
20	2201	应付票据	43	6602	管理费用
21	2202	应付账款	44	6603	财务费用
22	2203	预收账款	45	6701	资产减值损失
23	2211	应付职工薪酬	46	6711	营业外支出
24	2221	应交税费	47	6801	所得税费用

知识拓展 2—3　会计科目名称和编号表的特点及科目分类

《企业会计准则》中的会计科目名称和编号表对规范企业的会计行为具有重要的指导意义，该表有三个显著的特点：一是科学性，即会计科目名称和编号表建立在采用科学的方法对会计科目进行分类的基础上；二是完整性，即会计科目名称和编号表全面地反映了会计对象的具体内容，为全面核算企业的经济活动奠定了基础；三是统一性，这是该表的最大特点，它保证了企业会计核算和会计科目与账户体系的统一性，使其会计信息资料在全国范围内口径一致，满足各方面对会计信息的需要。

通过制定会计科目名称和编号表，不仅统一规范了企业主要会计科目的编号和名称，而且将企业应该设置的基本会计科目按其经济内容进行了分类，将其分为资产类、负债类、共同类、所有者权益类、成本类、损益类六大类。

(三)会计账户与会计科目的关系

会计科目和账户是两个既有区别又有联系的概念，两者的相同点是它们所反映的会计对象的具体内容是相同的。账户是根据会计科目开设的，账户的名称就是会计科目。两者的区别是：

(1)会计科目仅仅是指账户的名称，通常由国家财政部统一制定，是各单位设置账户、处理账务所必须遵循的依据；而账户则由各会计主体自行设置，账户除了有名称(会计科目)外，还具有一定的格式、结构，具体表现为若干账页。账户是用来记录经济业务的载体。

(2)会计科目是在进行会计核算前事先确定的对经济业务分类核算的项目。账户是经济业务发生之后，进行分类、连续登记的一种手段。

需要说明的是，在实际工作中，会计科目和账户往往不做区分，在教学过程中一般也只在“基础会计”课程中对这两个概念进行辨析区分，而在之后的教学中这两个概念也基本上是通用的。

二、账户及会计科目的设置原则

设置会计账户是正确组织会计核算的一个重要前提条件。总分类账根据一级科目设置，明细分类账根据明细分类科目设置。一个企业单位应设置多少会计科目，要与这个企业单位的经营特点以及管理要求相适应：既不要过分复杂烦琐，增加不必要的工作量；又不能简单粗糙，使各项经济内容混淆不清。因此，具体设置时应遵循以下原则：

(一)会计科目的设置必须符合会计准则的规定

《企业会计准则——应用指南》专门对会计科目做了具体的规定，企业在设置会计科目时必须遵循这些具体规定。

(二)会计科目必须结合本单位会计对象的特点设置

设置会计科目，是对会计对象的具体内容进行分类。因此，必须根据单位会计对象的特点来确定应设置的会计科目。虽然《企业会计准则——应用指南》原则上统一了会计科目的名称和设置方法，但各类企业的经济活动不同，设置的会计科目也有所不同。例如，工业企业是从事商品生产经营的经济组织，它除了设置和使用监督资产与权益情况的会计科目外，还必须按照生产经营过程的各种劳动耗费设置“生产成本”和“制造费用”科目和生产成果，而商品流通企业没有制造产品的任务，就没有必要设置这些会计科目。

（三）会计科目的设置应符合经济管理的要求

会计科目的设置，既要考虑会计对象的特点，又要符合经济管理的要求。因为会计是经济管理的重要组成部分，不仅为管理提供资料，而且本身也要参与管理。由此，设置的会计科目所提供的会计资料不仅要满足管理的需要，而且要有利于对经济活动进行分析、预测、控制和考核。例如，为了掌握企业生产规模和生产能力，会计上就要设置“固定资产”科目，以反映固定资产的原始价值；为了综合说明企业拥有固定资产的新旧程度，便于有计划地安排固定资产的更新改造，会计上就需要设置“累计折旧”科目，用来抵减原始价值，以反映固定资产净值。

（四）会计科目的设置既要保证统一性，又要保持灵活性

为了保证同类企业会计核算指标、口径一致，便于会计资料的综合汇总和分析利用，满足宏观经济管理的需要，企业的主要会计科目应由财政部通过会计准则予以统一规范。在使用会计科目时，除会计准则允许变动的以外，会计人员不得任意增减或合并会计科目，也不得任意改变会计科目的名称、编号、核算内容和对应关系。但在保证统一性和符合有关会计制度规定的前提下，会计科目的设置也应保持一定的灵活性，以便于各地区、部门和企业单位能根据自己的具体情况对统一规定的会计科目进行必要的补充或兼并，从而使会计科目的运用能够更加切合实际。相关部门对会计科目的兼并或增补，必须持慎重态度。

（五）会计科目的设置要含义明确、通俗易懂并保持相对稳定

为了正确无误地使用会计科目，所设置的会计科目要符合会计本身的规律性，既有利于记账、算账，又有利于根据其数据指标，编制会计报表和科学地组织会计核算。会计科目不是一成不变的，随着经济环境和管理要求的变化，会计科目体系也会相应地做出修改，但在一定时期，应保持会计科目的相对稳定，以便于会计核算的综合汇总和不同时期资料的对比分析，有利于提高会计工作的质量和效率。

三、账户的载体及账户的结构

（一）账户的载体

会计账户实际上是根据会计科目在账簿中按账户名开设，用来记录其增减变动情况，提供各类静态和动态指标的工具。会计账簿中的每一账页就是账户的存在形式和载体，会计账簿与账户的关系，是形式和内容的关系。

（二）账户的基本结构

账户结构，是指账户要设置哪些部分，每一部分反映什么内容，即反映监督会计要素增减变化及其结果的具体格式。

虽然企业经济业务引起资产、负债、所有者权益等会计要素的增减变动错综复杂，但无论何种性质的账户，都应该包括以下四项内容：（1）账户的名称，即会计科目；（2）日期和摘要，概括说明经济业务的内容；（3）凭证号数，即据以记账的凭证编号；（4）增加和减少的金额及结余额。

按照会计分期的基本前提的要求，会计上必须分期结账。所以账户记录的金额表现为四项指标，即期初余额、本期增加发生额、本期减少发生额和期末余额。四项指标之间的相互关系如下：

期末余额＝期初余额＋本期增加发生额－本期减少发生额

账户的本期增加额合计和本期减少额合计称为本期发生额，它反映一定时期的资产、负债和所有者权益增减变化的情况，为管理提供动态指标；账户的期初余额加本期增加发生额，再扣减本期减少发生额，即为期末余额，反映一定日期会计要素增减变动的结果，为管理提供静态指标。期初余额与期末余额是相对而言的，本期的期初余额即为上期的期末余额。会计计算期末余额主要是为了保证经济业务的连续性，同时也是为编制会计报表和为经济管理提供综合性指标奠定基础。

账户的一般格式如表2－2所示。

表2－2　　账　户　名　称

会计科目：　　　　　　　　　　第　　页

年		凭证号	摘　要	发生额		借或贷	余　额
月	日			借　方	贷　方		

账户是将经济业务分门别类地、序时地进行登记的工具。只有科学合理地设置了会计账户，才可以将纷繁复杂的经济业务按照一定的标准进行分门别类的归纳和记录，提供满足企业经营以及与企业有利害关系的各利益集团所需的会计信息。所以，设置账户是会计核算的一种重要方法，也是科学地组织会计核算的一项重要条件。

熟悉每个账户所反映的经济业务，在经济业务发生时，能迅速、准确地选择正确的账户进行反映，是会计人员必须具备的基本能力。账户的具体运用方法将在第五章中进行系统的讲解。

四、账户按经济内容的分类

账户按经济内容可以分为资产类账户、负债类账户、所有者权益类账户、收入类账户、费用类账户和利润类账户六类。每一类账户的具体内容将在第三章中详细介绍。

（一）资产类账户

资产类账户是指用于核算资产增减变动及其结存情况，提供资产类项目会计信息的账户，按照资产的流动性可分以为反映流动资产的账户和反映非流动资产的账户。

(二)负债类账户

负债类账户是指用于核算负债增减变动及其结存情况，提供负债类项目会计信息的账户，按照债务偿还期限的长短(流动性)可以分为反映流动负债的账户和反映非流动负债的账户。

(三)所有者权益类账户

所有者权益类账户是用于核算所有者权益增减变动及结存情况，提供所有者权益类项目会计信息的账户。按照所有者权益形成的来源不同可以分为反映所有者资本投入的账户和反映企业经营积累的账户。

反映所有者资本投入的账户，如“实收资本(或股本)”“资本公积”账户。

反映企业经营积累的账户，如“盈余公积”“本年利润”“利润分配”等账户。

(四)收入类账户

这里的收入是指广义的收入，包括“主营业务收入”“其他业务收入”“营业外收入”“投资收益”等账户。

(五)费用类账户

费用类账户是核算企业在生产经营过程中发生的各种费用支出的账户。广义的费用类账户不仅包括经营性的成本类和费用类账户，如“生产成本”“制造费用”“主营业务成本”“营业税金及附加”“管理费用”等，也包括“营业外支出”和“所得税费用”等核算非经营性费用的账户。

(六)利润类账户

利润类账户是核算利润形成和分配情况的账户，主要有“本年利润”和“利润分配”两个账户。

知识拓展 2—4　账户按用途和结构的分类

账户按用途和结构不同分为盘存类账户、资本类账户、结算类账户、集合分配类账户、跨期摊配类账户、成本计算类账户、调整类账户、财务成果类账户和待处理类账户等。

1. 盘存类账户

盘存类账户是核算和监督企业各种财产物资和货币资金的增减变动及其实存数额的账户，主要包括“库存现金”“银行存款”“原材料”“库存商品”“交易性金融资产”“持有至到期投资”“固定资产”等账户。这类账户基本上可以通过盘点的方式进行清查。

2. 资本类账户(投资权益类账户)

资本类账户是用来核算和监督企业所有者投资、企业内部经营积累的增减变动及结果的账户，主要包括“实收资本(或股本)”“资本公积”“盈余公积”等账户。

3. 结算类账户

结算类账户按其用途和结构不同，又可分为债权结算账户和债务结算账户两类。

债权结算账户有“应收账款”“预付账款”“应收票据”“其他应收款”账户等。

债务结算账户亦称负债结算账户，有“应付账款”“预收账款”“应付票据”“应付职工薪酬”“应交税费”“应付股利”“应付利息”等账户。

4. 集合分配类账户

集合分配类账户是用来归集企业在某一生产经营过程中为了生产产品或提供劳务所发生的，但不能直接计入产品或劳务成本的各种费用，并最终将其结转的账户，如“制造费用”账户。

5. 跨期摊配类账户

跨期摊配类账户是用来核算和监督应由几个会计期间共同负担的费用账户。根据摊配方式不同，可以分为资产类跨期摊配账户和负债类跨期摊配账户，如“长期待摊费用”账户。

6. 成本计算类账户

成本计算类账户是用来核算监督企业某一经营阶段所发生的、应计入成本的全部费用，并确定各个成本计算对象实际成本的账户，如“生产成本”“在途物资”“在建工程”等账户。

7. 调整类账户

调整账户是用来调整被调整账户的余额，以求得被调整账户的实有数而设置的账户。调整账户按其调整的方式不同，可以分为备抵调整账户、附加调整账户和备抵附加调整账户三种。在会计实务中，备抵调整账户应用得最为广泛。

(1)备抵调整账户

备抵调整账户是用来抵减被调整账户的余额，以求得被调整账户实有数的账户，如“累计折旧”“坏账准备”等账户。其调整方式，可以用下列公式表示：

被调整账户余额－调整账户余额＝被调整账户的实有数

备抵调整账户的余额方向一定与被调整账户的余额方向相反。

“累计折旧”是“固定资产”的备抵调整账户，“坏账准备”是“应收账款”的备抵调整账户。

(2)备抵附加调整账户

备抵附加调整账户是指既可以用来抵减，也可以用来增加被调整账户余额，以求得被调整账户实有数的账户。这类账户属于双重性质的账户，兼有备抵账户和附加账户的功能，但不能同时起两种作用。它在某一时期执行的是哪种功能，取决于该账户的余额与被调整账户的余额是在同一方向还是相反方向。

8. 财务成果类账户

财务成果类账户用来反映和监督企业在一定会计期间内全部生产经营活动最终成果的账户。属于这类账户的有“本年利润”账户。

第三节　复式记账

一、单式记账法与复式记账法

(一)单式记账法

单式记账法是对发生的经济交易事项只在一个账户中记录的记账方法。例如，用银行存款 50 万元购买钢材 50 吨，记账时只在“银行存款”账户中记录银行存款减少 50 万元，购买 50

万元钢材不做记录。由于账户设置不完全，不能科学反映账户之间的相互关系，因而单式记账不能全面、系统地反映资金的来龙去脉，也不利于检查账户记录的准确性。又如，以库存现金 500 元购买了办公用品，记账时只在“库存现金”账户中做减少 500 元的记录，至于钱用到什么地方，在账上是无法查找到的。

单式记账法通常只登记库存现金收付和人欠、欠人等往来结算的事项。由于账户设置不完整，账户之间的记录没有直接联系，既不能全面地反映经济业务的来龙去脉，也不便于检查账户记录的正确性、完整性，因而不适应经济业务比较复杂的企事业单位，在现代市场经济条件下，企事业单位都不采用单式记账法。

(二)复式记账法

复式记账法是对实际发生的每一项经济业务(经济交易事项)，在相对应的两个或两个以上的账户中，以相等的金额相互关联地进行记录的记账方法。复式记账法中存在对应关系的账户称为对应账户。

经济业务(经济交易或事项)的发生会引起有关会计要素发生增减变化。资金运动的客观规律决定，一个账户发生变化的同时，必然引起对应账户发生变化，也就是说，资金运动是有其来龙去脉的。这种对资金来龙去脉的反映，只有用复式记账法才能完整体现。

在上一例中，购买价值 50 万元的钢材 50 吨，既意味着某会计主体以原材料形式表示的资产要素增加了 50 万元，也意味着以现金或银行存款的形式表示的资产要素同时减少了 50 万元。复式记账原则要求对这笔经济业务在两个账户中同时相互关联地进行记录和反映。只有在“银行存款”账户和“原材料”账户中同时进行反映，才能系统地记录所发生的经济业务的全貌。

复式记账法有借贷记账法、增减记账法、收付记账法。为与国际惯例接轨，我国《企业会计准则》规定，会计记账采用借贷记账法。我国的企业会计和预算会计目前已统一采用借贷记账法。复式记账法的内容主要包括运用借贷记账法编制会计分录、借贷记账法的试算平衡以及总分类账户与其所属的明细分类账户平行登记这三种技术方法，具体方法将在第四章中详细介绍。

二、复式记账法的特点

与单式记账法相比，复式记账法更具合理性、科学性和操作性，其具有以下两个特点：

(一)双重记录能反映经济业务的全貌

复式记账法要求设置完整的账户体系，对每一项经济业务的发生都要以相等的金额在两个或两个以上相关的账户中进行双重记录，以反映资金活动的来龙去脉，全面、连续、系统地反映经济活动的过程和结果。

(二)可试算平衡，以检验账簿记录的正确性

复式记账原则是相对单式记账而言的，它是对发生的每笔经济业务，都必须以相等的金额，在两个或两个以上的账户中相互联系地进行登记。由于账户记录是按相同金额对应进行

的，因而对记录的结果可以进行试算平衡，以检查账户记录是否正确。这种复式记账及试算平衡的具体方法将在第四章中详细介绍。

三、复式记账法中的对应账户

复式记账的具体方法将在第四章中详细介绍，这一节中首先了解当一笔经济业务发生时，涉及账户的增减变化情况。

例 2—1 炎日有限责任公司用银行存款购入设备，价值 10 000 元(此章不考虑增值税)。

解析：对于这笔经济业务，用复式记账法记账时首先应确定涉及的账户有两个。既需要在“银行存款”账户上记一笔账，减少了 10 000 元；还要在“固定资产”账户上记一笔账，增加了 10 000元。

即业务发生后在两个相关联的账户都做登记，金额相等，均为 10 000 元。

例 2—2 炎日有限责任公司购入材料，货款 30 000 元尚未支付。

解析：此业务涉及“原材料”账户和“应付账款”账户。按照复式记账原则，需要在“原材料”账户上记录增加了 30 000 元，同时在“应付账款”账户上记录增加了 30 000 元。

即业务发生后在两个相关联的账户都做登记，金额相等，均为 30 000 元。

例 2—3 炎日有限责任公司接受捐赠的设备一台，价值 15 000 元。

解析：这项业务涉及“固定资产”账户和“营业外收入”账户，按照复式记账原则，需要在“固定资产”账户上记录增加了 15 000 元，同时在“营业外收入”账户上记录增加了 15 000 元。

即业务发生后在两个相关联的账户都做登记，金额相等，均为 15 000 元。

例 2—4 炎日有限责任公司以银行存款 100 000 元偿还所欠原材料款。

解析：这项业务涉及“银行存款”账户和“应付账款”账户。按照复式记账原则，需要在“银行存款”账户上记录减少了 100 000 元，同时在“应付账款”账户上记录减少了 100 000 元。

即业务发生后在两个相关联的账户都做登记，金额相等，均为 100 000 元。

例 2—5 炎日有限责任公司因资本过剩而决定减资，用银行存款返还投资者投资 1 000 000元。

解析：此项经济业务涉及“银行存款”账户和所有者权益中的“实收资本(股本)”账户。按照复式记账原则，需要在“银行存款”账户上记录减少了 1 000 000 元，同时在“实收资本(股本)”账户上记录减少了 1 000 000 元。

即业务发生后在两个相关联的账户都做登记，金额相等，均为 1 000 000 元。

例 2—6 炎日有限责任公司从银行提取现金 1 000 元备用。

解析：这项业务涉及“库存现金”账户和“银行存款”账户。按照复式记账原则，需要在“库存现金”账户上记录增加了 1 000 元，同时在“银行存款”账户上记录减少了 1 000 元。

即业务发生后在两个相关联的账户都做登记，金额相等，均为 1 000 元。

例 2—7 炎日有限责任公司开出商业汇票一张，抵偿应付账款 3 000 元。

解析：这项业务涉及“应付账款”账户和“应付票据”账户。按照复式记账原则，需要在“应付账款”账户上记录减少了 3 000 元，同时在“应付票据”账户上记录增加了 3 000 元。

即业务发生后在两个相关联的账户都做登记，金额相等，均为 3 000 元。

通过以上例题就能理解不论是发生与现金、银行存款有关的经济业务，还是发生与现金或银行存款无关的经济业务，都必须在两个或两个以上的有关账户中同时登记。任何一笔经济业务的发生，都会引起至少两个项目的资金增减变动，而项目对应的变动金额相等。资金运动中客观存在的这种必然现象，通过复式记账法能够全面地反映出来。

会计核算的主要工作是记账，只有在记账时运用好复式记账原理才能正确反映复杂经济活动中资金的来龙去脉关系。对于初学者来说，熟悉掌握复式记账，既是学习会计核算方法体系的核心要点，也是学习的难点。

第四节　填制和审核会计凭证

填制和审核会计凭证是会计核算的一种专门方法，是账务处理程序的起点。作为会计人员，会计主体发生经济业务时，应取得书面证明，即会计凭证。会计凭证在会计循环中起着极其重要的作用，直接决定了会计信息是否真实可靠。

一、会计凭证的概念

会计凭证是记录经济业务的发生和完成的情况，以明确经济责任，具有法律效力的书面证明，是登记账簿的依据。

为保证会计记录的客观性和真实性，要求在经济业务发生时，必须由执行或完成该项经济业务的有关人员，从外部取得或在单位内部自行填制会计凭证，以书面形式反映经济业务发生和完成的情况。在会计凭证中应列明经济业务的发生日期、具体内容、数量和金额，并在会计凭证上签字或盖章，以对经济业务的真实性和合法性负责。所有的会计凭证都要由会计部门进行审核，审核无误的会计凭证，才能作为记账的依据。

填制和审核会计凭证是会计核算的专门方法之一，也是会计核算工作的起点和基础。

二、会计凭证的作用

（一）记录经济业务

通过会计凭证的填制和审核，可以及时、真实地记录和反映每一项经济业务的发生或完成情况，传递经济信息。不同类型的经济业务，将取得、填制不同的会计凭证，从而使经济业务得到初步的分类记录。这样为记录业务、账务处理、分析检查企业的经济活动提供了完善的基础资料。

（二）作为记账依据

会计凭证是登记账簿的直接依据，真实、可靠、准确的会计凭证是会计信息质量的重要保证。

（三）明确经济责任

会计凭证的取得和填制必须有有关部门和人员的签字或盖章才有效，这样就明确了各方面的经济责任，促使有关部门和人员对经济业务的真实性、合法性与合理性承担责任，减少差错和防止舞弊行为。

(四)监督经济活动，强化内部控制

通过会计凭证的审核，可以查明每一项经济业务是否符合国家的相关法律、法规和制度规定，可以及时发现会计工作中存在的问题，从而可以对经济业务的合法性、合理性进行事前控制。对于查出的问题，企业可以采取积极措施，加以纠正，实现对经济活动的事中控制。

三、会计凭证的种类

会计凭证按照填制程序和用途不同，可以分为原始凭证和记账凭证。

(一)原始凭证

原始凭证又称原始单据，是在经济业务发生时取得或填制，记录经济业务具体内容和完成情况的书面证明，是进行会计核算的原始资料。原始凭证的审核是一项十分重要、严肃的工作(其具体填制内容和审核方法将在第六章中专门介绍)，经审核的原始凭证应根据不同情况进行处理：

(1)对于审核无误的原始凭证，应及时据以编制记账凭证，作为有关附件粘贴于记账凭证之后，以备查核。

(2)对于合理、合法但内容不够完整、填写有误的原始凭证，应退回有关经办人员，由其负责将有关凭证补充完整、更正或重开后，再办理正式的会计手续。

(3)对于不真实、不合法的原始凭证，会计机构和人员有权不予接受，并向单位负责人报告。

例 2—8 企业用银行存款支付下一年的保险费 28 800 元，取得记录经济业务具体内容和完成情况的两张原始凭证如图 2—2、图 2—3 所示。

中国人民保险公司浙江分公司保险专用发票

(2014) D2　　0004563

被保险人	杭州市红星服装厂	
保险单号		
承保险别	房屋、设备、汽车	
保险费	大写：贰万捌仟捌佰元整	
人民币	小写：28 800. 00	
交费形式		1. 现金　2. 转账支票　3. 银行划转　4. 其他
业务员		核保

保险公司(签章)　　制单 王刚　　出纳 刘惠　　2014 年 12 月 5 日

图 2—2　预付保险费取得的原始凭证(1)

中国工商银行　转账支票存根
支票号码　NO 00026903
科　　目：
对方科目：
签发日期：**2014** 年 **12** 月 **5** 日

收款人：**杭州人保公司**
金额：**28 800.00**
用途：**预付财产保险费**
备注：

单位主管 **杨洋**　　会计 王娜

图 2—3　预付保险费取得的原始凭证(2)

(二)记账凭证

记账凭证是会计人员根据审核无误的原始凭证(或原始凭证汇总表)编制的,以会计分录为核心内容的会计凭证,是登记账簿的直接依据(记账凭证的具体内容及审核方法将在第六章中专门介绍)。

1. 记账凭证应根据审核无误的原始凭证填制

记账凭证必须根据审核无误的原始凭证进行填制,可以根据每一张原始凭证填制,或者根据若干张同类原始凭证汇总填制,也可以根据原始凭证汇总表填制。

除结账和更正错误的记账凭证可以不附原始凭证外,其他记账凭证必须附有原始凭证。记账凭证上应注明原始凭证的张数。

2. 填写的内容必须完整、正确

记账凭证必须按照原始凭证内容如实填制,摘要栏的填写要真实简明。

3. 记账凭证应连续编号

会计人员在填制记账凭证时,应当对记账凭证进行连续编号,以便于复核与日后查阅。

例 2—9　根据例 2—8 中取得的原始凭证,填制记账凭证,在这个记账凭证中反映了涉及的账户名称、应记录的金额和金额的增减方向,如表 2—3 所示。

表 2—3　　　　**记　账　凭　证**

转字　第＊＊号

2014 年 12 月 5 日

附件　2　张

摘　要	总账科目	明细科目	借方金额										记账符号	贷方金额										记账符号
			千	百	十	万	千	百	十	元	角	分		千	百	十	万	千	百	十	元	角	分	
预付保险费	预付账款					2	8	8	0	0	0	0												
	银行存款																2	8	8	0	0	0	0	
结算方式及票号：		合　计			¥	2	8	8	0	0	0	0				¥	2	8	8	0	0	0	0	

会计主管　　　　记账　　　　复核　　　　制证

第五节　登记账簿

账簿是由具有一定格式、相互联结的账页组成，用来按照时间先后顺序，分类记录和反映各种经济业务的簿记。

企业在经营的过程中所发生的全部经济业务，在发生和完成时，都已经记录在会计凭证中。会计凭证所提供的会计信息虽然详细、具体，但由于分散在各个会计凭证中，不能连续、全面地反映经济主体经济业务内容，因此，需要系统地记载到各有关的账簿中，以便反映各类账户的增减变动情况和结果，并为提供综合的会计信息做好相应的准备。

关于账簿的种类、具体内容和各种账簿的登记、更正方法将在第七章中详细介绍，本节重点介绍“登记账簿”在整个账务处理程序中的作用。

一、账簿的登记基本规则

(1)账簿的登记应以审核无误的会计凭证为依据。

(2)账簿应用蓝黑墨水或者碳素墨水笔书写。

(3)各种账簿应按行、按页顺时登记，不能跳行、跳页。

(4)本页记满时，按规定的方法过次页。

以原材料为例，按经济业务逐笔登记的三栏式总分类账如表 2—4 所示。

表 2—4 **总分类账**

会计科目:原材料 第 页

2014 年		凭证号	摘 要	发生额		借或贷	余 额
月	日			借 方	贷 方		
12	1		期初余额			借	800 000
	1	转 1	材料验收入库	1 000 000		借	1 800 000
	2	转 2	车间领用材料		1 200 000	借	600 000
	3	转 3	材料验收入库	900 000		借	1 500 000
	5	转 6	材料验收入库	500 000		借	2 000 000
	5	转 9	领用材料		1 000 000	借	1 000 000
	…						

数量金额式明细账的账页格式以原材料的明细分类账为例,如表 2—5 所示。

表 2—5 **原材料明细分类账**

二级科目名称:原料及主要材料 计量单位:元/千克

材料名称:甲材料 最高储备:

材料规格: 最低储备:

2014 年		凭证号	摘 要	收 入			发 出			结 存		
月	日			数量	单价	金额	数量	单价	金额	数量	单价	金额
12	1		期初余额							50 000	2	100 000
	1	转 1	购入	500 000	2	1 000 000				550 000	2	1 100 000
	2	转 2	领用				30 000	2	60 000	520 000	2	1 040 000
	…											

二、会计账簿的作用

(一)账簿记录可以全面、连续、系统地反映经济活动

在会计核算中,通过会计凭证的填制和审核,能反映每一笔经济业务的发生、执行和完成情况,但是根据每笔经济业务填制的会计凭证对经济业务的反映是零散的、片面的,不能系统、完整地反映经济活动的变化和结果。通过设置账簿,可以将会计凭证所提供的大量分散的核算资料,加以归类整理,以便全面、连续、系统地反映经济活动情况。

(二)账簿记录是编制会计报表的依据

通过设置和登记账簿,可以将分散的会计凭证归类汇总,既能提供各类经济业务的总括核算资料,又能提供某类经济业务的明细核算资料;既能提供动态的核算资料,又能提供静态的核算资料,反映一定日期的财务状况及一定时期的经营成果。会计人员通过定期进行结账工作、进行有关账簿之间的核对,计算出本期发生额和余额,据以编制会计报表,向有关各方提供

所需要的会计信息。

(三)账簿记录是重要的经济档案

账簿是各单位会计档案的主要资料,也是经济档案的重要组成部分。通过账簿的设置和登记,检查、校正会计信息,对会计凭证中的信息进行整理;通过账簿可以发现整个经济活动的运行状况,评价企业的财务状况和经营成果。

(四)账簿记录可以为经济监督提供依据

设置和登记账簿是会计核算的一种方法。科学地设置各类账簿,正确地登记账簿,是充分发挥会计作用中不可或缺的一环。会计账簿的各种记录应定期与有关账簿、凭证、实物相核对,做到账账相符、账证相符、账实相符。

第六节　成本计算

成本计算只适合于营利性企业的会计核算。它是指按一定的成本对象,对生产过程、经营过程中所发生的成本、费用进行正确的归集、分配,以确定该成本计算对象的总成本和单位成本的一种专门会计核算方法。通过准确地计算成本,可以掌握成本的形成过程以及成本构成情况,也便于考核成本计划的完成情况,并通过总成本与企业收益的对比掌握生产经营的成果,从而促使企业加强会计核算,增收节支,提高经济效益。

企业永恒的主题是生存、发展和获利,这三个命题的基础都在于企业内部的成本控制(产品价格是会计无法控制的外部因素),所以通过正确的成本计算所提供的会计信息,是非常重要的。成本计算也是会计核算的重要方法和技能。

一、成本计算的三个阶段

工业的经营过程一般要经过供应、生产和销售三个阶段,各个阶段要分别计算原材料的采购成本、产品的生产成本和产品的销售成本。

(一)原材料的采购成本

原材料的采购成本一般由买价和采购费用两个成本项目构成。

(二)产品的生产成本

产品的生产成本包括生产过程中发生的应计入产品生产成本的各项生产费用。

(三)产品的销售成本

产品的销售成本是指已销售产品的生产成本。销售的产成品的单位成本的确定,是根据库存商品的明细账资料计算的。确定已销售产品的单位成本后,根据已销售产品的数量乘以产成品的平均单位成本计算求得销售成本。

关于企业生产经营过程中成本计算的详细方法，在“成本会计”课程中介绍。本书第五章中将对这三个阶段简要的成本计算方法及相应的会计核算方法做进一步介绍。

二、成本计算的意义

成本计算是采用一系列专门的方法，把企业供应、生产和销售过程中所发生的各种费用，根据受益关系，在不同的对象之间进行归集和分配，借以确定各成本计算对象的总成本和单位成本的一项会计工作。成本计算对于加强企业经营管理、提高经济效益具有重要意义。

(1)通过成本计算，可以取得企业的实际成本资料，并据以确定实际成本与计划成本的差异，考核成本计划的完成情况，分析成本升降的原因，进一步挖掘降低成本的潜力。

(2)通过成本计算，可以反映和监督企业各项费用的支出，揭露企业经营管理中存在的问题，奖优罚劣，及时采取有效措施，改善经营管理。

(3)通过成本计算，可以为企业进行下一期各项成本指标的预测和规划，提供必要的参考数据。

三、成本计算的基本要求

(一)应遵守相关法律法规中的成本开支范围和费用开支标准

(1)所谓成本开支范围，是指哪些费用允许列入成本，哪些费用不允许列入企业的成本、费用。就工业企业而言，所发生的直接材料、直接人工、制造费用、管理费用、财务费用和销售费用构成企业的成本费用范围。其中，直接材料、直接人工和制造费用构成产品的制造成本(又称生产成本)；管理费用、财务费用和销售费用则由于和产品的受益关系不太明显、分配的客观标准不易确定，不计入产品的制造成本，全部作为期间费用冲减当期收益。

(2)所谓费用开支标准，是指对某些费用支出的金额和比例做出一些限制性的规定，如允许在税前列支的职工薪酬金额、坏账提取比例和交际应酬费用的提取比例等。

企业应严格遵守成本开支范围和费用开支标准，在合法的前提下展开经营活动，既能保证成本、费用的真实性，内容的一致性，具有分析对比的可能性；又能正确地计算企业的损益，真实地反映企业的财务成果，提供客观、有用的会计信息。

(二)划清支出、费用和成本的界限

1. 分清收益性支出和资本性支出的界限

所谓收益性支出，是指所带来的效益仅与一个会计年度相关的支出，收益性支出都应计入该会计年度的费用；所谓资本性支出，是指能在几个会计年度带来收益的支出，资本性支出应计入相关资产的成本，并随着相关资产的消耗，合理分摊到相关的会计年度中。

例如，购置固定资产的支出，应计入固定资产的成本，属于资本性支出。在固定资产的使用期间将其合理分摊到相关会计年度的成本、费用中。

2. 分清成本与费用的界限

费用是经营活动中发生的各种各样经济利益流出的总称，而成本则是指归集到受益计算对象上去的费用。如前所述，企业经营活动中发生的费用，并非全部计入成本，有一部分是作

为期间费用列为当期损益。因此，为保证成本资料的真实性，以及相应会计信息的相关有用性，在成本计算时，要划清成本与费用的界限。

3. 分清本期成本费用与下期成本费用的界限

凡应由本期相关资产负担的费用，应计入本期相关资产的成本；不应由本期相关资产负担的费用，则不能计入本期相关资产的成本。

4. 分清不同资产的成本界限

属于哪种资产受益的费用，应由该种资产负担，计入该种资产的成本，不能将由其他资产受益的费用，计入不相关资产的成本。

5. 分清在产品成本与产成品成本的界限

工业企业对于应计入本期产品成本的费用，如应由在产品和产成品共同承担，就要采用适当的方法，将生产费用在产成品和在产品之间进行分配，分清哪些是在产品应承担的费用，哪些是产成品应承担的费用。

（三）遵循权责发生制的要求

在成本计算时遵循权责发生制的要求，主要是指在各会计期间合理划分跨期费用的问题。在成本计算时，对于已经发生的支出，如果受益期间包括几个会计年度，就应将该费用在各个受益期间采用适当的分配方法合理分配，而不能将受益期间包括若干个会计期间的长期待摊费用计入一个会计期间。对于虽未支付但应由本会计期间承担的费用，应先行预提计入本会计期间的成本和费用，等到支付时就不再列为成本费用。不得假借待摊和预提的方法，人为地调节某个会计期间的成本费用。

（四）做好成本核算的各项基础工作

成本核算的基础工作主要有：定额管理工作；建立健全财务物资的计量、收发、领退制度；建立和健全各种原始记录以及收集整理制度；制定内部结算价格等。

（五）选择适当的成本计算方法

企业应结合自己的具体情况，选择适合本企业经营特点的成本计算方法进行成本计算。方法一经确定，在会计环境没有新的变化之前，一般不应经常变动。具体成本计算方法的选择，在“成本会计”课程中介绍。

四、成本计算的三个重要原理

在不同的企业，或同一企业的不同经营阶段，成本计算在内容、构成和计算方法等方面不尽相同，但它们都应按权责发生制、配比原则和划分收益性支出与资本性支出等要求归集、分配到受益对象上去，它们的计算原理是相同的。成本计算原理，就是不同时期、不同性质的成本共同计算原理。

（一）直接受益直接分配原理

各种经营活动的目的不同，经营过程中发生的各种费用都是为相应的经营目的产生的。

也就是说，某种经营活动的经营成果是该种经营活动中所支付费用的受益对象，如为某种产品生产而耗用的原材料费用的受益对象就是该种产品。当可以直接确定某种费用是为某项经营活动产生时，我们称这种费用为该成本计算对象的直接费用。例如，生产甲产品直接消耗的原材料、甲产品生产工人的薪酬等，这样的直接费用可以直接计入受益的对象中，应该作为相应的受益计算对象的成本，由相应的受益计算对象承担。这就是所谓的直接受益直接分配原理，是成本计算的主要原理之一。

(二)共同受益间接分配原理

在企业日常经营中，有的费用是为了若干受益计算对象而共同发生的，应由相应的若干个受益计算对象共同承担，会计上把这种由若干受益计算对象共同承担的费用称为共同性费用。共同性费用与受益计算对象的受益关系虽不如直接费用那样明显，但可以采用客观性较强的标准将共同性费用在各受益计算对象之间合理分配。例如，生产车间的水电费、机器修理费等间接费用，是本车间甲、乙、丙等各产品共同受益的。因此，在月末按甲、乙、丙等产品的生产工时在产品间进行分配，从而间接地计入甲、乙、丙等各产品的成本。这就是所谓的共同受益间接分配原理，是成本计算的主要原理之二。

(三)重要性原理

在企业经营活动中发生的共同性费用中，有时有些共同性费用一方面由于与受益对象的受益关系并不十分明显，另一方面费用的金额也不大，将这种共同性费用按受益原理计入受益对象的成本，一是不易确定客观的分配方法，二是这种费用计入还是不计入受益对象的成本，对受益对象的成本升降水平影响不大。在会计中，这样的共同性费用不计入相应受益对象的成本，而作为期间费用直接抵减当期的经营成果。这就是所谓的重要性原理，是成本计算的主要原理之三。

第七节 财产清查

财产清查对保证会计核算资料的正确性、监督财产安全完整和合理使用具有重要作用。财产清查是专门会计核算不可缺少的方法之一，其具体的种类及方法将在第八章中详细介绍，本节重点阐述其含义及作用。

一、财产清查的基本含义

财产清查就是通过对实物、现金的实地盘点和对银行存款、债权债务的查对，来确定各项财产物资、货币资金、债权债务的实有数，并查明实有数与账存数是否相符的一种专门方法。

造成各种财产账实不符的原因主要有以下几个方面：

(1)在收、发过程中，由于计量、检验不准确而发生品种、数量或质量上的差错。

(2)在财产发生增减变动时，没有填制凭证而登记入账；或者在填制凭证、登账时，发生计算上或登记上的差错。

(3)在财产的保管过程中，受气候等自然因素影响而发生的数量和质量上的变化。

(4)由于保管不善或工作人员失职发生的财产残损、变质与短缺，以及货币资金、债权债务的差错。

(5)由于不法分子营私舞弊、贪污盗窃等而造成的财产物资损失。

(6)因未达账项或拒付而引起单位之间账账不符等。

二、财产清查的作用

财产清查不仅可以通过核查账账相符、账实相符，强化会计反映的职能，也可通过监督财产是否完整，促进和加强财产管理、强化会计监督职能；并且，财产清查还为会计核算当期损益情况提供正确的资料。

(一)及时调整账目，保证账实相符

通过财产清查，可查明各项财产的实存数与账存数是否存在差异，以及存在差异的原因及责任，及时按照规定把账存数调整为实存数，从而达到账实相符，以保证会计资料的准确可靠。

(二)查明库存有无不足或积压

通过财产清查，可查明各种财产的结存和利用情况，可发现有无储备不足、积压、闲置等情况，以便采取措施，充分挖掘物资潜力，合理有效地利用企业的各项资源。

(三)保证财产物资的安全与完整

通过财产清查，可查明各项财产有无短缺、毁损、变质、贪污盗窃等情况。对发现的问题应及时分析原因，追查责任，同时要吸取教训，改进管理工作，切实保证各项财产物资的安全与完整。

三、财产清查的种类

财产清查按照清查的范围不同，可分为全部清查和局部清查；按照清查的时间不同，可分为定期清查和不定期清查。

四、财产清查的方法

由于企业财产种类较多，各有特点，因此在清查时要采用不同的方法。对财产物资及货币资金的各种清查方法，在第七章中将详细介绍。

第八节　编制财务会计报告

本节主要介绍编制财务会计报告作为一种专门核算方法，在整个核算方法体系中的作用。财务报告的主体是会计报表，各种会计报表的具体内容及编制方法将在第九章中详细讲解。

一、编制会计报表是会计核算的终结阶段

在编制会计报表以前的会计日常核算的一系列方法(前六种方法)中,所取得的会计信息仍分散在各种会计账簿中,不能全面、概括、相互联系地反映企业的经营成果和财务状况。与企事业单位有经济利益关系的单位和个人,也不能直接依靠分散于账簿中的会计资料来对企业的经营成果和财务状况进行科学的评价,以做出正确的决策。此时,迫切需要一种会计核算方法,最终在日常核算的基础上,对已加工的会计资料进一步总结、归类、整理和汇总,按照一定的表格形式编制会计报表。

编制会计报表是会计核算的终结阶段,编制完成财务会计报表,意味着这一会计期间会计核算工作的结束。

二、会计报表的主要种类

按照编报期间的不同,企业的财务报告分为年度、半年度、季度和月度报告。其中,将半年度、季度和月度财务报告统称为中期财务报告。

会计报表是反映企业在某一特定日期财务状况和某一会计期间经营成果、现金流量等会计信息的文件,根据《企业会计准则》的规定,企业对外提供的会计报表至少包括资产负债表、利润表、现金流量表、所有者权益变动表。

三、会计报表的编制依据

会计报表必须根据经审核无误的账簿记录和有关资料编制,不能随意估计和推算数据,更不能弄虚作假,提供虚假的数据。

由于企业会计报表所提供的会计信息具有很强的时效性,会计报表必须及时编报。必须做到在平时认真做好账簿记录的会计核算工作,坚持日清月结,到期末时,有关会计人员要积极配合协调各自的工作,这样才不会影响会计报表的及时编制。

本章小结

会计方法包括会计核算方法、会计分析方法、会计检查方法等。其中,会计核算方法是基础,狭义的会计方法就是指会计的核算方法。

会计核算方法是用来反映和监督会计对象的,由设置账户、复式记账、填制和审核凭证、登记账簿、成本计算、财产清查、编制财务会计报告等具体方法构成。这七种方法构成了一个完整、科学的方法体系。

会计核算的七种方法相互联系,是一个完整的方法体系。在会计对经济业务进行记录和反映的过程中,不论是采用手工处理方式,还是使用计算机数据处理系统方法,对于日常所发生的经济业务,首先要取得合法的凭证,按照所设置的账户,采用复式记账方法登记账簿,根据账簿的记录,进行成本计算及财产清查,在保证账实相符的基础上编制财务会计报告。

本章习题

一、单项选择题

1. 会计方法体系中,基本环节是(　　)。

A. 会计核算方法　　B. 会计分析方法
C. 会计监督方法　　D. 会计决策方法

2. 下列不属于会计核算专门方法的是(　　)。

A. 成本计算与复式记账　　B. 错账更正与评估预测
C. 编制会计报表　　D. 设置账户

3. 进行复式记账时,对任何一笔经济业务,登记的账户数量应为(　　)。

A. 一个　　B. 两个
C. 三个　　D. 两个或以上

4. 下列属于外来会计凭证的是(　　)。

A. 入库单　　B. 发料汇总单
C. 银行的收账通知单　　D. 出库单

5. 期末根据账簿记录,计算并记录出各账户的本期发生额和期末余额,在会计上称为(　　)。

A. 对账　　B. 结账
C. 查账　　D. 调账

6. 不可以采用三栏式账页的账户是(　　)。

A. 总账　　B. 应付账款明细账
C. 库存现金日记账　　D. 原材料明细账

7. 在记录无误的情况下,造成银行对账单和银行存款日记账不一致的原因是(　　)。

A. 应付账款　　B. 应收账款
C. 未达账项　　D. 外埠存款

8. 企业购入材料所发生的运杂费等采购费用,应计入(　　)。

A. 管理费用　　B. 生产成本
C. 材料采购成本　　D. 销售费用

9. 企业基本生产车间主任和技术人员的薪酬费用,(　　)。

A. 不计入产品的生产成本
B. 计入管理费用
C. 计入销售费用
D. 属于间接费用,月末分配计入各产品的生产成本

10. 按照会计报表反映的经济内容分类,资产负债表属于(　　)。

A. 财务状况报表　　B. 月报表
C. 经营成果报表　　D. 对外报表

二、多项选择题

1. 成本计算应遵循的基本原理有(　　)。

A. 直接受益直接分配　　B. 共同受益间接分配
C. 重要性原理　　D. 先进先出

2. 下列构成材料的采购成本的有(　　)。

A. 材料的买价　　B. 采购费用

C. 增值税进项税额　　　　D. 采购人员的差旅费

3. 产品的生产成本包括(　　)。

A. 直接费用　　　　B. 直接材料费

C. 直接人工费　　　　D. 制造费用

4. 下列报表中,属于对外会计报表的有(　　)。

A. 资产负债表　　　　B. 利润表

C. 制造成本表　　　　D. 所有者权益变动表

E. 现金流量表

三、判断题

1. 根据会计科目设置会计账户应遵循统一性和灵活性相结合的原则。(　　)
2. 会计科目只有总分类科目一个层次。(　　)
3. 复式记账法中对应账户记录的金额必然相等。(　　)
4. 所有的会计凭证都是登记账簿的直接依据。(　　)
5. 记账凭证只能根据一张原始凭证编制。(　　)
6. 财产清查中如果发现账实不符,不能把账存数调整为实存数,从而达到账实相符。(　　)
7. 企业对外公布的会计报表应至少包括资产负债表、利润表、现金流量表、所有者权益变动表。(　　)
8. 资产负债表是反映企业资金来源及其分布情况的静态报表,是根据各账户的期末余额直接填列的。(　　)

四、业务分析题

1. 小李从某财经大学会计系毕业后被新开张的广发公司聘任为会计,该公司主要经营百货。今天是他来公司上班的第一天,会计科里的同事们都忙得不可开交。"我能做些什么?"会计科长看他那急于投入工作的热情,也想检验一下他的工作能力,就问:"你在学校学过建账吗?""学过。"小李很自信地回答。"那好吧,趁大家忙别的事情的时候,你先针对我们公司的情况,考虑一下我们公司应该设置哪些账户?然后怎样建账?"科长吩咐道。

要求:依据以上信息,你认为小李应如何判断该百货公司应该设置哪些账户?

2. 下述会计账户一览表中列示了企业的一些常见会计账户。

要求:对表中所列出的账户,分别按照经济内容和用途结构两个标志进行分类,并将各个账户归属的类别填入表中的相应栏目。

会计账户一览表

序号	账户名称	归属的类别	
		按经济内容分类	按用途结构分类
1	库存现金		
2	银行存款		
3	交易性金融资产		
4	应收票据		
5	应收账款		
6	预付账款		
7	应收股利		

续表

序号	账户名称	归属的类别	
		按经济内容分类	按用途结构分类
8	其他应收款		
9	坏账准备		
10	材料采购		
11	在途物资		
12	原材料		
13	材料成本差异		
14	周转材料		
15	在建工程		
16	长期股权投资		
17	固定资产		
18	累计折旧		
19	制造费用		
20	无形资产		
21	长期待摊费用		
22	短期借款		
23	应付票据		
24	应付账款		
25	预收账款		
26	应付职工薪酬		
27	应交税费		
28	应付股利		
29	其他应付款		
30	长期借款		
31	应付债券		
32	长期应付款		
33	实收资本		
34	资本公积		
35	盈余公积		
36	本年利润		
37	利润分配		

续表

序号	账户名称	归属的类别	
		按经济内容分类	按用途结构分类
38	生产成本		
39	营业外支出		
40	主营业务收入		
41	其他业务收入		
42	投资收益		
43	营业外收入		
44	主营业务成本		
45	其他业务成本		
46	营业税金及附加		
47	管理费用		
48	销售费用		
49	财务费用		
50	资产减值损失		
51	所得税费用		

3. 某企业6月发生的经济业务如下：

(1)销售产品30 000元，货款存入银行。

(2)销售产品10 000元，货款尚未收到。

(3)预付7～12月的厂房租金24 000元。

(4)收到5月应收的销货款8 000元。

(5)收到购货单位预付的货款4 000元，下月交货。

(6)本月应付车间水电费400元，下月支付。

(7)用银行存款购入全新机器一台，价值30 000元，投入使用。

要求：按照复式记账原则，分析上述经济业务应分别在哪个账户中进行记录。

第三章　会计要素

学习目标

通过本章的学习，了解会计要素的划分原则和划分方法，并掌握六大要素下包括的账户名称，为以后章节中进一步学习账户的使用方法打下基础。理解会计要素的概念和分类；理解经济业务的发生对会计等式产生的影响；理解会计要素与会计报表的关系；重点掌握会计等式中各个会计要素之间的关系以及经济业务发生后对会计等式中各个会计要素的影响。

关键概念

会计要素　会计等式　资产负债表　利润表

引导案例

假设你的朋友是开服装厂的，她向你提供了工厂本月初信息资料，如下表所示。

服装厂有关信息简表

单位：元

出纳处库存现金	1 000
银行存款余额	200 000
库存各种材料物资价值	120 000
车间正在生产中的产品价值	80 000
库存产成品价值	150 000
房屋及建筑物价值	350 000
机器设备价值	250 000
所有者投入资本	820 000
欠工商银行的流动资金借款	100 000
欠其他单位的购货款	51 000
欠工人的工资	120 000
欠税务局的税款	60 000

思考：

(1)分析上述资料，指出哪些是资产项目，哪些是负债项目，哪些是所有者权益项目。

(2)该企业的资产总额、负债总额和所有者权益总额分别是多少？
(3)资产、负债及所有者权益之间的数量关系如何？

第一节 六大会计要素

在第一章中我们了解到会计的对象是社会再生产过程中的资金运动，表现在工业企业中，就是企业再生产过程中的资金循环。但是，这一概念的涉及面过于广泛，而且很抽象。在会计实践中，为了进行分类核算，从而提供各种分门别类的会计信息，就必须对会计对象的具体内容进行适当的分类，会计对象的第一次分类就是会计要素。

会计要素是对会计对象按经济特性进行的基本分类，是会计核算对象的具体化。会计要素包括资产、负债、所有者权益、收入、费用、利润。这六大会计要素可以划分为两大类：资产、负债和所有者权益是反映企业在某一特定日期的财务状况的会计要素，又称为静态会计要素，是构成资产负债表的基本框架；收入、费用和利润是反映企业在某一会计期间的经营成果的会计要素，又称为动态会计要素，是构成利润表的基本框架。

一、资产

资产是指企业过去的交易或事项形成的、由企业拥有或者控制的、预期会给企业带来经济利益的资源。

(一)资产的特征

第一，资产必须是由过去的交易事项形成并由企业拥有或者控制的经济资源。

“过去的交易或者事项”包括购买、生产、企业的建造行为或其他交易或者事项。预期在未来发生的交易或者事项不形成资产。

“由企业拥有或控制”是指企业享有某项资源的所有权，或者虽然不享有某项资源的所有权，但该资源能被企业所控制。拥有，即所有权归企业；控制则是由企业支配使用，但不等于企业取得所有权。资产尽管有不同的来源渠道，但是一旦进入企业并成为企业拥有或控制的财产，便置于企业的控制之下而失去了原来归属于不同所有者的属性，成为企业可以自主经营、运用、处置的法人财产。

第二，资产作为一项资源，它必须具有能为企业带来经济利益的能力。

预期会给企业带来经济利益，是指直接或者间接导致现金和现金等价物流入企业的潜力，这种潜力在某些情况下可以单独产生净现金流入，而在另一些情况下则需要与其他资产结合起来才能在将来直接或间接地产生净现金流入。按照这一基本特征判断，不能预期给企业带来未来经济利益流入的资源，便不能确认为资产。

第三，作为一项资产，应当能以货币计量其价值。

一项企业的资产，可以是货币形态，也可以是非货币形态；可以是有形的，也可以是无形的。只要是企业现在拥有或控制，并通过有效使用，能够为企业带来未来经济利益的一切资源，均属于企业的资产。但作为资产的资源必须能够用货币计量其价值，从而表现为一定的货币额。

(二)资产的确认条件

一项资源符合资产定义并不一定能够作为资产确认,该资源要确认为资产,除了符合资产定义外,还应同时满足以下两个条件:第一,与该资源有关的经济利益很可能流入企业;第二,该资源的成本或者价值能够可靠地计量。

(三)资产的分类

企业的资产按其流动性不同,分为流动资产和非流动资产。

1. 流动资产

流动资产是指满足下列条件之一的资产:

第一,预计在一个正常营业周期中变现、出售或耗用。

第二,主要为交易目的而持有。

第三,预计在资产负债表日起1年内(含1年,下同)变现。

第四,在资产负债表日起1年内,交换其他资产或清偿负债的能力不受限制的现金或现金等价物。

以上条件中的正常营业周期通常是指企业从购买用于加工的资产起至实现现金或现金等价物的期间。正常营业周期通常短于1年,在1年内有几个营业周期。但是,也存在正常营业周期长于1年的情况,如房地产开发企业开发用于出售的房地产开发产品、造船企业制造用于出售的大型船只等,往往超过1年才能变现、出售或耗用,仍应划分为流动资产。

流动资产有以下几种类型:

(1)货币资金,是指以货币形态表现的资产,是可以立即投入流通,用以购买商品或劳务,或用以偿还债务的交换媒介。货币资金是资产负债表的一个流动资产项目,核算货币资金的具体科目包括“库存现金”“银行存款”“其他货币资金”等。

(2)交易性金融资产,是指各种能够随时变现、持有时间不超过1年的有价证券以及不超过1年的其他投资,包括股票、债券、国库券等。

(3)应收及预付款项,是指应收而尚未收回的账款和预付的购货款,属于短期债权,包括应收票据、应收账款、预付账款、其他应收款等。

(4)存货,是指企业在生产经营过程中为销售或耗用而储存的各种资产,包括商品、产成品、半成品、在产品以及各种材料等。核算存货的具体科目有“原材料”“在途物资”“周转材料”“库存商品”“生产成本”等。

2. 非流动资产

非流动资产,是指流动资产以外的所有资产。非流动资产主要有以下几种类型:

(1)长期投资,是指不准备在1年以内变现的投资,包括股票投资、债权投资和其他投资。核算长期投资的具体科目有“持有至到期投资”“可供出售金融资产”“长期股权投资”“投资性房地产”等。

(2)固定资产,是指使用年限在1年以上,单位价值在规定限额以上,并在使用过程中保持原有物质形态的资产,包括房屋及建筑物、机器设备、运输设备和工具器具等。

(3)无形资产,是指企业长期使用而没有实物形态的资产,包括专利权、非专利技术、商标权、著作权、土地使用权和商誉。

(4)长期待摊费用，是指企业已经发生但应由本期或以后各期负担的分摊期限在1年以上的各项费用，如以经营租赁方式租入固定资产发生的改良支出等。

(5)长期应收款，是指企业超过1年应当收回而尚未收回的款项，包括融资租赁产生的应收款项、采用递延方式具有融资性质的销售商品和提供劳务等产生的应收款项。

二、负债

负债是指过去的交易或者事项形成的、预期会导致经济利益流出企业的现时义务。

(一)负债的特征

第一，负债的本质是一种现时经济义务。

现时义务是指企业在现行条件下已承担的义务。未来发生的交易或者事项形成的义务，不属于现时义务，不应当确认为负债。只有过去的交易或者事项才能形成负债。

第二，债权人对债务人的资产具有要求权。

负债预期会导致经济利益流出企业，这是负债的本质特征。企业在履行现时义务清偿负债时，导致经济利益流出企业的形式多种多样，如用现金偿还或以实物偿还，以提高劳务形式偿还，以部分转移资产、部分提供劳务形式偿还等。

第三，负债必须有能用货币确切计量或合理预计的金额。

第四，负债的偿还方式有：以资产偿还；以提供劳务偿还；或者两者兼而有之。

(二)负债的确认条件

将一项现时义务确认为负债，首先应满足负债的定义。除此之外，还需要同时满足以下两个条件：第一，与该项义务有关的经济利益很可能流出企业；第二，未来流出企业的经济利益的金额能够可靠地计量。

(三)负债的分类

企业的负债按其流动性不同，分为流动负债和非流动负债。

1. 流动负债

流动负债应满足下列条件之一：

第一，预计在一个正常营业周期中清偿。

第二，主要为交易目的而持有。

第三，在资产负债表日起1年内到期应予以清偿。

第四，企业无权自主地将清偿推迟至资产负债表日后1年以上。

以上条件中的正常营业周期同流动资产中的解释内容。

流动负债主要有以下几种类型：

(1)短期借款，是指为维持正常生产经营周转且偿还期在1年以内的各种借款。

(2)应付票据，是指企业在商品购销活动和对工程价款进行结算时因采用商业汇票结算方式而发生的负债。商业汇票包括商业承兑汇票和银行承兑汇票。

(3)应付及预收款项,是指因赊购及销售货物或接受及提供劳务等原因而发生尚未支付的、预收的或应付的款项,包括应付账款、预收账款、其他应付款和应付股利等。

(4)应付职工薪酬,是指企业应付而未付给员工的劳动报酬。

(5)应交税费,是指企业按税法规定应交而未交的各项税费,下设“应交增值税”“应交消费税”等明细科目。

2. 非流动负债

非流动负债主要有以下几种类型:

(1)长期借款,是指企业为购置长期资产且偿还期在1年以上的各种借款。

(2)应付债券,是指企业为筹集长期资金而发行的,约定于某一特定日期还本付息的书面证明。

(3)长期应付款,是指除长期借款和应付债券以外的其他各种长期应付款,如应付融资租赁租入固定资产的租赁费等。

将资产和负债划分为流动和非流动的目的在于了解企业流动资产与流动负债的相对比例,从而揭示企业的短期偿债能力。

三、所有者权益

所有者权益是指企业资产扣除负债后,由所有者享有的剩余权益。公司的所有者权益又称股东权益。所有者权益是所有者在企业资产中所享有的经济利益。

(一)所有者权益的特征

与负债相比,所有者权益的特征如下:

(1)所有者权益是企业所有者对企业剩余资产的要求权,在企业经营期内无须偿还。

(2)企业的所有者通常具有参与企业经营管理的权利,也具有参与分享企业利润的权利,还享有委托他人管理企业的权利。

(3)在偿还顺序上,企业债权人要求偿还本息的权利在所有者分配利润之前。只有在债权人的要求权得到满足后,所有者的权利才会被满足,尤其在企业破产清算时。

(4)无论企业未来经营状况如何,所有者的投入资本通常不能收回,因此承担的风险较大,收益也相应较高,当然,也有可能要承担更大的损失。

(二)所有者权益的内容

所有者权益包括实收资本(或股本)、资本公积、盈余公积和未分配利润。

所有者权益的来源包括所有者投入的资本、直接计入所有者权益的利得和损失、留存收益等。留存收益包括盈余公积和未分配利润。

1. 实收资本

实收资本是指投资者按企业章程、合同或协议的约定,实际投入企业的资本,在股份有限公司中也称为股本。实收资本是所有者权益的主要部分,是企业注册登记的法定资本总额的来源,它表明所有者对企业的基本产权关系。

实收资本按投资人进行明细核算,其构成比例是企业据以向投资者进行利润或股利分配的主要依据。

《中华人民共和国企业法人登记管理条例》规定，除国家另有规定外，企业的注册资本金全部到位后，实收资本应当与注册资本一致。企业实收资本比原注册资本数额增减超过20%时，应持资金使用证明或验资证明，向原登记主管机关申请变更登记。

2. 资本公积

资本公积包括资本(或股本)溢价、直接计入所有者权益的利得和损失等。

其中，资本溢价是指投资者交付的出资额大于按合同、协议所规定的出资比例的部分。有限责任公司在创立时，投资者按合同约定认缴的出资额，都作为资本金记入“实收资本”科目。但在以后有新的投资者加入时，为了维护原有投资者的权益，新加入的投资者的出资额，并不一定全部作为资本金记入“实收资本”科目。投资者的出资额中按其投资比例计算的部分，作为资本金记入“实收资本”科目；大于按其投资比例计算的部分，记入“资本公积”科目。

直接计入所有者权益的利得和损失是指不应计入当期损益、会导致所有者权益增减变动的、与所有者投入资本或者向所有者分配利润无关的利得和损失。

资本公积的主要用途是转增资本。经批准，企业用资本公积转增注册资本，一方面会引起资本公积的减少，另一方面会引起实收资本的增加。

例3—1 长源股份有限公司首次公开发行了普通股30万股，每股面值1元，每股发行价格为4元。假定发行收入已全部存入银行，不考虑其他因素。

解析：对于这笔经济业务，按照复式记账法，涉及的账户有三个。首先，公司发行股票收入收存银行，应记入“银行存款”账户(资产类)，此时“银行存款”账户增加120万元。

这笔资金变化的原因应记录到对应账户中，即“实收资本”账户(所有者权益类)应记录增加30万元；超过面值的部分在“资本公积——资本溢价”(所有者权益类)账户应记录增加90万元。

按复式记账的记账规则，对应账户各自金额合计相等，为120万元。

例3—2 经批准，昌盛公司用资本公积金50 000元转增注册资本。

解析：对于这笔经济业务，按照复式记账原则，涉及的账户有两个。即“资本公积”账户应记录减少50 000元，“实收资本”账户应记录增加50 000元。

3. 盈余公积

盈余公积是指企业从税后利润中提取形成的、留存于企业内部、具有特定用途的收益积累。

盈余公积分为两种：一是法定盈余公积，根据《公司法》的规定按照净利润的10%提取，法定盈余公积累计额已达注册资本的50%时可以不再提取；二是任意盈余公积，任意盈余公积主要是上市公司按照股东大会的决议提取。

企业提取的盈余公积主要有以下几个方面的用途：一是弥补亏损。用盈余公积弥补亏损应当由董事会提议，经股东大会或类似机构批准。二是转增资本(股本)。当提取的盈余公积累积比较多时，企业可以将盈余公积转增资本(股本)，但是必须经股东大会或类似机构批准，而且用盈余公积转增资本(股本)后，留存的盈余公积不得少于注册资本的25%。三是发放现金股利。在特殊情况下，当企业累积的盈余公积比较多，而未分配利润比较少时，为了维护企业形象，给投资者以合理的回报，符合规定条件的企业也可以用盈余公积分派现金利润或股利。

4. 未分配利润

未分配利润是指企业留于以后年度分配的利润或待分配利润。

四、收入

收入是指企业在日常活动中形成的、会导致所有者权益增加的、与所有者权投入资本无关的经济利益的总流入。

(一)收入的特征

(1)收入是从企业的日常经营活动而不是偶发的交易或事项中产生的。

(2)收入可能表现为资产的增加、负债的减少,或者两者兼而有之。

(3)收入本身能导致企业所有者权益的增加。

(4)收入只包括本企业经济利益的流入,不包括为第三方或客户代收的款项。

(二)收入的确认条件

(1)与交易相关的经济利益能够流入企业。

(2)经济利益的流入额能够可靠地计量。

(三)收入的内容

收入通常是企业在销售商品、提供劳务及让渡资产使用权等日常活动中所形成的经济利益的总流入,主要包括主营业务收入和其他业务收入。对于工业企业而言,销售商品的收入一般是主营业务收入;提供劳务收入为其他业务收入;让渡资产使用权收入也为其他业务收入。

(1)主营业务收入是指企业主要经营业务的收入,如销售产成品的收入。

(2)其他业务收入是指企业主营业务以外的经营业务所取得的收入,如材料销售、技术转让、固定资产出租、包装物出租、无形资产出租、运输收入等。

这里应该注意的是,上述主营业务收入和其他业务收入统称为营业收入。它不包括与日常经营活动无关的营业外收入,也就是说接受捐赠收入、罚款和没收带来的收入、处置固定资产带来的收入等内容不包括在上述营业收入的内容中。通常把这类与日常经营活动无关,但能引起所有者权益增加,又与投资者投入资本无关的经济利益的流入称为利得。通常认为狭义的收入是指营业收入,而广义的收入则包括营业外收入。

五、费用

费用是指企业在日常活动中发生的、会导致所有者权益减少的、与向所有者分配利润无关的经济利益的总流出,即企业在生产经营过程中发生的各种耗费。

(一)费用的特征

(1)费用发生于企业的日常经营活动而不发生于偶发的交易或事项。同收入一样,费用也是企业在日常经济活动中形成的,是为取得收入而发生的经济利益流出,通常包括材料成本、职工薪酬、折旧费、水电费等。

(2)费用的发生一方面可能表现为资产的减少,另一方面可能会导致负债的增加,或者两者兼而有之。例如,用银行存款支付销售广告费、计算本月应缴纳的税费。

从最后结果来看,与费用相关的经济利益流出应当会导致所有者权益的减少,不会导致所有者权益减少的经济利益流出不符合费用的定义。比如,企业用银行存款购买设备,尽管也导致了银行存款流出企业,但由于所有者权益没有减少,故不应该确认为费用。

(3)费用包括成本和费用,人们通常将计入某一成本计算对象的费用称为成本。

(4)费用是与向所有者分配利润无关的经济利益的总流出。前面提到费用会导致所有者权益减少,但是如果经济利益的流出仅仅是向所有者分配利润而导致资产的减少或负债的增加,则不应该确认为费用的发生,应该直接确认为所有者权益的减少。比如,宣布向企业所有者分配利润,利润分配使所有者权益减少,但利润的支付不应该确认为费用。

(二)费用的确认条件

(1)与费用相关的经济利益应当很可能流出企业。

(2)经济利益的流出额能够可靠地计量。

(三)费用的内容

这里所说的费用包括成本和费用。具体通常包括:主营业务成本、其他业务成本、营业税金及附加、资产减值损失和期间费用等。

费用按其用途和得到补偿的时间不同可以分为以下几种:

(1)产品生产成本是指与产品生产或提供劳务有关并计入相应成本计算对象的各项费用,包括直接材料费用、直接人工费用、其他直接费用和制造费用等。核算这三部分生产费用的具体账户名称将在第五章中详细介绍。

(2)与当期收入相配比应确认的经营成本,包括主营业务成本、其他业务成本。

(3)期间费用是指企业行政管理部门为组织和管理生产经营活动而发生的从当期收入中得到补偿的费用,包括管理费用、财务费用和销售费用。

管理费用是指企业行政管理部门为组织和管理生产经营活动而发生的各项费用,包括工会经费、职工教育经费、业务招待费、公司经费等。

财务费用是指企业在生产经营过程中为筹集资金而发生的各项费用,包括企业生产经营期间发生的利息支出(减利息收入)、汇兑净损失、金融机构手续费以及筹资生产经营资金发生的其他费用等。

销售费用是指企业在销售产品、提供劳务等日常经营过程中发生的各项费用以及为销售本企业商品而专设的销售机构(含销售网点、售后服务网点等)的各项经营费用。

(4)其他直接影响当期经营成果的费用(计算营业利润时应从营业收入中抵减的费用),包括营业税金及附加、资产减值损失等。

营业税金及附加反映企业经营主要业务应负担的营业税、消费税、城市维护建设税、资源税和教育税附加等相关税费。

资产减值损失的核算范围主要是固定资产、无形资产以及除特别规定外的其他资产减值的处理。

应该注意的是,上述各种成本和费用都是与日常经营活动相关的费用,不包括与日常经营活动无关的营业外支出,也就是说,对外捐赠支出、罚款和没收发生的支出、处置固定资产及无形资产发生的净损失等内容不包括在上述营业成本及费用的内容中。通常把这类与日常经营活动无关但能引起所有者权益减少，又与向投资者分配利润无关的经济利益的流出称为损失，计入营业外支出。

广义的费用包括所得税费用和营业外支出。

六、利润

利润是指企业在一定会计期间的经营成果。利润包括收入减去费用后的净额、直接计入当期利润的利得和损失等。

(一)利润的特征

(1)利润是收入和费用两个会计要素配比的结果。

(2)利润是广义的收入和广义的费用相抵后的差额。

(3)利润将最终导致所有者权益的增加。

(二)利润的内容

1. 营业利润

营业利润是指主营业务利润加其他业务利润和投资收益，减去与营业有关的各项费用后的余额。即：

营业利润＝营业收入－营业成本－营业税金及附加－期间费用－资产减值损失＋公允价值变动净收益＋投资净收益

2. 利润总额

利润总额是指营业利润加营业外收入，减营业外支出。即：

利润总额＝营业利润＋营业外收入－营业外支出

3. 净利润

净利润是指利润总额减去所得税费用后的余额。即：

净利润＝利润总额－所得税费用

第二节　会计等式

会计等式是表明各会计要素之间基本关系的算数表达式。它是设置账户、复式记账、编制会计报表等的理论基础。

一、第一会计等式

会计主体进行生产经营活动，都需要拥有一定数量的经济资源。这些经济资源最初进入企业有两个渠道，即一部分来源于投资人(不需要偿还的)，另一部分来源于债权人(需要偿还的)。这些资金投入企业后分布在各个不同项目，即构成企业的资产。这种关系可以用等式来表示：

资产＝负债＋所有者权益

这个等式被称为会计第一等式。左边表示资源的运用，右边表示资源来自何处。会计恒等式揭示了三个会计要素之间基本的数量关系，是设置会计科目、进行复式记账和编制会计报表的理论基础。

投资者和债权人对资产有要求权，这种要求权在会计上称为“权益”。

资产表明企业拥有什么经济资源（其在企业存在的形式）和拥有多少经济资源，权益则表明谁提供了这些经济资源，各提供多少（来源）。一个企业的资产总额与权益总额必然相等，在任何一个时点，两者之间必然保持数量上的平衡关系。

例 3—3　大华有限责任公司（以下简称“大华公司”）由张扬和李爽两个人共同组建，各占50％的股份，公司注册资本为 200 000 元。2015 年 1 月 2 日，张扬投入现金 100 000 元；李爽投入现金 40 000 元，另投入设备一台，双方认定价值 60 000 元。大华公司将现金 140 000 元存入银行。

解析：该项经济业务的发生，使得大华公司这一会计主体拥有 20 万元的资产，其中银行存款 14 万元，固定资产 6 万元。同时，按照复式记账原则，需要对应记录资产增加的原因。20 万元的资产来源于投资人，张扬和李爽作为企业的投资者，对这 20 万元的资产具有要求权，即与资产类账户相对应，所有者权益类账户“实收资本”应记录增加 20 万元。该业务的发生引起了公司的资产和所有者权益同时增加。1 月 2 日大华公司的资产、负债、所有者权益以及它们的数量关系如表 3—1 所示。

表 3—1　　**1 月 2 日会计等式中的数量关系**

资　产	负　债	所有者权益
银行存款　14 万元		实收资本　20 万元
固定资产　6 万元		
资产合计　20 万元	权益合计　20 万元	

会计基本等式：资产（200 000）＝负债（0）＋所有者权益（200 000）

例 3—4　承例 3—3，1 月 3 日，大华公司向银行取得短期借款 50 000 元。

解析：该业务使得公司的资产——银行存款增加了 50 000 元；同时，公司的负债——银行借款也增加了 50 000 元。该业务引起资产和负债同时增加。1 月 3 日大华公司的资产、负债、所有者权益以及它们的数量关系如表 3—2 所示。

表 3—2　　**1 月 3 日会计等式中的数量关系**

资　产	负　债	所有者权益
银行存款　19 万元	短期借款　5 万元	实收资本　20 万元
固定资产　6 万元		
资产合计　25 万元	权益合计　25 万元	

会计基本等式：资产（250 000）＝负债（50 000）＋所有者权益（200 000）

可以看出，会计等式的两端，总额发生了变化，同时增加了5万元，但等式的平衡关系并没有遭到破坏。

二、经济业务、会计事项对会计等式的影响

经济业务是企业与其他单位和个人之间发生的各种经济利益的交换，如企业从外单位购买材料、企业销售产品等；会计事项是指在企业内部发生的具有经济影响的各类事件，如计提折旧等。企业发生的经济业务或会计事项，分为两大类：涉及资产和权益的，涉及收入和费用的。

（一）四种基本类型

经济业务是错综复杂的，从"资产＝权益"这个等式来看，按经济业务对资产和权益的影响方式划分，不外乎以下四种基本类型：

1. 资产与权益同时增加

例3—5 2015年7月，某企业向银行借入为期3个月的借款80 000元，存入企业存款户。

解析：这笔业务导致企业的短期借款增加80 000元，同时银行存款增加80 000元。"短期借款"属于负债类账户，"银行存款"属于资产类账户，也就是说，这笔业务的发生导致负债和资产同时发生了变化，等式两边同时增加80 000元，等式的平衡不会被破坏。

2. 资产与权益同时减少

例3—6 2015年7月，某企业用银行存款偿还欠其他企业的货款50 000元。

解析：这笔业务导致银行存款减少50 000元，同时应付账款减少50 000元。"银行存款"属于资产类账户，"应付账款"属于负债类账户，也就是说，这笔经济业务的发生导致企业的资产和负债同时发生了变化，等式两边同时减少50 000元，等式的平衡不会被破坏。

3. 资产内部有增有减

例3—7 2015年7月，某企业以银行存款购入3 000千克原材料，每千克10元。

解析：这笔业务导致企业的原材料增加30 000元，银行存款减少30 000元。"原材料"属于资产类账户，"银行存款"也属于资产类账户，也就是说，这笔经济业务的发生导致该企业资产类账户发生了一增一减的变化，等式左边的总额不变，等式的平衡自然也不会被破坏。

4. 权益内部有增有减

例3—8 某企业向银行借款200万元，后因企业管理不善，发生财务困难，与银行进行债务重组，经协商，银行同意将该笔借款转为对该企业的投资。

解析：该会计事项导致企业的长期借款减少200万元，同时银行成为该企业的股东，企业的实收资本增加200万元，也就是说，该笔经济业务的发生导致企业负债减少，同时所有者权益增加，等式右边的权益类项目一增一减，权益的总额不变，等式的平衡不会被破坏。

总结：对于等式"资产＝权益"而言，企业发生的任何经济业务所引起的"资产"与"权益"的变化无非是以下四种类型：（1）资产与权益同时增加；（2）资产与权益同时减少；（3）资产之间有增有减；（4）权益之间有增有减。

(二)九种具体情况

将上述四种基本类型的业务具体化,从“资产=负债+所有者权益”这个等式来看,可表现为以下九种具体情况:

(1)一项资产增加,另一项资产减少;

(2)一项资产增加,一项负债增加;

(3)一项资产增加,一项所有者权益增加;

(4)一项资产减少,一项负债减少;

(5)一项资产减少,一项所有者权益减少;

(6)一项负债增加,另一项负债减少;

(7)一项所有者权益增加,另一项所有者权益减少;

(8)一项负债增加,一项所有者权益减少;

(9)一项所有者权益增加,一项负债减少。

下面结合企业经营过程中发生的经济业务,举例说明资产、负债、所有者权益的变化及其对会计等式的影响。

例 3—9 昌盛有限责任公司 2015 年 1 月 1 日的资产负债情况如下(单位:万元):

资产 = 负债 + 所有者权益

1 000 = 300 + 700

该公司 2015 年 1 月份发生如下会计事项:

(1)1 月 1 日,收到投资者投入货币资金 100 万元,款项已经存入本企业存款账户。

解析:这项经济业务的发生,使企业的所有者权益(实收资本)增加了 100 万元;同时也使企业的资产(银行存款)增加了 100 万元。它对会计等式的影响为:

资产 = 负债 + 所有者权益

1 000+100 = 300 + 700+100

1 100 = 300 + 800

(2)1 月 2 日,从银行取得短期借款 100 万元,现已办妥手续,款项已经划入本企业存款账户。

解析:这项经济业务的发生,使企业的负债(短期借款)增加了 100 万元;同时也使企业的资产(银行存款)增加了 100 万元。它对会计等式的影响为:

资产 = 负债 + 所有者权益

1 100+100 = 300+100 + 800

1 200 = 400 + 800

(3)1 月 5 日,投资人撤资,按法定程序减少注册资本 100 万元,用银行存款向所有者支付。

解析:这项经济业务的发生,使企业的所有者权益(实收资本)减少了 100 万元;同时也使企业的资产(银行存款)减少了 100 万元。它对会计等式的影响为:

资产 = 负债 + 所有者权益

1 200−100 = 400 + 800−100

1 100 = 400 + 700

(4)1 月 10 日,用银行存款归还前欠某公司货款 50 万元。

解析：这项经济业务的发生，使企业的资产（银行存款）减少了50万元；同时也使企业的负债（应付账款）减少了50万元。它对会计等式的影响为：

资产	=	负债	+	所有者权益
1 100－50	=	400－50	+	700
1 050	=	350	+	700

（5）1月11日，购买原材料60万元，用银行存款支付。

解析：这项经济业务的发生，使企业的资产（原材料）增加了60万元；同时也使企业的资产（银行存款）减少了60万元。它对会计等式的影响为：

资产	=	负债	+	所有者权益
1 050＋60－60	=	350	+	700
1 050	=	350	+	700

（6）1月12日，以应付票据抵付应付账款10万元。

解析：这项经济业务的发生，使企业的负债（应付票据）增加了10万元，同时也使企业的负债（应付账款）减少了10万元。它对会计等式的影响为：

资产	=	负债	+	所有者权益
1 050	=	350＋10－10	+	700
1 050	=	350	+	700

（7）1月17日，将资本公积60万元转增实收资本。

解析：这项经济业务的发生，使企业的所有者权益（实收资本）增加了60万元，同时也使企业的所有者权益（资本公积）减少了60万元。它对会计等式的影响为：

资产	=	负债	+	所有者权益
1 050	=	350	+	700＋60－60
1 050	=	350	+	700

（8）1月18日，本公司应付给某公司的货款50万元，经双方协商转为某公司对本企业的长期投资。

解析：这项经济业务的发生，使企业的负债（应付账款）减少了50万元；同时也使企业的所有者权益（实收资本）增加了50万元。它对会计等式的影响为：

资产	=	负债	+	所有者权益
1 050	=	350－50	+	700＋50
1 050	=	300	+	750

（9）1月23日，经协商，某一投资者将其个人欠银行的长期借款80万元转给本公司，并相应地减少其对企业的投资份额。

解析：这项经济业务的发生，使企业的负债（长期借款）增加了80万元；同时也使企业的所有者权益（实收资本）减少了80万元。它对会计等式的影响为：

资产	=	负债	+	所有者权益
1 050	=	300＋80	+	750－80
1 050	=	380	+	670

通过以上分析，我们可以看出本月发生的各种经济业务均不会影响会计等式的平衡关系，在任何时点上，“资产＝负债＋所有者权益”这个等式都成立。

三、扩展的会计等式

前文已提及企业发生的交易或会计事项分为两大类：涉及资产和权益的；涉及收入和费用的。通过对九种经济业务的分析，可知不涉及收入和费用的各种经济业务都不会破坏会计恒等式，那么，涉及收入和费用的交易事项是如何影响会计等式的呢？

企业日常发生的经济业务很多与收入、费用、利润有关，收入大于费用的差额为利润，即收入－费用＝利润。这也被称作动态的会计等式。动态的会计等式是资金运动的动态表现，表明收入、费用和利润之间的基本关系，是编制利润表的依据。

利润在交税、分配后，以未分配利润的形式成为企业的留存收益，留存收益是所有者权益的组成部分，即企业的利润会导致所有者权益总额的变化，因此会计第一等式实质上并不会被破坏。这就是经营过程中扩展的会计等式：

资产＝负债＋所有者权益＋收入－费用

四、会计恒等式的表现形式

通常认为，会计恒等式有三种表现形式：

1. 资产＝负债＋所有者权益(静态表现)

这个等式也被称为第一会计等式。

2. 利润＝收入－费用(动态表现)

这个等式也被称为第二会计等式。

3. 资产＝负债＋所有者权益＋收入－费用(综合表现)

这个等式也被称为第三会计等式，或扩展的会计等式。

三个会计等式说明了各个会计要素之间的平衡关系，其中，扩展的会计等式可以这样表示：资产＋费用＝负债＋所有者权益＋收入。

第三节 会计要素的确认、计量及其要求

会计信息的载体是财务报告，财务报告由会计要素组成，对会计要素进行报告之前必须进行会计要素的确认和计量，在对会计要素进行确认与计量时，必须遵循一定的方法和要求。

一、会计要素的确认

会计要素的确认是指决定将交易或事项中的某一项目作为一项会计要素加以记录和列入财务报告的过程，是财务会计的一项重要程序。其内容主要包括解决某一个项目应否确认、如

何确认和何时确认三个问题,它包括在会计记录中的初始确认和在财务报表中的最终确认。凡是确认,必须具备一定的条件。我国《企业会计准则——基本准则》中规定了会计要素的确认条件:

(一)初始确认条件

会计要素的确认条件主要包括:

(1)符合要素的定义。有关经济业务确认为一项要素,首先必须符合该要素的定义,六大会计要素的定义在本章的第一节中已经介绍。

(2)有关经济利益很可能流入或流出企业。这里的"很可能"表示经济利益流入或流出的可能性在50%以上。

(3)有关的价值以及流入或流出的经济利益能够可靠地计量。如果不能可靠计量,确认就没有意义。

(二)在报表中列示的条件

经过确认、计量之后,会计要素应该在报表中列示。资产、负债、所有者权益在资产负债表中列示,而收入、费用、利润在利润表中列示。

根据会计准则规定,在报表中列示的条件是:符合要素定义和要素确认条件的项目,才能列示在报表中;仅仅符合要素定义而不符合要素确认条件的项目,不能在报表中列示。

二、会计要素的计量

(一)会计计量的含义

会计通常被认为是一个对会计要素进行确认、计量和报告的过程,其中,会计计量是指将符合确认条件的会计要素登记入账并列报于会计报表和确定其金额的过程,这一过程涉及具体计量基础的选择,包括两个方面的内容:一是项目涉及的实物数量;二是该项目的货币表现,即金额。会计计量在会计确认和报告之间起着十分重要的作用。企业应当按照规定的会计计量属性进行计量,并确定相关金额。

(二)会计计量属性

计量属性是指所计量的某一要素的特性方面,如桌子的长度、重量、高度等。从会计角度来看,计量属性反映的是会计要素金额的确定基础,主要包括历史成本、重置成本、可变现净值、现值和公允价值等。

1. 历史成本

历史成本又称实际成本,是指取得或制造某项财产物资时所实际支付的现金或者其他等价物。在历史成本计量下,资产按照其购置时支付的现金或者现金等价物的金额,或者按照购置资产时所付出的对价的公允价值计量。负债按照其因承担现时义务而实际收到的款项或者资产的金额,或者承担现时义务的合同金额,或者按照日常活动中为偿还负债预期需要支付的现金或者现金等价物的金额计量。

2. 重置成本

重置成本又称现行成本，是指按照当前市场条件，重新取得同样一项资产所需支付的现金或现金等价物金额。在重置成本计量下，资产按照现在购买相同或者相似资产所需支付的现金或者现金等价物的金额计量。负债按照现在偿付该项债务所需支付的现金或现金等价物的金额计量。

3. 可变现净值

可变现净值，是指在正常生产经营过程中以预计售价减去进一步加工成本和销售所必需的预计税金、费用后的净值。在可变现净值计量下，资产按照其正常对外销售所能收到现金或者现金等价物的金额扣减该资产至完工时估计将要发生的成本、估计的销售费用以及相关税金后的金额计量。

4. 现值

现值是指对未来现金流量以恰当的折现率进行折现后的价值，是考虑货币时间价值因素等的一种计量属性。在现值计量下，资产按照预计从其持续使用和最终处置中所产生的未来净现金流入量的折现金额计量。负债按照预计期限内需要偿还的未来净现金流出量的折现金额计量。

5. 公允价值

公允价值是指市场参与者在计量日发生的有序交易中，出售一项资产所能收到或者转移一项负债所需支付的价格。有序交易是指在计量日前一段时期内相关资产或负债具有惯常市场活动的交易。清算等被迫交易不属于有序交易。

(三)计量属性的应用原则

我国《企业会计准则》规定，企业在对会计要素进行计量时，一般应当采用历史成本。企业采用重置成本、可变现净值、现值、公允价值计量时，应当保证所确定的会计要素金额能够取得并可靠计量。

历史成本计量是建立在币值稳定假设的基础上，要求资产和负债按其取得或交换时的实际交易价格入账，入账后的账面价值在该资产存续期内一般不做调整。历史成本计量强调会计信息的客观性、可靠性和可验证性，往往只对实际交易活动产生的结果进行确认，而不对尚未发生的交易进行估计。从股东及债权人的角度看，这种以交易事实为依据的金额是客观的、可验证的，以此计算的收益亦是可信且可靠的。

在企业会计准则体系建设中适度、谨慎地引入公允价值这一计量属性，是因为随着我国资本市场的发展，股权分置改革的基本完成，越来越多的股票、债券、基金等金融产品在交易所挂牌上市，使得这类金融资产的交易已经形成了较为活跃的市场，因此，我国已经具备了引入公允价值的条件。在这种情况下，引入公允价值，更能反映企业的现实情况，对投资者等财务报告使用者的决策更加有用，而且也只有如此，才能实现我国会计准则与国际财务报告准则趋同。

三、会计要素确认、计量的要求

对会计要素进行确认与计量不仅要符合一定的条件，而且还要在确认与计量过程中遵循以下要求：划分收益性支出与资本性支出、收入与费用配比、历史成本计量。

(一)划分收益性支出与资本性支出

会计核算应当合理划分收益性支出和资本性支出。凡支出的效益仅涉及本会计期间(一个营业周期)的,应当作为收益性支出;凡支出的效益涉及几个会计期间(几个营业周期)的,应当作为资本性支出。只有正确划分收益性支出与资本性支出的界限,才能真实反映企业的财务状况,正确计算企业当期的经营成果。

划分收益性支出和资本性支出的目的在于正确确定企业的当期损益。具体来说,包括以下两个方面:

(1)收益性支出是为取得本期收益而发生的支出,应当作为本期费用处理。例如,将购买办公用品的费用作为管理费用计入当期损益。又如,已销售商品的成本、期间费用、营业税金等,由于其支出的效益与本期收益相关,应确认为本期的费用,以计算出正确的当期利润。

(2)资本性支出是为形成生产经营能力,为以后各期取得收益而发生的各种支出。例如,购买固定资产或无形资产的支出,其使用效益与今后几年相关,因此应当记入"固定资产"或"无形资产"账户,作为资产反映,列于资产负债表。

如果一项收益性支出按资本支出处理,就会造成少计费用而多计资产,出现当期利润虚增而资产价值偏高的现象;如果一项资本性支出按收益性支出处理,则会出现多计费用少计资产,以致当期利润虚减而资产价值偏低的结果。

(二)收入与费用配比

正确确定一个会计期间的收入和与其相关的成本、费用,以便计算当期的损益,这是配比的要求。

收入与费用配比包括以下两个方面的配比问题:

(1)收入和费用在因果联系上的配比,即取得一定的收入时发生了一定的支出,而发生这些支出的目的就是为了取得这些收入。例如,11 月销售 1 000 件商品,价款共计 100 000 元,产品的成本共计 50 000 元,这笔业务不仅应确认 100 000 元的销售收入,也应确认该批商品 50 000 元的销售成本。

(2)收入和费用在时间意义上的配比,即上述销售业务中的销售成本的确认时间,应与该批商品销售收入的确认在同一会计期间进行。这样才能实现 11 月收入和费用的配比,以正确地计算出当月的损益。

(三)历史成本计量

历史成本计量,又称实际成本计量或原始成本计量,是指企业的各项财产物资应当按照取得或构建时发生的实际支出进行计价。物价变动时,除国家另有规定者外,不得调整账面价值。

以历史成本为计价基础有助于对各项资产、负债项目的确认和对计量结果的验证和控制;同时,按照历史成本原则进行核算,也使得收入与费用的配比建立在实际交易的基础上,防止企业随意改动资产价格造成经营成果虚假或任意操纵企业的经营业绩。其优点具体如下:

(1)历史成本是买卖双方的交易价格,比较客观。

(2)历史成本有原始凭证为依据,便于验证,可信度高。

(3)历史成本计价由于不需要经常调整账目,从而使核算手续简化,并且可防止出于虚构经营成果的目的而随意改动资产价值。

(4)按历史成本计价，可使收入与费用的配比都建立在实际交易的基础上，以防止肆意歪曲企业经济效益。

历史成本原则的一个最直接的例子是固定资产计提折旧。为了体现历史成本原则，设有“固定资产”(固定资产购买和形成的价值)科目按历史成本核算，然后将固定资产使用的费用称为“累计折旧”，作为固定资产原值的备抵科目。

然而，在实际中，物价与币值都会经常发生变动，当币值变动较大(如发生严重通货膨胀)时，仍按历史成本计价就会低估资产价值、高估利润(导致资产费用化后的费用被低估)，进而形成经营成果不实。发生这种情况，就要按有关规定对资产的账面价值和损益情况做适当调整。

知识拓展3—1 资产费用化过程的表现

当企业发生支出时，如购进存货、固定资产或其他资产，以取得时的成本进行记录。但这些资产会在企业生产经营过程中被消耗，在会计期间内被耗用掉的资产的成本称为“费用化”。在生产经营过程中，非流动资产的耗用具体表现为：固定资产的耗用称为“累计折旧”，无形资产的耗用称为“累计摊销”。资产负债表中列示的资产应为净资产，即取得成本扣除这部分费用化金额后的净值。

本章小结

本章专门阐述会计要素及其平衡关系。要求了解和掌握会计要素、会计等式、经济业务对会计等式的影响等问题。

会计对象是会计所要反映和监督的内容；会计要素是对会计对象的基本分类，是会计对象的具体化，是反映会计主体的财务状况和经营成果的基本单位。

六大会计要素分为两大类，即反映财务状况的资产负债表要素和反映经营成果的利润表要素。

会计等式也称为会计平衡公式，它表明了会计要素之间的基本关系。

静态会计等式也称为第一会计等式、存量会计等式：资产＝负债＋所有者权益。

动态会计等式也称为第二会计等式、增量会计等式：利润＝收入－费用。

扩展的会计等式：资产＝负债＋所有者权益＋利润＝负债＋所有者权益＋(收入－费用)。

扩展的会计等式说明了六大会计要素之间的恒等关系，它始终成立，任何经济业务的发生都不会破坏会计等式的平衡关系。

本章习题

一、单项选择题

1. 在会计年度内，如把收益性支出当作资本性支出处理了，则会(　　)。

A. 本年度虚增资产、虚增收益　　B. 本年度虚减资产、虚增收益

C. 本年度虚增资产、虚减收益　　D. 本年度虚减资产、虚减收益

2. 配比原则是指(　　)。

A. 收入与支出相配比　　B. 收入与营业费用相配比

C. 收入与产品成本相配比　　D. 收入与其相关的成本费用相配比

3. 下列属于资本性支出的有(　　)。

A. 支付职工工资　　B. 支付当月水电费

C. 支付本季度房租　　D. 支付固定资产买价

4. 下列属于反映企业财务状况的会计要素是(　　)。

A. 收入　　B. 所有者权益

C. 费用　　D. 利润

5. 一个企业的资产总额与权益总额(　　)。

A. 必然相等　　B. 有时候相等

C. 不会相等　　D. 只有在会计期末相等

6. 某企业刚刚成立时,资产总额为600万元。如果发生以下经济业务:①收到外单位投资40万元存入银行;②以银行存款支付购入材料款12万元;③以银行存款偿还银行借款10万元。这时企业资产总额为(　　)万元。

A. 640　　B. 652

C. 630　　D. 618

7. 下列会计业务中,会使企业月末资产总额发生变化的是(　　)。

A. 从银行提取现金　　B. 购买原材料,货款未付

C. 购买原材料,货款已付　　D. 现金存入银行

8. 引起资产和权益同时减少的是(　　)。

A. 用银行存款偿还应付账款　　B. 向银行借款直接偿还应付账款

C. 购买材料货款暂未支付　　D. 工资计入产品成本但暂未支付

9. 构成所有者权益的主体是(　　)。

A. 实收资本　　B. 盈余公积

C. 资本公积　　D. 未分配利润

10.《企业会计准则》规定,企业的日常经营收入不包括(　　)。

A. 销售商品的收入　　B. 他人使用本企业资产取得的收入

C. 提供劳务的收入　　D. 出售固定资产的收入

二、多项选择题

1. 历史成本计价原则的优点有(　　)。

A. 交易确定的金额比较客观　　B. 存货成本接近市价

C. 有原始凭证作证明可随时查证　　D. 可防止企业随意改动

E. 会计核算手续简化,不必经常调整账目

2. 下列属于会计确认与计量方面的原则有(　　)。

A. 配比原则　　B. 历史成本计价原则

C. 可比性原则　　D. 权责发生制原则

E. 划分收益性支出与资本性支出原则

3. 下列项目中,属于资本性支出的内容有(　　)。

A. 固定资产日常修理费　　B. 购置无形资产支出

C. 固定资产达到预定可使用状态之前的利息支出　　D. 水电费支出

E. 办公费支出

4. 下列属于收益性支出的有(　　)。

A. 支付当月办公费

B. 当月流动资金贷款利息支出

C. 购置设备支出

D. 行政管理人员的工资支出

E. 销售产品的运费支出

5. 会计计量的属性主要有(　　)。

A. 历史成本

B. 公允价值

C. 可变现净值

D. 现值

E. 重置成本

三、判断题

1. 会计要素中既有反映财务状况的要素,也有反映经营成果的要素。(　　)
2. 所有者权益是指企业投资人对企业资产的所有权。(　　)
3. 与所有者权益(投资人)相比,债权人无权参与企业的生产经营管理和收益分配。(　　)
4. 制造费用、营业税金及附加、销售费用、管理费用、财务费用均属于期间费用。(　　)
5. 利润是收入与成本配比相抵后的差额,是经营成果的最终要素。(　　)
6. 净利润是指营业利润减去所得税后的金额。(　　)
7. 企业接受捐赠物资一批,计价 10 万元,该项经济业务会引起收入和权益增加。(　　)
8. 企业以存款购买设备,该项业务会引起等式左右两方会计要素发生一增一减的变化。(　　)
9. 发生资金退出企业的经济业务,会使资产和权益同时减少。(　　)
10. 企业的利润包括主营业务收入、其他业务收入和营业外收支净额。(　　)

四、业务分析题

1. 某企业 12 月 31 日的资产、负债和所有者权益等财务信息如下表所示。

财务状况简表

20××年 12 月 31 日　　　　单位:元

资　产	金　额	负债及所有者权益	金　额
库存现金	1 000	短期借款	10 000
银行存款	27 000	应付账款	32 000
应收账款	35 000	应交税费	9 000
原材料	52 000	长期借款	B
长期股权投资	A	实收资本	240 000
固定资产	200 000	资本公积	23 000
合　计	375 000	合　计	C

要求:

(1)计算表中的 A、B、C。

(2)计算该企业的流动资产总额。

(3)计算该企业的流动负债总额。

(4)计算该企业的净资产总额。

2. 某公司 2015 年 5 月 31 日的资产负债表显示资产总计 375 000 元,负债总计 112 000 元。该公司 2015

年6月份发生如下经济业务：

(1)用银行存款购入全新机器一台，价值30 000元；

(2)投资人投入原材料，价值10 000元；

(3)以银行存款偿还所欠供应单位账款5 000元；

(4)收到供应单位所欠账款8 000元，收存银行；

(5)将一笔长期负债50 000元转为对企业的投资；

(6)按规定将20 000元资本公积金转为实收资本。

要求：

(1)根据6月份发生的经济业务，说明经济业务对会计要素的影响。

(2)计算6月末该公司的资产总额、负债总额和所有者权益总额。

3. 某企业2015年5月31日“固定资产”账户的期末余额为256 000元，“累计折旧”账户的期末余额为70 000元。

要求：

(1)计算本月末固定资产净值。

(2)说明“固定资产”账户与“累计折旧”账户之间的关系。

第四章　借贷记账法

学习目标

本章所述的借贷记账法，与第二章中介绍的复式记账方法相关。通过本章的学习，掌握借贷记账法中记账符号的应用，借贷记账法的应用是整个会计核算工作的基础。了解什么是复式记账法，复式记账法有何优越性；理解借贷记账法的记账规则、借贷记账法下账户的结构；掌握编制会计分录的方法；理解试算平衡原理，掌握编制试算平衡表的方法；掌握总分类账户与明细分类账户平行登记的要点。

关键概念

复式记账法　借贷记账法　会计分录　试算平衡表

引导案例

复式记账法是对每一笔经济业务都在相互关联的账户的两个或两个以上的账户中同时登记，并利用这种复式记账的账户对应关系进行试算平衡。但并不是所有的错误都能够通过试算平衡检查出来。

小伟刚刚从会计系毕业，今天是他上班的第一天。科长帮他找到了公司总账的账簿，让他先编制一张"总账发生额及余额试算平衡表"。不到一个小时，一张平衡试算表就编制出来了，表格上那三组平衡的数字，让小伟高兴得难以言表。

"呀！昨天销售的那笔单据还没有记到账簿中呢。"会计员小李说道。

"这笔账我核对过了，应计入管理费用和银行存款的金额是 9 000 元而不是 8 000 元。已经入账的金额需要改一下。"会计员小王说道。

思考：小伟编制的试算平衡表不是都已经平衡了吗，怎么还有错误呢？

第一节　借贷记账法的概念及记账符号

一、借贷记账法的概念

1494 年，意大利数学家卢卡・帕乔利的《算术、几何、比与比例概要》一书问世，标志着借贷记账法正式成为大家公认的复式记账法，同时，也标志着近代会计的开始。卢卡·帕乔利被称为“近代会计之父”，也可见借贷记账法在会计工作和会计发展中的重要意义。

在复式记账法的发展过程中，先后出现过借贷记账法、增减记账法、收付记账法等，复式记账的优点在第二章已经详细介绍，本章在复习复式记账原理的基础上介绍借贷记账法。

(一)记账方法的概念

有了账户，就有了记录经济业务的载体，接下来需要确定的是如何在账户上进行登记和记录，也就是要确定记账的方法。

所谓记账方法，就是按照一定规则，运用一定的记账符号(表示增减)在账户中记录经济业务的技术方法，包括记账原理、记账规则、记账符号、账户结构、试算平衡。记账方法是会计核算方法体系中的中心环节。

(二)复式记账原理

由第二章已知，每一类经济业务的发生都会引起有关的至少两个会计账户发生增减变化，而且增减金额相等。因此，按照复制记账原理，对于发生的每一笔业务或事项都应当以相等的金额同时在相联系的至少两个账户中进行登记。这样，通过账户记录不仅可以全面、清晰地反映出经济业务的来龙去脉，而且可以通过试算平衡检查账户记录是否正确。

(三)借贷记账法

借贷记账法是以“借”“贷”作为记账符号的一种复式记账方法，以此二字表示增加或减少，以“有借必有贷、借贷必相等”作为记账规则，反映会计要素增减变动情况。

1. 借贷记账法的由来

借贷记账法是历史上第一种复式记账法，起源于13世纪末14世纪初的意大利，到15世纪演变成为一种较合理的复式记账法。最初使用这种记账法的是银行资本家，他们把收进的存款记在“贷主”名下，作为银行的债务，是“应付款”；同时把放出的款项记在“借主”名下，对银行来说是一种债权，是“应收款”。这是“借”“贷”二字的由来。后来其他行业也吸取了银行资本家的账务处理方法，而且扩展到债权、债务以外的所有经济业务中。这时“借”“贷”二字已失去了原来的含义，而转变为纯粹的记账符号，成为会计上的专门术语。

2. 理论基础

借贷记账法的理论基础是会计等式。由第三章可知，各种经济业务的发生都不会破坏会计等式的平衡，按照借贷记账法所处理的每一笔业务或事项都应满足“资产＝负债＋所有者权益”的平衡关系，即登记每一笔经济业务时，都要按照相同的金额在对应的账户中同时登记。

3. 会计科目和账户的分类

根据企业资金构成的内在联系和资金运动的特点，借贷记账法将会计科目分为五类，会计科目是会计账户的名称，相应地账户也分为五类：资产类、负债类、所有者权益类(由于利润最终也归属于所有者权益，所以其账户结构和登记方法与所有者权益账户相同)、收入类、费用类。账户的类别和性质在借贷记账法下直接影响账户的结构和记账方法：资产类和费用类账户登记金额增减变化的方法相同；负债类、所有者权益类、收入类账户登记金额增减变化的方法相同。

二、借贷记账法下账户的基本结构

账户记录最主要的内容是金额的增减变化，因此，在讲授记账方法时以“账户的名称”加上登记“增加额”和“减少额”的两方，来代表账户的基本架构。

如图 4－1 所示，反映账户基本结构最简单的形式是 T 形账户。

借方　　账户名称	贷方

图 4－1　账户的基本结构(丁字账的结构)

在会计教学中，一般都采用 T 形账户来学习账户的登记方法，在 T 形账户中登记金额的增减变化。在实际工作中，账户还有完整的结构，这点将在第七章中学习。

在 T 形账户代表的账户的基本结构中，所有账户都分为左、右两方，一方记增加、一方记减少，至于哪边记增加、哪边记减少，取决于所采用的记账方法和账户所记录的经济内容。

在借贷记账法下，所有账户的基本结构都分为左、右两方，左边为“借方”，右边为“贷方”。借贷记账法的记账符号是“借”和“贷”。至于哪方表示增加、哪方表示减少，要根据记录的经济内容，也就是账户的性质决定。下面分别介绍五类账户在借贷记账法下登记金额增减变动的方法。

三、借贷记账法下各类账户中记账符号的使用方法

(一)资产类账户的登记方法(如图 4－2 所示)

借方　　资产类账户	贷方
期初余额	
资产的增加额	资产的减少额
本期发生额	本期发生额
期末余额	

图 4－2　资产类账户结构

资产类账户登记金额增减变动的规则为：账户的借方登记资产的增加额，贷方登记资产的减少额。即当资产类账户发生增加额时，登记在该账户的借方；发生减少额时，登记在该账户的贷方。

一般情况下，对于一个资产类账户来说，记入该账户增加方向的数额一般大于或等于记入其减少方向的数额，所以账户的正常余额应记录在增加额的一方。也就是说，如果资产类账户期末有余额，其余额一般在账户的借方，即资产类账户期初、期末余额一般在借方。

资产类账户期末余额与本期发生额之间的关系为：

期末余额＝期初余额＋借方本期发生额－贷方本期发生额

例 4—1 5 月 3 日收到投资人投入的货币资金 100 000 元，存入银行。

解析：这笔经济业务涉及两个账户，一个是“银行存款”账户增加了 100 000 元，由于它是资产类账户，增加记借方；另一个是“实收资本”账户，它是所有者权益类账户，登记方法将在本节的下面内容中介绍。

这笔经济业务引起“银行存款”账户的变化情况（假设该账户期初没有余额）如图 4—3 所示。

借方	银行存款	贷方
	100 000	
本期发生额	100 000	
期末余额	100 000	

图 4—3 “银行存款”账户登记示意图(1)

例 4—2 5 月 4 日从银行借入半年期贷款 50 000 元，已入账。

解析：这笔经济业务涉及两个账户，一个是“银行存款”账户增加了 50 000 元，由于它是资产类账户，增加记借方；另一个是“短期借款”账户，它是负债类账户，登记方法将在本节的下面内容中介绍。

这笔经济业务引起“银行存款”账户的变化情况如图 4—4 所示。

借方	银行存款	贷方
	100 000	
	50 000	
本期发生额	150 000	
期末余额	150 000	

图 4—4 “银行存款“账户登记示意图(2)

例 4—3 5 月 6 日用银行存款支付广告费 2 000 元。

解析：这笔经济业务涉及两个账户，一个是“银行存款”账户减少了 2 000 元，它是资产类账户，减少记贷方；另一个是“销售费用”账户，它是费用类账户，登记方法将在本节的下面内容中介绍。

这笔经济业务引起“银行存款”账户的变化情况如图 4—5 所示。

借方	银行存款	贷方
	100 000	
	50 000	2 000
本期发生额	150 000	2 000
期末余额	148 000	

图 4—5 “银行存款”账户登记示意图(3)

(二)费用类账户的登记方法(如图 4—6 所示)

借方	费用类账户 贷方
费用的增加额	费用的冲减额 费用的结转额
本期发生额	本期发生额

图 4—6 费用类账户结构

费用类账户登记金额增减变动的规则为:账户的借方登记费用的增加额,贷方登记费用的减少额或转销额。即核算费用的增加时记入账户的借方,费用的冲减或转销记入账户的贷方。

企业在生产经营过程中发生的各种耗费,可以看作企业资金的运用,所以费用类账户的结构与资产类账户结构基本相同。资产类和费用类账户的共同点在于:借方登记增加额,贷方登记减少额。

费用类账户与资产类账户的不同之处在于费用类账户期末一般没有余额。费用的增加额记入该类账户的借方,减少额(转销额)记入该类账户的贷方,费用类账户期末结转之前的余额在借方,但期末结转后一般无余额。如有余额,必定为借方余额,表示期末尚未转销的费用额。

例 4—4 对例 4—3 中 5 月 6 日发生的经济业务,应在登记"银行存款"贷方的同时,登记销售费用的增加,记入"销售费用"账户的借方,如图 4—7 所示。

借方	销售费用	贷方
	2 000	
本期发生额	2 000	
期末余额	2 000	

图 4—7 "销售费用"账户登记示意图

解析:本期如果销售费用没有其他业务发生,则期末结转前的余额为借方余额 2 000 元,期末结转时 2 000 元需从贷方转入其他账户,结转后"销售费用"账户无余额。

(三)负债类账户的登记方法(如图 4—8 所示)

借方	负债类账户 贷方
负债的减少额	期初余额 负债的增加额
本期发生额	本期发生额 期末余额

图 4—8 负债类账户结构

负债类账户登记金额增减变动的规则为:账户的贷方登记负债的增加额,借方登记负债的减少额。即当负债类账户发生增加额时,登记在该账户的贷方;发生减少额时,登记在该账户的借方。

一般情况下,对于一个负债类账户来说,记入该账户增加方向的数额一般大于或等于记入其减少方向的数额,所以账户的正常余额应记录在增加额的一方。也就是说,如果负债类账户期末有余额，其余额一般在账户的贷方，即负债类账户期初、期末余额一般在贷方。

负债类账户期末余额与本期发生额之间的关系为：

期末余额＝期初余额＋贷方本期发生额－借方本期发生额

例4—5 对于例4—2中5月4日发生的经济业务，应在登记“银行存款”账户借方的同时，登记短期借款的增加，记入“短期借款”账户的贷方，如图4—9所示。

借方	短期借款	贷方
		50 000
本期发生额		50 000
期末余额		50 000

图4—9 “短期借款”账户登记示意图

(四)所有者权益账户的登记方法(如图4—10所示)

借方	所有者权益类账户	贷方
		期初余额
减少额		增加额
本期发生额		本期发生额
		期末余额

图4—10 所有者权益类账户结构

所有者权益类账户登记金额增减变动的规则为：账户的贷方登记所有者权益的增加额，借方登记所有者权益的减少额。即当所有者权益类账户发生增加额时，登记在该账户的贷方；发生减少额时，登记在该账户的借方。

一般情况下，对于一个所有者权益类账户来说，记入该账户增加方向的数额一般大于或等于记入其减少方向的数额，所以账户的正常余额应记录在增加额的一方。也就是说，所有者权益类账户的期初、期末余额在贷方。

所有者权益类账户期末余额与本期发生额之间的关系为：

期末余额＝期初余额＋贷方本期发生额－借方本期发生额

负债和所有者权益都是企业的权益，可以看作企业资金的来源。负债类和所有者权益类账户的结构及登记方法完全相同：贷方记增加，借方记减少。

例4—6 对于例4—1中5月3日发生的经济业务，应在登记“银行存款”账户借方的同时，登记实收资本的增加，“实收资本”账户属于所有者权益类账户，增加记贷方，如图4—11所示。

借方	实收资本	贷方
		100 000
本期发生额		100 000
期末余额	100 000	

图4—11 “实收资本”账户登记示意图

(五)收入类账户的登记方法(如图4—12所示)

借方　　　收入类账户	贷方
收入的冲减额 收入的结转额	收入的增加额
本期发生额	本期发生额

图4—12　收入类账户结构

收入类账户登记金额增减变动的规则为:账户的贷方登记收入的增加额,借方登记收入的冲减和转销额。即当收入类账户发生增加额时,登记在该账户的贷方;发生减少额时,登记在该账户的借方。

收入的增加可以看作企业所有者权益的增加,收入类账户和权益类账户一样也可以看作企业资金的来源,可比照权益类账户的登记方法。收入类和权益类账户的共同点在于:贷方记增加,借方记减少。两者的不同之处在于收入类账户期末一般没有余额。期末结束时,本期收入增加额减去本期收入冲减额后的差额,转入"本年利润"账户,结转后收入类账户期末没有余额。

第二节　借贷记账法的记账规则

一、记账规则的概念及内容

借贷记账法的记账规则是指运用借贷记账法,在账户上记录经济业务所引起的会计要素增减变化的规律。借贷记账法的记账规则可概括为"有借必有贷,借贷必相等"。

二、记账规则的表现形式

利用"有借必有贷,借贷必相等"这一记账规则在对经济业务进行记录时有两个方面的要求:

第一,对于任何一项经济业务,必须同时在两个或两个以上相互联系的账户中以相反的方向进行登记。

第二,以相等的金额同时记入借方账户与贷方账户。

由于借贷记账法的理论基础是"资产=负债+所有者权益",因此,当经济业务发生而引起账户金额变动时,只有以相等的金额登记,才能保持会计恒等式两端要素之间的平衡。

经济业务的种类是多种多样的,根据经济业务的发生与"资产=权益"会计等式的变动关系,可归纳为以下四种类型:

(一)引起等式两边会计要素同时增加的经济业务(资产与权益同时增加)

对于这类经济业务,资产类账户的增加记入借方,权益类账户的增加记入贷方。因此,符合“有借必有贷，借贷必相等”的记账规则。

（二）引起等式两边会计要素同时减少的经济业务（资产与权益同时减少）

对于这类经济业务，资产类账户的减少记入贷方，权益类账户的减少记入借方。因此，符合“有借必有贷，借贷必相等”的记账规则。

（三）引起等式左边会计要素发生增减的经济业务（资产内部有增有减）

对于这类经济业务，资产类账户的增加记入借方，资产类账户的减少记入贷方。因此，符合“有借必有贷，借贷必相等”的记账规则。

（四）引起等式右边会计要素发生增减的经济业务（权益内部有增有减）

对于这类经济业务，权益类账户的增加记入贷方，权益类账户的减少记入借方。因此，符合“有借必有贷，借贷必相等”的记账规则。

运用借贷记账法的记账规则，根据经济业务的发生与“资产＝负债＋所有者权益”会计恒等式的变动关系，归纳起来有九种情况，如表4－1所示。

表4－1　　借贷记账法的记账规则

经济业务类型			各类账户的借贷方向			记入金额
			资产	负债	所有者	
第一类型	等式两边要素同时增加	①资产、负债同时增加	借	贷		同时增加
		②资产、所有者权益同时增加	借		贷	同时增加
第二类型	等式两边要素同时减少	③资产、负债同时减少	贷	借		同时减少
		④资产、所有者权益同时减少	贷		借	同时减少
第三类型	等式左边要素一增一减	⑤资产内部一增一减	借、贷			一增一减
第四类型	等式右边要素一增一减	⑥负债内部一增一减		借、贷		一增一减
		⑦所有者权益内部一增一减			借、贷	一增一减
		⑧负债增加，所有者权益减少		贷	借	一增一减
		⑨所有者权益增加，负债减少		借	贷	一增一减

三、记账规则的应用方法

为便于初学者理解掌握经济业务的四种类型、九种情况，这里给出一个简便的判断和记录的方法。

（1）列出综合会计恒等式“资产＋费用＝负债＋所有者权益＋收入”，并明确“等号左边的要素”借方记增加、“等号右边的要素”贷方记增加。

具体来说就是：等号左边的要素（资产、费用）是增加记在借方，称“借记”；减少记在贷方，称“贷记”。等号右边的要素(负债、所有者权益、收入)是减少记在借方,称“借记”;增加记在贷方,称“贷记”。

(2)当一笔经济业务发生时,首先确定该笔业务涉及的对应账户是什么,然后确认各账户属于等式中的哪类账户。

(3)根据账户的性质,确定应为借记还是贷记。

例4—7 昌盛有限责任公司2015年3月份发生如下会计事项:

①3月1日,收到投资者张亮投入的货币资金150万元,其中投资份额内的100万元记入“实收资本”账户。

解析:这项经济业务的发生,使企业的资产(银行存款)增加了150万元;同时也使企业的实收资本增加了100万元,超过投资份额部分50万元应记入“资本公积”账户。

“银行存款”账户是资产类账户,在等式的左边,增加应记入借方。

“实收资本”和“资本公积”账户是所有者权益类账户,在等式的右边,增加应记入贷方。

这笔业务涉及三个账户,且借方发生的金额与贷方发生的金额是相等的。

②3月2日,从银行取得3年期期借款100万元,现已办妥手续,款项已经划入本企业存款账户。

解析:这项经济业务的发生,使企业的负债(长期借款)增加了100万元;同时也使企业的资产(银行存款)增加了100万元。

“银行存款”账户是资产类账户,在等式的左边,增加应记入借方。

“长期借款”账户是负债类账户,在等式的右边,增加应记入贷方。

这里,借方发生的金额与贷方发生的金额是相等的。

③3月5日,生产车间领用原材料4 000元用于生产。

解析:这项经济业务的发生,使企业的资产(原材料)减少了4 000元;同时也使企业在产品的成本(生产成本)增加了4 000元。

“生产成本”账户是成本费用类账户,在等式的左边,增加应记入借方。

“原材料”账户是资产类账户,在等式的左边,减少应记入贷方。

这里,借方发生的金额与贷方发生的金额是相等的。

④3月10日,收到银行通知,某公司欠本公司货款50万元已入账。

解析:这项经济业务的发生,使企业的资产(银行存款)增加了50万元;同时也使企业的资产(应收账款)减少了50万元。

“银行存款”账户是资产类账户,在等式的左边,增加应记入借方。

“应收账款”账户是资产类账户,在等式的左边,减少应记入贷方。

这里,借方发生的金额与贷方发生的金额是相等的。

⑤3月11日,向贫困山区捐赠10万元,用银行存款支付。

解析:这项经济业务的发生,使企业的资产(银行存款)减少了10万元;同时也使企业的营业外支出增加了10万元。

“营业外支出”账户是广义的费用类账户,在等式的左边,增加应记入借方。

“银行存款”账户是资产类账户,在等式的左边,减少应记入贷方。

这里,借方发生的金额与贷方发生的金额是相等的。

⑥3月12日,购买一台不需要安装的机器(本章不考虑增值税),相关款项10万元以商业

汇票支付。

解析:这项经济业务的发生,使企业的负债(应付票据)增加了10万元;同时也使企业的资产(固定资产)增加了10万元。

"固定资产"账户是资产类账户,在等式的左边,增加应记入借方。

"应付票据"账户是负债类账户,在等式的右边,增加应记入贷方。

这里,借方发生的金额与贷方发生的金额是相等的。

⑦3月17日,购买原材料一批,价值60万元。材料运达并已经验收入库,相关款项尚未支付。

解析:这项经济业务的发生,使企业的资本(原材料)增加了60万元;同时也使企业的负债(应付账款)增加了60万元。

"原材料"账户是资产类账户,在等式的左边,增加应记入借方。

"应收账款"账户是负债类账户,在等式的右边,增加应记入贷方。

这里,借方发生的金额与贷方发生的金额是相等的。

⑧3月20日,支付上述业务中所欠材料款60万元。

解析:这项经济业务的发生,使企业的负债(应付账款)减少了60万元;同时也使企业的资产(银行存款)减少了60万元。

"应付账款"账户是负债类账户,在等式的右边,减少应记入借方。

"银行存款"账户是资产类账户,在等式的左边,减少应记入贷方。

⑨3月23日,销售货物一批,售价80万元(假设不考虑增值税),收到购货企业交来已承兑的商业汇票。

解析:这项经济业务的发生,使企业的资产(应收票据)增加了80万元;同时也使企业的收入(主营业务收入)增加了80万元。

"应收票据"账户是资产类账户,在等式的左边,增加应记入借方。

"主营业务收入"账户是收入类账户,在等式的右边,增加应记入贷方。

这里,借方发生的金额与贷方发生的金额是相等的。

⑩3月24日,上月销售业务中收到的商业汇票14万元已到期,交存开户银行办理收款手续,收到银行的收款入账通知。

解析:这项经济业务的发生,使企业的资产(银行存款)增加了14万元;同时也使企业的资产(应收票据)减少了14万元。

"银行存款"账户是资产类账户,在等式的左边,增加应记入借方。

"应收票据"账户是资产类账户,在等式的左边,减少应记入贷方。

这里,借方发生的金额与贷方发生的金额是相等的。

第三节　借贷记账法下的会计分录

在实务工作中,在将经济业务记入账户之前,首先应根据经济业务的有关凭据(原始凭证)填制记账凭证。编制记账凭证之前,会计人员首先应明确的是会计分录,会计凭证中的主要内容就是会计分录。

一、会计分录的概念

会计分录简称分录，它是按复式记账法的要求，对每项经济业务明确应记入的账户名称、增减方向及记账金额的一种形式。一笔会计分录主要包括三个要素：账户的名称（会计科目）、记账符号（借方或贷方）、记录的金额。

二、会计分录的书写格式

(1)先借后贷，即借方在前，贷方在后。

(2)借、贷方内容要分行书写，贷方要比借方往后错两格书写。

(3)每行先写“借”或“贷”，再写冒号、账户名称，最后写金额，每个账户及金额占一行。

(4)金额后不要带单位。

(5)若有二级、三级账户，应在一级账户后划杠说明。

例 4—8 某企业会计人员从工商银行提取现金 1 000 元。

这笔经济业务涉及两个账户，即“银行存款”账户的减少和“库存现金”账户的增加。

解析：

①“银行存款”是资产类账户，“借增贷减”，减少应记入贷方。

②“库存现金”是资产类账户，“借增贷减”，增加应记入借方。

③金额变动均为 1 000 元。

因此，这笔经济业务的会计分录为：

借：库存现金　　1 000

　　贷：银行存款——工商银行　　1 000

例 4—9 10 月 25 日，炎日公司销售给甲公司丙产品 100 件，单价为 200 元，总价为 20 000元（假设不考虑增值税），收到甲公司开出的不带息商业承兑汇票一张。

解析：

①公司收到对方开具的不带息商业承兑汇票，应选择“应收票据”账户（资产类），由于资产在会计等式左方，按“借增贷减”规则，此时“应收票据”增加，应记借方。

②公司销售产品取得的收入，应选择“主营业务收入”账户（收入类），由于收入在会计等式右方，按“借减贷增”规则，此时“主营业务收入”增加，应记贷方。

③按记账规则，借方和贷方对应账户各自金额合计相等，为 20 000 元。

因此，这笔经济业务的会计分录为：

借：应收票据——甲公司　　20 000

　　贷：主营业务收入——丙产品　　20 000

例 4—10 10 月 28 日，炎日公司收到乙公司前欠款项 35 100 元，存入银行。

解析：

①公司收存银行的款项，应选择“银行存款”（资产类）账户，由于资产在会计等式左方，增加应记借方。

②公司收回前欠款项，应选择“应收账款”（资产类）账户，由于资产在会计等式左方，减少

应记贷方。

因此,这笔经济业务的会计分录为:

借:银行存款　　35 100

　　贷:应收账款——乙公司　　35 100

三、会计分录中会计科目的对应关系

按照会计分录中科目的对应关系,会计分录有简单会计分录和复合会计分录两种。只涉及两个账户,即“一借一贷”的会计分录,称为简单会计分录;涉及两个以上账户,即“一借多贷”的会计分录或“多借一贷”的会计分录,以及“多借多贷”的会计分录,称为复合会计分录。

借贷记账法的记账规则要求以相反的方向、相等的金额,对发生的经济业务在两个或两个以上相互联系的账户中登记,形成“一借一贷”“一借多贷”“多借一贷”“多借多贷”的相互关系,这种关系称为账户的对应关系。发生对应关系的账户,就叫作对应账户。通过账户的对应关系,可以了解经济业务的内容。例如,借记“生产成本——甲产品”5 000 元,贷记“原材料——A 材料”5 000 元。这两个账户的对应关系表明原材料 A 减少 5 000 元是用于生产甲产品。

通过账户的对应关系,不仅可以了解经济业务的内容,还可以发现对经济业务的处理是否合理、合法。例如,借记“应付账款”1 000 元,贷记“短期借款”1 000 元。这两个账户的对应关系表明是以银行借款来偿还购货时的未付款,对这项经济业务所做的账务处理并无错误,但不符合银行信贷规定,因为根据贷款物资保证性原则,银行贷款不得用于无物资保证的欠款偿付业务。

例 4—11　企业用库存现金 500 元和转账支票 1 500 元购买办公用品。

解析:

①用库存现金购买办公用品,涉及“管理费用”账户(费用类账户)的增加和“库存现金”账户(资产类账户)的减少。应编制的会计分录为:

借:管理费用　　500

　　贷:库存现金　　500

②用转账支票购买办公用品,涉及“管理费用”账户(费用类账户)的增加和“银行存款”账户(资产类账户)的减少。应编制的会计分录为:

借:管理费用　　1 500

　　贷:银行存款　　1 500

③也可以将这两个简单分录合并在一起,集中反映一项经济业务,便于了解经济业务的全貌,简化记账工作和节省记账时间。编制的复合分录如下:

借:管理费用　　20 000

　　贷:库存现金　　500

　　　　银行存款　　1 500

例 4—12　企业购买材料一批,价值 20 000 元(假设不考虑增值税),公司用银行存款支付了 10 000 元,余款暂欠。

解析:这笔业务涉及“原材料”账户(资产类账户)的增加、“银行存款”账户(资产类账户)的减少、“应付账款”账户(负债类账户)的增加。编制的复合会计分录为:

借:原材料　　20 000
　　贷:银行存款　　10 000
　　　　应付账款　　10 000

第四节 借贷记账法的试算平衡

试算平衡,是指根据"资产＝负债＋所有者权益"的恒等关系以及借贷记账法的记账规则,检查和验证所有账户记录是否正确的一种方法。试算平衡通常是在每个会计期间结束时,把全部经济业务登记入账,并结出每个账户的本期发生额和期末余额后,通过编制试算平衡表来进行。试算平衡有发生额试算平衡法和余额试算平衡法。

一、发生额试算平衡法

发生额试算平衡法,是根据本期所有账户的借方发生额合计等于贷方发生额合计的关系,检验本期发生额记录是否正确的方法。

在借贷记账法下,根据"有借必有贷,借贷必相等"的记账规则,对于每一项经济业务都是在借、贷双方以相等的金额记录,因此全部账户本期的借方发生额合计和全部账户本期的贷方发生额合计必然相等,用公式表示为:

全部账户本期借方发生额合计＝全部账户本期贷方发生额合计

二、余额试算平衡法

余额试算平衡法,是运用第一会计等式,根据本期所有账户的借方余额合计等于所有账户的贷方余额合计的关系,检验本期账户记录是否正确的方法。根据余额时间不同,又分为期初余额平衡和期末余额平衡两类,其公式为:

全部账户期初借方余额合计＝全部账户期初贷方余额合计

全部账户期末借方余额合计＝全部账户期末贷方余额合计

三、试算平衡表的编制

试算平衡表根据全部总分类账户的本期发生额和期初、期末余额编制。

本期发生额试算平衡表的格式如表4－2所示。

表 4—2 **发生额试算平衡表**

编制单位： 年 月

账户名称	本期发生额	
	借　方	贷　方
合　计		

余额试算平衡表的格式如表 4—3 所示。

表 4—3 **余额试算平衡表**

编制单位： 年 月 日

账户名称	期初余额		期末余额	
	借　方	贷　方	借　方	贷　方
合　计				

在实际工作中，为了方便起见，还可以将账户发生额试算平衡表和余额试算平衡表合并在一起，在一张表上既可以进行总分类账户借贷发生额平衡的试算，又能进行总分类账户借贷余额平衡的试算。总分类账户发生额及余额试算平衡表的格式如表 4—4 所示。

表 4—4 **发生额及余额试算平衡表**

编制单位： 年 月 日

账户名称	期初余额		本期发生额		期末余额	
	借　方	贷　方	借　方	贷　方	借　方	贷　方
合　计						

例 4—13 长治公司 2015 年 11 月 1 日的科目余额表如表 4—5 所示。

表 4—5

科目余额表

2015 年 11 月 1 日

单位:元

账户名称	期初余额	
	借　方	贷　方
银行存款	600 000	
原材料		
固定资产	1 000 000	
短期借款		200 000
应付账款		160 000
应付票据		
实收资本		1 000 000
资本公积		240 000
合　计	1 600 000	1 600 000

本月发生以下 7 笔经济业务:

①收到某单位投入的资本 800 000 元存入银行。

②用银行存款 100 000 元偿还前欠某企业账款。

③用银行存款 200 000 元购入一辆自用小汽车。

④将资本公积金 160 000 元按法定程序转增资本。

⑤签发一张 40 000 元的商业承兑汇票,用以抵付应付账款。

⑥购进原材料采购成本 30 000 元,其中 20 000 元以银行存款支付,余款尚未支付。

⑦以银行存款 60 000 元偿还银行短期借款 40 000 元及前欠货款 20 000 元。

解析:对于以上七笔经济业务,会计人员在审核相关原始凭证的基础上,应按以下顺序处理:首先按照借贷记账法编制记账凭证,然后登记相关账户,结出各账户的本期发生额和期末余额,最后编制试算平衡表。

为每笔经济业务编制记账凭证略(请自行练习编制七笔业务的记账凭证)。

根据记账凭证登记各总分类账户略(请根据该公司的期初科目余额表自行练习设置 8 个 T 形账户,登记期初余额及发生的业务,并结出本期发生额和期末余额)。

根据各账户的记录编制长治公司 11 月末的试算平衡表,见表 4—6。

表 4—6

发生额及余额试算平衡表

2015 年 11 月 30 日

编制单位:长治公司

单位:元

账户名称	期初余额		本期发生额		期末余额	
	借方	贷方	借方	贷方	借方	贷方
银行存款	600 000		800 000	380 000	1 020 000	
原材料			30 000		30 000	
固定资产	1 000 000		2 000 000		1 200 000	
短期借款		200 000	40 000			160 000

续表

账户名称	期初余额		本期发生额		期末余额	
	借方	贷方	借方	贷方	借方	贷方
应付账款		160 000	160 000	10 000		10 000
应付票据				40 000		40 000
实收资本		1 000 000		960 000		1 960 000
资本公积		240 000	160 000			80 000
合　计	1 600 000	1 600 000	1 390 000	1 390 000	2 250 000	2 250 000

从表4—6中合计数可以看出，所有账户的期初、期末余额，借贷双方是相等的，所有账户的本期发生额借贷双方也是相等的，这就表明各账户中的记录基本上是正确的。

需要注意的是，通过试算平衡表来检查账户记录是否正确并不是绝对的方法。如果借贷不平衡，可以肯定账户的记录有错误。但是，如果借贷试算平衡，并不能肯定记账没有错误，这是由于有些错误并不影响借贷双方的平衡，例如：

(1)一笔经济业务在编制会计分录时，应借、应贷账户方向颠倒，或者误用了账户名称。

(2)一笔经济业务的借贷双方，在编制会计分录时，金额上发生同样的错误。

(3)一项错误的记录恰好抵消了另一项错误的记录。

(4)漏记或重复记录了某项经济业务。

当试算平衡表借贷双方的合计数不平衡时，可能只有一种错误存在，也可能有几种错误同时存在。如果错误不止一项，就需要进行全面检查：首先按经济业务发生的顺序核对每一项经济业务的记账凭证是否错误，然后检查账户的登记和计算是否有误，最后核算在将账户记录抄录到试算表上时是否出现了差错。

第五节　总分类账户和明细分类账户的平行登记

平行登记，就是将同一经济业务，既要在总分类账中登记，也要在其所属的明细分类账中登记。

总分类账户是其所属明细分类账户资料的综合，对所属明细账起着统驭、控制的作用；明细分类账户是有关总分类账户的具体化体现，起着补充说明的作用。两者登记的原始依据相同，核算内容也相同，提供的资料相互补充，既总括又详细地反映相同的经济业务。

一、总分类账户和明细分类账户的设置

(一)总分类账户

总分类账户核算该账户内容的综括资料，只用货币指标进行计量。它对明细分类账户起统驭作用，所以又称总账账户。

总分类账户是按照总分类会计科目开设的，如“原材料”“应收账款”账户等。

总账账户可以概括核算一个会计主体的各项资产、负债、所有者权益等会计要素的变动情况和结果，但是不能详细反映具体内容，难以满足经济管理的具体需要。

(二)明细分类账户

明细分类账户是对总分类账户所做的更详细的分类，是对总分类账户的细项进行核算，是总分类户的补充。

明细分类账户是按照明细分类科目设置的。例如，为了具体了解各种原材料的收、发、结存情况，就有必要在“原材料”总账下按照材料的品种设置明细分类账户；同样，为了具体了解“应收账款”这一债权的具体分布情况，就有必要按照各单位的名称在“应收账款”总账下设置明细分类账。

明细分类账也称分户账，它除了以货币计量单位进行核算外，必要时还要运用实物进行数量核算，以便对总账进行必要的补充。

二、总分类账户与明细分类账户平行登记的要点

(一)同内容(同依据)

凡是在总分类账户下设有明细分类账的，应在同一会计期间将每一笔经济业务的内容(依据相关的会计凭证)既要记入相关的总分类账户，也要记入相关的明细分类账户。

(二)同期间

这里的同一个会计期间登记并不是指一定要在同一时间登记。在实际工作中，可以每日及时登记明细分类账，在同一个会计期间内定期登记总分类账。

(三)同方向

每一笔经济业务记入总分类账户和其所属的明细分类账户时，记账方向必须一致。如果总分类账记入借方，明细分类账也必须记入借方；如果总分类账记入贷方，明细分类账也必须记入贷方。

(四)同金额

一笔经济业务既要记入总账，又要记入其所属的明细分类账户，记入各个明细分类账户的金额之和应该与记入总分类账户的金额相等。总分类账户与明细分类账户之间在登记金额上会形成如下关系：

总分类账户期初余额等于所属各明细分类账户期初余额之和；

总分类账户本期借方发生额等于所属各明细分类账户借方发生额之和；

总分类账户本期贷方发生额等于所属各明细分类账户贷方发生额之和；

总分类账户期末余额等于所属各明细分类账户期末余额之和。

三、总分类账户与明细分类账户平行登记的方法

利用平行登记是会计核算内部牵制制度的一个组成部分，通过平行登记可以检查总分类账、明细分类账记录的完整性和正确性。下面以“应收账款”账户为例，说明总分类账户与明细分类账户的平行登记。

例4—14 2015年3月1日，正泰公司“应收账款”账户借方余额为560 000元，两个所属明细账户的余额分别为：“W企业”借方余额300 000元，“M企业”借方余额260 000元。3月10日，正泰公司收到W企业归还的账款200 000元，存入银行；3月16日，正泰公司向M企业销售商品一批，开出的增值税专用发票上标明价款100 000元，增值税17 000元，商品已发出，款项尚未收到。

根据题中的资料，将期初余额在“应收账款”总分类账及其所属明细分类账中进行登记，然后将本期发生的与有关单位的往来结算业务分别记入“应收账款”总分类账户及其所属明细分类账户。

解析：

(1)首先根据期初余额开设“应收账款”总账账户如表4—7所示，明细账户如表4—8、表4—9所示。

表4—7 **总分类账户**

账户名称：应收账款 单位：元

2015		摘 要	借 方	贷 方	借或贷	余 额
月	日					
3	1	期初余额			借	560 000

表4—8 **应收账款明细分类账**

单位名称：W企业 单位：元

2015		摘 要	借 方	贷 方	借或贷	余 额
月	日					
3	1	期初余额			借	300 000

表 4—9　　**应收账款明细分类账**

单位名称：M企业　　单位：元

2015		摘　要	借　方	贷　方	借或贷	余　额
月	日					
3	1	期初余额			借	260 000

(2)3月10日收到W企业归还的账款200 000元时，应编制会计分录如下：

借：银行存款　　200 000

　　贷：应收账款——W企业　　200 000

(3)3月16日发生销售业务时，应编制会计分录如下：

借：应收账款——M企业　　117 000

　　贷：主营业务收入　　100 000

　　　　应交税费——应交增值税(销项税额)　　17 000

(4)根据以上会计分录编制记账凭证，然后根据记账凭证登记账簿，并结出本期发生额和期末余额(假设本月该账户没有其他业务)，总账及明细账的登记略，请自行在表4—7、表4—8、表4—9中填写完成。

从以上"应收账款"总分类账户及其所属明细分类账户平行登记的结果中可以看出，"应收账款"总账的期初余额560 000元，等于其所属两个明细分户账的期初余额之和；"应收账款"总账的本期借方发生额117 000元，等于其所属两个明细分户账的本期借方发生额之和；"应收账款"总账的本期贷方发生额200 000元，等于其所属两个明细分户账的本期贷方发生额之和；"应收账款"总账的期末余额477 000元，等于其所属两个明细分户账的期末余额之和。

利用总分类账户与其所属明细分类账户平行登记所形成的有关数字必然相等的关系，还可以通过定期核对双方有关数字，检查账户的记录是否正确和完整。如果通过核对发现有关数字不符，就表明账户的登记必然有差错，应及时查明原因，予以更正。在实际工作中，这项核对工作通常采用月末编制"明细分类账户本期发生额及余额表"的形式来进行。

例4—15　根据例4—14中所登记的应收账款的明细分类账的记录，编制其本期发生额及余额表如表4—10所示。

表 4—10　　**"应收账款"明细分类账本期发生额及余额表**　　单位：元

单位名称	期初余额		本期发生额		期末余额
	借　方	贷　方	借　方	贷　方	
W	300 000			200 000	100 000
M	260 000		117 000		377 000
总账合计	560 000		117 000	200 000	477 000

本章小结

借贷记账法是以“借”和“贷”为记账符号，记录经济业务的发生和完成情况的一种复式记账方法。对于借贷记账法，应重点掌握以下几点：

(1)在借贷记账法下，每个账户的基本结构都分为“借方”和“贷方”两方，分别用来记录增加数和减少数。其中，资产类和费用类账户用借方记录增加数，贷方记录减少数，如果有余额登记在借方；负债类和所有者权益类、收入类、利润类账户用贷方记录增加数，借方记录减少数，如果有余额登记在贷方。

(2)借贷记账法的记账规则是：有借必有贷，借贷必相等。

(3)借贷记账法的会计分录和账户对应关系。会计分录是按照复式记账法的要求，明确每一经济业务的入账账户名称、方向及金额的一种记录。账户的对应关系是在记录每项经济业务时，账户之间产生的应借、应贷的关系，具有对应关系的账户叫对应账户。在账户中记录任何一项经济业务，都必须以记账凭证为依据。

(4)借贷记账法的试算平衡有发生额平衡和余额平衡两种。发生额平衡即所有账户的借方发生额之和等于所有账户的贷方发生额之和；余额平衡即所有账户的借方余额之和等于所有账户的贷方余额之和。

(5)借贷记账法下总分类账与明细分类账的平行登记。平行登记是指对发生的每一笔经济业务，都要根据相同的会计凭证，一方面记入总分类账户，另一方面记入总分类账户所属的明细分类账户的一种记账方法。平行登记的要点可归纳如下：依据相同、方向相同、期间相同、金额相等。

本章习题

一、不定项选择题

第1～3题以本章例4－14中的资料为题干。

1. 关于2015年3月10日正泰公司的应收账款，下列表述中正确的有(　　)。

A.“应收账款——W企业”明细账借方余额为100 000元

B.“应收账款——W企业”明细账借方余额为300 000元

C.“应收账款”总账借方余额为360 000元

D.“应收账款”所有明细账借方余额之和为360 000元

2. 关于2015年3月份正泰公司“应收账款”明细账发生额，下列表述中正确的有(　　)。

A.“应收账款——W企业”明细账户借方发生额为200 000元

B.“应收账款——W企业”明细账户贷方发生额为200 000元

C.“应收账款——M企业”明细账户借方发生额为100 000元

D.“应收账款——M企业”明细账户借方发生额为117 000元

3. 关于2015年3月份正泰公司“应收账款”总账，下列表述中正确的有(　　)。

A.“应收账款”总账本月借方发生额为317 000元

B.“应收账款”总账本月借方发生额为117 000元

C.“应收账款”总账本月贷方发生额为200 000元

D.“应收账款”总账 3 月末借方余额为 477 000 元

第 4～7 题基于以下题干：

正泰公司 2015 年 6 月末的简要资产负债表如下表所示。

正泰公司简要资产负债表

单位:元

资 产	金 额	负债及所有者权益	金 额
银行存款	80 000	应付账款	10 000
原材料	60 000	应付票据	20 000
固定资产	200 000	实收资本	300 000
		资本公积	10 000
合 计	340 000	合 计	340 000

2015 年 7 月，正泰公司发生下列经济业务：

①经银行存款 20 000 元购买生产用设备；

②将到期无力偿还的应付票据 10 000 元转为应付账款；

③将资本公积 6 000 元转增实收资本；

④购进生产用材料 8 000 元，款项尚未支付。

要求：根据上述资料，回答第 4～7 题(不考虑其他因素和各种税费)。

4. 下列表述中正确的有(　　)。

A. 以银行存款 20 000 元购买生产用设备，会引起资产内部的一增一减

B. 将到期无力偿还的应付票据 10 000 元转为应付账款，会引起负债内部的一增一减

C. 将资本公积 6 000 元转增资本，会引起所有者权益内部的一增一减

D. 购进生产用材料 8 000 元，款项尚未支付，会引起资产与负债同时增加

5. 关于正泰公司 7 月末有关账户的余额，下列表述中正确的有(　　)。

A.“固定资产”账户借方余额为 220 000 元　　B.“应付账款”账户贷方余额为 28 000 元

C.“实收资本”账户贷方余额为 306 000 元　　D.“资本公积”账户借方余额为 4 000 元

6. 关于正泰公司资产总额和净资产，下列表述中正确的有(　　)。

A. 7 月末的资产总额为 348 000 元　　B. 7 月末的资产总额为 342 000 元

C. 7 月末的净资产总额为 310 000 元　　D. 7 月末的净资产总额为 308 000 元

7. 关于正泰公司 7 月份各账户的发生额合计，下列表述中正确的有(　　)。

A. 借方发生额合计为 348 000 元　　B. 借方发生额合计为 44 000 元

C. 贷方发生额合计为 348 000 元　　D. 贷方发生额合计为 44 000 元

二、判断题

1. 借贷记账法中的记账符号表示增减，也表示账户中的记账方向。(　　)
2. 收入类账户和费用类账户一般没有期末余额，但有期初余额。(　　)
3. 企业购入材料而货款未付，会引起资产和负债同时增加。(　　)
4. 会计分录包括业务涉及的账户名称、增减方向和增减金额。(　　)
5. 平行登记中的“同期间”指的是总账和明细账要同时登记。(　　)
6. 采用借贷记账法时，账户的借方一般登记增加数，贷方一般登记减少数。(　　)
7. 账户的基本结构是指账户中登记增减金额的栏次。(　　)
8. 账户哪方记增加、哪方记减少取决于采用的记账方法和记录的经济内容。(　　)

9. 采用借贷记账法时，负债的增加和收入的增加都记入贷方。 （　　）

10. 企业用银行存款偿还贷款时，应借记“库存现金”账户，同时贷记“银行存款”账户。 （　　）

三、业务分析题

1. 利和股份公司所属的某机械制造厂在材料采购业务核算中设置了“应付账款”和“预付账款”两个账户，2015 年 8 月份“应付账款”和“预付账款”账户及其所属明细账户的期初余额如下：“应付账款”账户贷方余额 125 000 元，其中，“应付账款——A 工厂”78 000 元，“应付账款——B 工厂”47 000 元；“预付账款”账户借方余额 65 000 元，其中，“预付账款——C 工厂”35 000 元，“预付账款——D 工厂”30 000 元。该企业 8 月份发生下列业务(假设不考虑增值税)：

(1)用银行存款 50 000 元归还所欠 A 工厂的货款。

(2)收到 C 工厂发来的材料 48 000 元，材料验收入库，款项上个月已经预付 35 000 元，差额部分暂未支付。

(3)从 B 工厂购买材料价款 10 000 元，款项未付，材料尚未入库。

(4)通过银行补付所欠 C 工厂的差额款。

要求：编制本月业务的会计分录，开设并登记“应付账款”“预付账款”总分类账户和明细分类账户。

2. 某企业 11 月初有关总分类账户的余额如下：

(1)库存现金	1 000 元	(5)生产成本	30 000 元
(2)银行存款	200 000 元	(6)短期借款	40 000 元
(3)原材料	49 000 元	(7)应付账款	50 000 元
(4)固定资产	180 000 元	(8)实收资本	370 000 元

该企业 11 月发生如下经济业务：

(1)收到投资者投入的资金 230 000 元，存入银行。

(2)购入机器设备一套，成本 50 000 元，投入使用。

(3)购入原材料一批，成本合计 20 000 元，验收入库，货款尚未支付。

(4)从银行提取现金 10 000 元。

(5)借入半年期贷款 30 000 元，存入银行账户。

(6)用银行存款偿还应付账款 30 000 元。

(7)生产车间领用原材料 15 000 元。

(8)用银行存款偿还短期借款 40 000 元。

要求：

(1)根据所给期初余额开设总分类账户。

(2)根据上述经济业务，编制相应的会计分录，并填制记账凭证。

(3)根据记账凭证，逐笔登记总分类账户。

(4)根据账户的登记结果填制“11 月总分类账户发生额及余额试算平衡表”。

11 月总分类账户发生额及余额试算平衡表

编制单位：　　　　　　　　　　年　　月　　日　　　　　　　　　　单位：元

账户名称	期初余额		本期发生额		期末余额	
	借　方	贷　方	借　方	贷　方	借　方	贷　方

续表

账户名称	期初余额		本期发生额		期末余额	
	借　方	贷　方	借　方	贷　方	借　方	贷　方
合　计						

第五章　工业企业主要经济业务的核算方法

学习目标

通过本章的学习，掌握企业主要经济业务的核算方法，逐渐深入到工业企业的会计实务中。理解生产循环、资金周转和资金循环的含义；掌握资金筹集、生产准备、产品生产、产品销售以及财务成果形成与分配等不同阶段的经济业务的内容和核算方法；了解与生产各环节核算相关的会计知识。

关键概念

资金筹集　固定资产　原材料　生产成本　营业收入　营业成本　期间费用　本年利润　利润分配

引导案例

小王和小张是大学同学，他们去年七月份大学毕业时，带着年轻人的梦想，想通过创业干出一番事业，于是两人共同出资开了一家小型面粉加工厂。

首先，在父母的资助下，他们各自出资20万元，合计40万元。这40万元的花销包括：租用一间厂房预付的一年房租共计5万元，购买机器设备及安装共花费20万元，购入小麦等原材料共计5万元，企业申办注册及面粉品牌商标注册、面粉包装袋印刷等共计花费4万元，在当地电视台打广告花费5 000元，剩下的55 000元当作流动资金备用。

他们的面粉加工厂于2015年1月1日正式开业。因为此前宣传到位，面粉质量较好且价格合理，他们生产的面粉在当地很受欢迎。月末结算时，工厂本月销售面粉及麦麸的收入为100 000元，购买小麦等原材料的费用共50 000元，工人的工资费用共10 000元，其他各种杂费和税金合计15 000元。可是两人开始疑惑了，扣除所有花销以外剩下的25 000元是否就算是收入了呢？两人都不懂财务，于是聘请了一个会计，会计拿出两人平时记的面粉厂收支的账说："你们的流水账，能够大体反映面粉厂的资金走向，但是现在会计准则规定，企业要采用复式记账，你们这样的记账方法不符合规定。"于是，两人向会计学起了财务知识。他们知道了两人的投资是企业的实收资本需要记账，也知道了支付的房租不能一次性记到花费里，还知道了购买的机器设备等是需要记入固定资产的，还有到电视台打广告的费用是销售费用，等等。当会计帮助他们把面粉厂这个月的账重新记账之后，两人看着厚厚的一摞账本和凭证，非常感慨，原来创业不是仅仅是能吃苦肯干就可以啊！

启示：企业经济活动是一个从接受投资开始不断循环的过程，这个循环既包括生产循环，也包括资金的周转和循环。企业需要采用复式记账的方法，对企业资金循环过程进行核算，并采用一定的记账方法，恰当运用会计科目将其记到记账凭证以及相应的明细账和总账上，这为期末企业计算利润、申报所得税、进行利润分配提供依据。

第一节　工业企业的主要经济业务及核算内容概述

工业企业是众多企业类型中的一种，它是按照市场经济体制的要求，面向市场，以一定的生产制造为主要经济内容，独立核算、自负盈亏、自我积累、自我发展的经济组织。这个组织具有不同的规模，其基本任务是增加产品产量，提高产品质量，加强企业管理，进行技术改造，减少对资金和资源的消耗，努力降低产品成本，提高经济效益，为发展社会主义市场经济积累更多资金。为完成上述任务，工业企业主要是以效益为中心，通过对不同资源进行组合生产，并向其他单位或个人提供所生产的产品或服务。工业企业能够将最原始的投入转化为客户所需要的产品或服务，这个转变过程不仅需要自然资源、人力资源，还需要一定数额的资本作为依托。随着生产活动的进行，这些资本将以“货币资金→储备资金→生产资金→成品资金→货币资金”的形式在企业不断运动，而且随着生产经营不断进行，这些资金形态不断转化，形成工业企业资金的循环与周转。根据资金循环与周转的过程，工业企业的主要经济业务可以分为五个阶段，即筹资阶段、供应阶段、生产阶段、销售阶段和财务成果形成与分配阶段（如图 5—1 所示）。

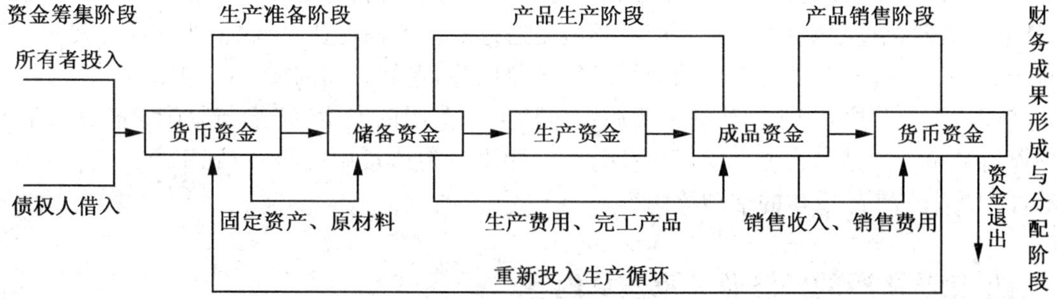

图 5—1　工业企业资金运动情况一览

一、筹资阶段的经济业务及核算内容

资金筹集是指工业企业从各种渠道筹集企业生产所必需的资金，它是企业开展生产经营活动的首要环节。在市场经济条件下，企业资金主要通过接受投资人的资本投入和向银行或其他金融机构等债权人借入两个渠道来筹集。其中，接受投资人的资本投入形成了企业的所有者权益，向债权人借入的资本形成了企业的债务，两者共同构成了企业的资本结构，调节着企业的资本成本。资金筹集业务完成后，企业就可以运用筹集到的资金开展正常的生产经营

活动。

在资金筹集阶段，企业要进行核算的主要内容包括针对从不同渠道筹集到的资金进行核算，具体表现为：接受投资者投入资金的核算；向债权人借入、归还资金的核算及相关利息的处理。

二、供应阶段的经济业务及核算内容

企业筹集到的资金将进入供应阶段，即生产准备阶段。在供应过程中，企业将以筹集到的资金购建厂房和机器设备等固定资产，购买原材料等劳动对象，形成材料储备，为生产经营做好准备工作。在供应阶段，资金由货币资金逐渐转化为固定资产、原材料等储备资金。

在供应准备阶段，企业核算的主要内容包括用货币资金（或形成结算债务）购建固定资产、购买原材料等业务的核算，具体表现为：支付购建固定资产的各种款项及竣工核算；支付购买原材料的价款和税款、发生的各种采购费用及税金的核算；计算原材料的采购成本、原材料验收入库及结转成本等的核算。

三、生产阶段的经济业务及核算内容

产品生产阶段是工业企业生产经营过程的最主要环节，即产品的形成阶段。在这一过程中，生产工人借助劳动资料对劳动对象进行加工，制造出适合社会需要的产品。生产过程既是新产品的制造过程，也是物化劳动和活劳动的消耗过程。随着生产费用的支出，资金从储备资金转化为生产资金。当产品完工后，生产资金又进一步转化为成品资金。具体而言，从实物形态来看，产品生产过程就是生产工人借助机器设备，将原材料等加工对象通过加工形成了产品；从其价值转化过程来看，产品生产过程就是通过发生各种耗费，形成企业的各种费用，如材料费用、人工费用、机器厂房等劳动资料的折旧费用等，它们共同构成产品的成本。

在产品生产阶段，企业核算的主要内容包括生产费用的发生、归集与分配，完工产品成本的核算与结转等。具体表现为：材料费用、人工费用及制造费用的核算；完工产品与在产品成本的计算及完工产品成本的结转等内容。

四、销售阶段的经济业务及核算内容

产品的销售阶段，又称为产品价值的实现过程。在这一阶段，企业通过产品销售活动，将产品销售出去，取得销售收入，收回货款，同时还要支付有关销售税费，计算并缴纳各种销售税金。通过销售过程，企业在产品生产阶段形成的成品资金又回到了货币资金。

在产品的销售阶段，企业核算的主要内容包括产品销售收入的核算、销售成本及相关税金的结转等。具体表现为：销售产品等主营业务收入的核算、销售原材料及提供劳务等其他业务收入的核算；销售产品过程中发生的主营业务成本的核算、销售原材料及提供劳务等其他业务过程中发生的其他业务成本的核算；销售过程中发生的各种诸如广告费、包装费、专设销售机构的人员工资等销售费用的核算、计算并缴纳各种销售税金的核算等。

五、财务成果形成与分配阶段的经济业务及核算内容

在财务成果形成与分配阶段，企业通过生产经营获得各项收入抵偿各项成本、费用之后的余额，形成企业的所得税前利润(或亏损)。企业实现的利润，首先应以所得税的形式上缴国家，形成国家的财政收入，剩余部分为企业的税后利润(即净利润)，要按照规定的程序在有关各方进行合理的分配；如果发生亏损，还要按照规定的程序进行弥补。通过利润分配，企业的一部分资金退出企业，余下部分形成企业的积累，属于所有者权益的组成部分，留下来继续参加企业的资金周转过程。

在财务成果形成与分配阶段，企业核算的主要内容包括正确计算财务成果、对财务成果进行分配等。具体表现为：各种收入和成本费用的结转、营业利润的计算、营业外收支的计算、利润总额的计算、所得税的计算与缴纳、净利润的计算与分配、亏损的弥补等。

综上所述，企业在经营过程中发生的主要经济业务是伴随着资金的不断周转与循环的过程而展开的，本章从第二节到第六节将详细介绍资金筹集、生产准备、产品生产、产品销售和财务成果形成与分配五个阶段所涉及的经济业务的主要内容和会计核算。

第二节　资金筹集阶段经济业务的核算

一、资金筹集阶段经济业务的主要内容

一个企业要想生存与发展，就必须有足够的资金，因此，筹集资金是企业进行生产经营活动的首要条件，也是企业进行生产经营活动的物质基础，是资金运动过程的起点。对于任何一个企业，若想筹集到企业发展所必需的资金，通常可以通过两条渠道进行(如图 5－2 所示)。

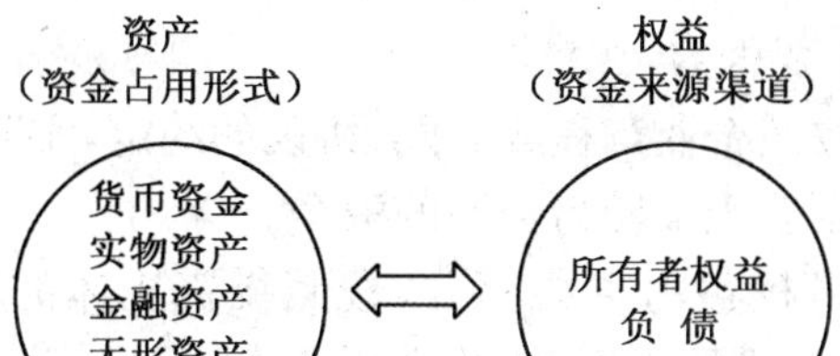

图 5－2　企业资金的形式与来源

企业筹集资金的第一条渠道是所有者权益资金筹集。所谓所有者权益，是指企业资产扣除负债之后由所有者享有的剩余权益，又称股东权益。所有者权益资金筹集就是通过投资者投入资金及其增值获得企业所需的资金，这部分资金是企业得以创立的一个基本条件，是企业赖以生存和发展的基础，这部分资金形成企业的所有者权益资本。

企业筹集资金的第二条渠道是负债资金筹集。企业筹集资金除了所有者投入资本以外，

为了补充资金的不足，还可以向银行等金融机构借入资金，这部分资金形成企业的债权人权益。借给企业资金的银行等金融机构被称为债权人，它们同所有者一样享有对企业资产的要求权，这部分要求权被企业称为负债。

二、所有者权益资金筹集业务的核算

若想企业正常生产经营，首先一定要有“本钱”，也就是所有者要向企业投入资本金。所有者投入的资本可以是货币资金、实物资产、无形资产等不同的形式。我国法律规定，设立企业必须要有必要的财产，即创立企业必须要有法定的资本。该资本是由投资者认缴并经过工商行政管理部门核准注册的资本总额，又称为注册资本。投资者一旦对企业投资后，即对企业的资产、资产经营的结果、资产经营的权利等享有一种权益，这种权益又称为所有者权益。投资者向企业投入的资本，在一般情况下无须偿还，只能依法转让；企业对实际收到的资本金，依法享有经营权。因各种原因使企业投资者的出资额超过注册资本的差额，形成企业的资本公积。因此，对所有者权益资金筹集业务的核算应包括对实收资本和资本公积的核算两方面的内容（如图 5—3 所示）。

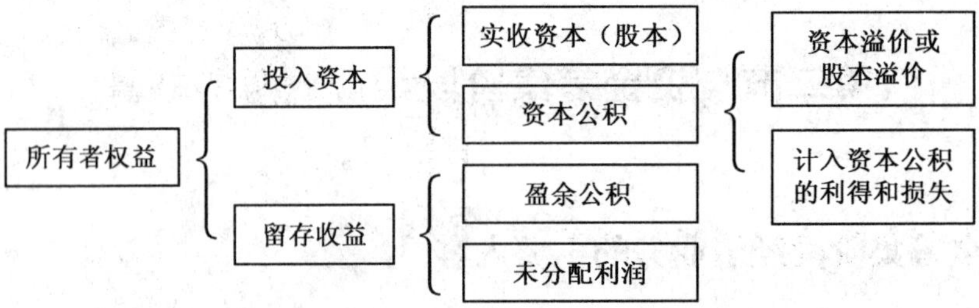

图 5—3　所有者权益组成分析

(一)实收资本业务的核算

1. 实收资本的含义和主要内容

实收资本，是指投资者按照企业章程或合同、协议的约定，实际投入企业的资本，以及按照有关规定由资本公积金、盈余公积金转为资本的资金。

实收资本是企业所有者权益的主要部分，按照投资主体的不同，可以分为国家投入资本——企业接受国家投资而形成的资本金；法人投入资本——企业接受其他单位的投资而形成的资本金；个人投入资本——企业接受个人（包括企业内部职工）的投资而形成的资本金；外商投入资本——企业接受外国及港、澳、台地区的投资而形成的资本金。企业的实收资本按照投入资本的物质形态不同，又可以分为货币投资及实物投资、证券投资和无形资产投资等可以依法用货币估价并可以依法转让的非货币性资产作价进行投资。

目前我国实行注册资本制度，要求企业的实收资本总额应与注册资本一致，企业不得随意擅自改变注册资本数额或抽逃资金。一般情况下，投资者投入企业的资本总额即构成企业的实收资本，也正好等于注册资本。但在一些特殊情况下，投资者因某些原因超额投入（如溢价发行股票等），从而使得投入资本总额超过企业的注册资本，在这种情况下，超额投入部分要计入资本公积，而不再计入实收资本。并且除企业将资本公积金、盈余公积金等转为实收资本以外，实收资本的数额不能随意变动，尤其是投资人抽回资金。企业在生产经营中取得的收入和收益、发生的费用和损失，不得直接增减实收资本。

2. 实收资本核算相关账户的设置

(1)“实收资本”账户设置

①“实收资本”账户核算内容

企业对于所有者投入的资本，应按照企业实际收到的投资额入账。其中，对于收到的货币性投资，应以实际收到的投资金额入账；收到的实物或者其他形式的投资，应以投资各方在合同中共同确认的价值入账，但前提是这个价值要公允，如果投资各方约定的价值不公允，要按公允价值入账。实际收到的货币资金或者投资各方共同约定的价值超过其在注册资本中所占份额的部分，不在此账户反映。为了反映实收资本的形成及变化情况，企业设置“实收资本”账户。

该账户属于所有者权益类账户，其贷方登记实收资本的增加额，反映企业收到投资者投入的资本，即企业在工商管理部门注册的资本金；借方登记实收资本的减少额，反映企业按法定程序报经批准减少的注册资本，即实际返还给企业所有者的投资数额；期末余额在该账户的贷方，反映企业实收资本总额。（注：股份有限公司使用“股本”账户代替“实收资本”账户。）

该账户应按照投资者设置明细账，进行明细分类核算。

②“实收资本”账户的 T 形账结构(如图 5—4 所示)

实收资本

实收资本的减少额	实收资本的增加额
	期末余额：实收资本的实有额

图 5—4　“实收资本”账户的 T 形账

(2)“银行存款”账户设置

①“银行存款”账户核算内容

该账户属于资产类账户，用来核算企业存入银行或其他金融机构的各种款项。

该账户的借方登记银行存款的增加额，反映企业将款项存入银行或其他金融机构的数额；贷方登记银行存款的减少额，反映企业提取现金和支出款项的数额；期末余额在借方，反映企业银行存款的实有数。

企业应当按照开户银行和其他金融机构、存款种类、币种等，分别设置“银行存款日记账”，由出纳人员根据收付款凭证，按照业务的发生顺序逐笔登记。“银行存款日记账”应定期与“银行对账单”核对，至少每月核对一次。月末，企业银行存款账面余额与银行对账单余额之间如有差额，应按月编制“银行存款余额调节表”调节相符。有多币种存款的企业，应当按照币种分别设置“银行存款日记账”进行明细核算。

②“银行存款”账户的 T 形账结构(如图 5—5 所示)

银行存款

银行存款的增加额(收到)	银行存款的减少额(支付)
期末余额：银行存款的实有数	

图 5—5　“银行存款”账户的 T 形账

3. 实收资本业务的基本分录

(1)当企业收到所有者投入资本时：

借：资产类科目(如：银行存款、固定资产、无形资产等)

　　贷：实收资本　　　　　　　　　　　　　　　　　　　　　　[分录 1]

(2)当企业返还所有者投入资本时：

借：实收资本

　　贷：银行存款　　　　　　　　　　　　　　　　　　　　　　[分录 2]

4. 实收资本业务核算举例

例 5—1　AB 公司收到国家投入的资金 120 000 元，款项已经存入银行。

解析：这项经济业务的发生，一方面使 AB 公司的银行存款增加了 120 000 元，另一方面使 AB 公司接受国家的投资增加了 120 000 元。这项经济业务共涉及两个账户，分别为“银行存款”账户和“实收资本”账户。“银行存款”账户属于资产类账户，其增加应记入借方；“实收资本”账户属于所有者权益类账户，其增加应记入贷方。因此，会计分录为：

借：银行存款　　　　　　　　　　　　　　　　　　120 000

　　贷：实收资本——国家资本　　　　　　　　　　　　　　120 000

(注：由于篇幅有限，本章仅就前 3 个例题中的经济业务所使用的会计科目进行详细分析，之后的例题所使用的会计科目的原理与前 3 个例题相同，就不再详细分析。)

例 5—2　C 企业以一批原材料对 AB 公司进行投资，AB 公司和 C 企业均为增值税一般纳税人，该材料的市场售价为 20 000 元(假设不考虑增值税)，材料已经运达 AB 公司，并已验收入库。

解析：这项经济业务的发生，一方面使 AB 公司的原材料增加了 20 000 元，另一方面使 AB 公司接受 C 企业的投资增加了 20 000 元。这项经济业务共涉及两个账户，分别为“原材料”账户和“实收资本”账户。“原材料”账户属于资产类账户，其增加应记入借方；“实收资本”账户属于所有者权益类账户，其增加应记入贷方。因此，会计分录为：

借：原材料　　　　　　　　　　　　　　　　　　　20 000

　　贷：实收资本——C 企业　　　　　　　　　　　　　　　20 000

例 5—3　AB 公司收到投资人张某投入的全新车床一台(假设不考虑增值税)，价值50 000元。

解析：这项经济业务的发生，一方面使 AB 公司的固定资产(车床)增加了 50 000 元，另一方面使 AB 公司接受投资人张某的投资增加了 50 000 元。这项经济业务共涉及两个账户，分别为“固定资产”账户和“实收资本”账户。“固定资产”账户属于资产类账户，其增加应记入借方；“实收资本”账户属于所有者权益类账户，其增加应记入贷方。因此，会计分录为：

借：固定资产——车床　　　　　　　　　　　　　　50 000

　　贷：实收资本——张某　　　　　　　　　　　　　　　　50 000

例 5—4　总部设立于美国的 D 公司以一项专利技术对 AB 公司进行投资，双方商定该专利技术作价 30 000 元，专利转让手续已经办理完毕。

解析：这项经济业务的发生，一方面使 AB 公司的无形资产(资产)增加了 30 000 元，另一方面使 AB 公司的实收资本(所有者权益)增加了 30 000 元。因此，会计分录为：

借：无形资产——专利技术　　　　　　　　　　　　30 000

　　贷：实收资本——D 公司　　　　　　　　　　　　　　　30 000

例 5—5 因规定,国家对AB公司的投资不得超过50%,故抽回投资20 000元,资金已支付完毕。

解析:这项经济业务的发生,一方面使AB公司的实收资本(所有者权益)减少了20 000元,另一方面使AB公司的银行存款(资产)减少了20 000元。因此,会计分录为:

借:实收资本——国家资本　　20 000

　　贷:银行存款　　20 000

(二)资本公积业务的核算

1. 资本公积的含义和主要内容

资本公积是投资者或者他人投入到企业中,所有权归属于投资者并且金额上超过法定资本的部分,它是企业所有者权益的重要组成部分。资本公积从本质上来看和实收资本一样属于投入资本的范畴,与留存收益(盈余公积和未分配利润)不同,留存收益是企业生产经营所实现的利润转化而来的。

资本公积由资本溢价(或股本溢价)和直接计入资本公积的各种利得和损失构成。

(1)资本溢价(或股本溢价)

资本溢价(或股本溢价),是指企业投资人投入的资金超过其在注册资本中所占有的份额的部分。对于投资人投入到企业的资本,由于出资的时间有所不同,因此对企业的影响程度也有所不同,由此将会给投资者带来不同的权利。一般情况下,当新投资者想要加入时,为了维护原投资者在企业中的权益,新投资者在取得与原投资者相同比例的权益时,往往要比原投资者付出更多的出资额,而超出原投资者出资额的部分就称为资本溢价;股本溢价主要是指股份有限公司采用高于股票面值的价格(称为溢价)发行股票时,超过股票面值的部分。

(2)直接计入资本公积的各种利得和损失

直接计入资本公积的各种利得和损失,是指不应计入当期损益、会导致所有者权益变动的、与所有者投入资本或向所有者分配利润无关的利得或损失。其来源包括可供出售金融资产的公允价值变动、权益法下被投资单位其他所有者权益的变动、与计入所有者权益项目相关的所得税、固定资产等转为投资性房地产时公允价值变动、以权益结算的股份支付而形成的费用、利用衍生工具进行套期时等企业的交易和事项所产生的利得和损失。

资本公积的用途与实收资本不同,实收资本的总额与注册资本一致,它代表企业的实力,也表明各投资者在企业中享有的各自权利的份额。而资本公积作为企业的补充资本,是投资者的额外投入及源于投资者之外的企业利得和损失,主要用途是转增资本,即企业在办理完增资手续之后,按照各投资者原投资比例,将资本公积转变为企业的实收资本。

2. 资本公积核算相关账户的设置

(1)"资本公积"账户核算内容

该账户属于所有者权益类账户,其贷方登记资本公积的增加额,反映所有者投入企业的资本溢价(或股本溢价)以及直接计入资本公积的各种利得的实际数额;借方登记资本公积的减少额,反映企业用资本公积转增资本或者直接计入资本公积的各种损失的实际数额;期末余额在该账户的贷方,反映企业拥有的资本公积数额。

该账户应按照资本公积的来源不同,分别设置"资本溢价"(或"股本溢价")、"其他资本公积"等明细账户进行明细分类核算。

(2)“资本公积”账户的T形账结构(如图5—6所示)

资本公积

资本公积的减少额	资本公积的增加额
	期末余额:资本公积的结余额

图5—6 “资本公积”账户的T形账

3. 资本公积业务的基本分录

(1)当企业收到所有者投入资本,并产生资本溢价(或股本溢价)时,溢价部分记入“资本公积”账户:

借:资产类科目(如:银行存款、固定资产、无形资产等)

　　贷:实收资本

　　　　资本公积——资本溢价(或股本溢价)　　[分录3]

(2)当企业用资本公积转增资本时:

借:资本公积

　　贷:实收资本　　[分录4]

4. 资本公积业务核算举例

例5—6 AB公司收到某投资者李某的货币资金投资60 000元,其中50 000元作为实收资本,另外的10 000元作为资本公积,该笔投资的款项已经存入银行。

解析:这项经济业务的发生,一方面使AB公司的银行存款(资产)增加了60 000元,另一方面接受投资者李某的投资导致AB公司的实收资本(所有者权益)增加了50 000元,资本公积——资本溢价(所有者权益)增加了10 000元。因此,会计分录为:

借:银行存款　　60 000

　　贷:实收资本——李某　　50 000

　　　　资本公积——资本溢价　　10 000

例5—7 AB公司股东大会批准,将公司的资本公积50 000元转增资本。

解析:这项经济业务的发生,一方面使AB公司的资本公积(所有者权益)减少了50 000元,另一方面使AB公司的实收资本(所有者权益)增加了50 000元。因此,会计分录为:

借:资本公积　　50 000

　　贷:实收资本　　50 000

三、负债资金筹集业务的核算

若想企业正常生产经营,首先一定要有资金,这笔资金一方面可以由投资者投入企业,它构成企业的投入资本;另一方面企业为了取得生产经营所需的资金、商品或者劳务等而向银行借入借款或者向其他单位赊购材料、商品时,就形成了企业和这些主体之间的债务关系,这种债务关系是资金筹集的另一种渠道,称为负债资金筹集,也称借入资金。负债资金筹集主要通过企业发行债券,向银行借款,赊购原材料、商品或者劳务等方式来筹集资金,即企业吸收债权人的投资。债权人投资的主要形式是货币资金,债权人投资后拥有要求企业按照规定的期限、规定的利率偿还本金和利息的权利。对于企业主体而言,这部分资金就形成了企业的负债。

按照债务资金的内容和偿还期限的长短，负债分为流动负债和非流动负债。其中流动负债一般是企业为了筹集生产经营所需的周转资金而发生的，主要是指偿还期间在1年以内（包括1年）的负债，如短期借款、应付账款、应付票据、预收账款、应付职工薪酬、应交税费、一年内到期的其他流动负债等；而非流动负债一般是企业为了筹集工程建设款等资金而发生的，主要是指偿还期限在1年以上的负债，如长期借款、应付债券、长期应付款等。本节主要介绍负债资金筹集业务中比较常用的短期借款和长期借款两个业务的核算。

（一）短期借款业务的核算

1. 短期借款的含义和主要内容

短期借款是指企业为维持正常的生产经营所需的资金或为抵偿某项债务而向银行或其他金融机构等外单位借入的、还款期限在1年以内（含1年）的各种借款。工业企业的短期借款主要有经营周转借款、临时借款、结算借款、票据贴现借款等。

对短期借款的核算主要包括三个方面的内容：第一，取得借款的核算（企业从银行或其他金融机构借入款项时，应签订借款合同，注明借款金额、借款利率和还款时间等）；第二，借款利息的核算；第三，归还借款的核算。工业企业从银行或其他金融机构取得的短期借款一般期限不长，通常在取得借款日，按取得的金额入账。短期借款利息支出，是企业为了筹集资金而发生的耗费，应当作为一项财务费用计入当期损益。由于利息支付的方式不同，其会计核算也存在一定的差异。若短期借款的利息按月计收，或还本付息一次进行，但利息数额不大，利息费用可直接计入当期损益；若短期借款的利息按季（或半年）计收，或还本付息一次进行，但利息数额较大，则可采用按月预提的方式进行。

2. 短期借款核算相关账户的设置

（1）“短期借款”账户设置

①“短期借款”账户核算内容

该账户属于负债类账户，其贷方登记借入资金的增加额，反映企业从银行等金融机构实际借入的款项；借方登记借入资金的减少额，反映企业偿还借款的实际金额；期末余额在该账户的贷方，反映企业尚未偿还的短期借款的本金数额。

该账户应按照债权人设置明细账，并按借款的种类进行明细分类核算。

②“短期借款”账户的T形账结构（如图5—7所示）

短期借款	
短期借款的减少额（偿还）	短期借款的增加额（取得）
	期末余额：短期借款的结余额

图5—7 “短期借款”账户的T形账

（2）“财务费用”账户设置

①“财务费用”账户核算内容

该账户属于损益类账户，用来核算企业发生的筹资费用，包括利息支出（减利息收入）、汇兑差额以及相关的手续费、企业发生的现金折扣或收到的现金折扣等（为购建或生产满足资本化条件的资产发生的应予资本化借款费用，在“在建工程”等账户核算，不在本账户核算）。

该账户的借方登记财务费用的增加额，反映企业发生的财务费用；贷方登记财务费用的减少额，反映发生的应冲减财务费用的利息收入、汇兑差额、现金折扣等金额；期末应将本账户余额转入“本年利润”账户，结转后本账户应无余额。

②“财务费用”账户的T形账结构（如图5—8所示）

财务费用

发生的财务费用： 支出的利息、手续费、汇兑损失	冲减的财务费用：收入的利息、汇兑收益 期末转入“本年利润”账户的财务费用额

图5—8 “财务费用”账户的T形账

（3）“应付利息”账户设置

①“应付利息”账户核算内容

该账户属于负债类账户，用来核算企业按照合同约定应支付的利息，包括吸收存款、分期付息到期还本的长期借款、企业债券等应支付的利息。

该账户的贷方登记应付利息的增加额，反映企业按照合同的约定应该支付的利息数额；借方登记应付利息的减少额，反映企业实际支付利息的数额；期末余额在该账户的贷方，反映企业按照合同约定应支付但尚未支付的利息。

该账户应按照债权人设置明细账，进行明细分类核算。

②“应付利息”账户的T形账结构（如图5—9所示）

应付利息

应付利息的减少额（支付）	应付利息的增加额（预提）
期末余额：多支付的利息	期末余额：已预提未支付的利息

图5—9 “应付利息”账户的T形账

3. 短期借款业务的基本分录

（1）当企业向银行借入短期借款本金时：

借：银行存款

　　贷：短期借款　　　　[分录5]

（2）当企业预提短期借款利息时：

借：财务费用

　　贷：应付利息　　　　[分录6]

（3）当企业归还短期借款利息时：

借：应付利息

　　贷：银行存款　　　　[分录7]

（4）当企业归还短期借款本金时：

借：短期借款

　　贷：银行存款　　　　[分录8]

4. 短期借款业务核算举例

例5—8 2014年7月1日，AB公司因周转需要向工商银行借入期限为6个月的生产周转借款1 000 000元，款项已经存入银行。

解析：这项经济业务的发生，一方面使AB公司的银行存款（资产）增加了1 000 000元，另一方面使AB公司向银行取得的短期借款（负债）增加了1 000 000元。因此，会计分录为：

借：银行存款　　1 000 000

　贷：短期借款　　1 000 000

例5—9　承例5—8，AB公司向工商银行借入的1 000 000元临时周转资金的年利率为12%，利息按季度结算，7月31日，经计算，第一个月末应计提的利息为10 000元。

解析：企业应支付的短期借款利息一般是集中与银行进行结算，可以分期支付，也可以在借款到期时一次支付，但利息费用应该按照权责发生制的原则由使用该笔借款的所有月份共同负担，因此，企业在平时没有支付利息的情况下也应该提取各月应负担的利息费用并记入“财务费用”账户。

这项经济业务的发生，一方面使AB公司向银行借款在7月份产生的财务费用（损益）增加了10 000元（1 000 000×12%÷12），另一方面使AB公司的应付利息（负债）增加了10 000元。因此，在7月31日，应编制的会计分录为：

借：财务费用　　10 000

　贷：应付利息　　10 000

例5—10　承例5—8，AB公司向工商银行借入的短期借款年利率为12%，利息按季度结算。第一个季度末（2014年9月30日）公司用银行存款30 000元支付该季度的借款利息30 000元。（该季度第二个月和第三个月的利息计算和处理方法与第一个月相同，此处略。）

解析：这项经济业务的发生，一方面使AB公司在7、8两个月份已经预提的应付利息（负债）减少了20 000元（10 000×2），另有10 000元尚未预提，直接确认为本月财务费用（损益）；另一方面AB公司因支付借款利息使银行存款（资产）减少了30 000元。因此，会计分录为：

借：应付利息　　20 000

　　财务费用　　10 000

　贷：银行存款　　30 000

例5—11　承例5—8，2014年12月31日，AB公司向银行借入6个月期限的短期借款已经到期，原借款本金为1 000 000元，借款年利率为12%，经计算每月利息均为10 000元，按季度支付利息。本金和剩余利息全部以银行存款支付。

解析：这项经济业务的发生，一方面使AB公司的短期借款（负债）减少了1 000 000元，同时使得AB公司在10、11两个月份已经预提的应付利息（负债）减少了20 000元（10 000×2），另有10 000元在12月份尚未预提，应确认为本月财务费用（损益）；另一方面AB公司因支付借款本息使银行存款（资产）减少了1 030 000元（1 000 000+10 000×3）。因此，会计分录为：

借：短期借款　　1 000 000

　　应付利息　　20 000

　　财务费用　　10 000

　贷：银行存款　　1 030 000

（二）长期借款业务的核算

1. 长期借款的含义和主要内容

（1）长期借款的含义

长期借款是指企业向银行或其他金融机构借入的期限在1年以上(不含1年)或超过1年的一个营业周期以上的各项借款。

(2)长期借款的分类

①根据借入的币种不同,企业借入的长期借款可以是人民币长期借款,也可以是外币长期借款。

②企业借入长期借款一般具有战略性用途,根据借入的用途不同,企业借入的长期借款可分为为固定资产投资借款、更新改造借款、科技开发和新产品试制借款等。

③根据取得长期借款的机构不同,企业借入长期借款可以是政策性银行借款、商业银行借款等,除此之外,企业也可以从信托投资公司取得实物或货币形式的信托投资贷款,从财务公司取得各种中长期贷款等。

④企业借入的长期借款由于金额比较大,借款时间比较长,因此一般需要一定的信用或担保、抵押等,又称为信用贷款和抵押贷款。(信用贷款是指不需要企业提供抵押品,仅凭其信用或担保人信誉而发放的贷款;抵押贷款是指要求企业以抵押品作为担保的贷款。长期贷款的抵押品常常是房屋、建筑物、机器设备、股票、债券等。)

⑤根据借款方式不同,企业借入的长期借款主要有两种方式:一是将借款存入银行,由银行监督随时提取;二是由银行核定一个借款限额,在限额内随用随借。

⑥根据借款本息偿付的方式不同,企业长期借款的偿还可以是分期付息到期还本,也可以是到期一次还本付息,还可以是分期还本付息。

为了简化核算,本教材主要介绍企业长期借款限定于:企业为建设固定资产而从商业银行借入的货币资金形式的不存在担保和抵押的到期一次偿还本息的长期借款。

(3)企业申请长期借款的借款程序

企业提出借款申请,并附资金使用的可行性报告;银行或其他金融机构审批;签订借款合同;发放贷款、监督贷款的使用;按期归还贷款本息。

(4)长期借款的特点

长期借款具有筹资迅速、借款弹性大、成本低、发挥财务杠杆作用、易于企业保守财务秘密等优点;同时,长期借款也存在诸如筹资风险大、使用限制多、筹资数量有限等缺点。

2. 长期借款核算相关账户的设置

(1)“长期借款”账户设置

①“长期借款”账户核算内容

该账户属于负债类账户,其贷方登记借款的增加额,反映企业从银行等金融机构实际借入的本金及利息的金额;借方登记借款的减少额,反映企业偿还借款的本金和利息的实际金额;期末余额在该账户的贷方,反映企业尚未偿还的长期借款的本金和利息的金额。

该账户应按照债权人设置明细账,并按借款的种类进行明细分类核算。

②“长期借款”账户的T形账结构(如图5—10所示)

长期借款	
长期借款的减少额(偿还)	长期借款的增加额(取得和未付利息)
	期末余额:尚未偿还长期借款的本息合计

图5—10 “长期借款”账户的T形账

(2)“在建工程”账户设置

①“在建工程”账户核算内容

该账户属于资产类账户，用来核算企业基建、技改等在建工程发生的价值，以及企业发生的满足固定资产准则规定确认条件的更新改造支出等固定资产后续支出。

该账户的借方登记在建工程的增加额，反映企业在基建、改造过程中发生的材料费用、人工费用、利息费用以及其他可以资本化计入工程成本支出；贷方登记在建工程的减少额，反映工程完工转入固定资产的实际成本；期末余额在该账户的借方，反映企业尚未完工的在建工程价值。

该账户应按“建筑工程”“安装工程”“在安装设备”“待摊支出”以及单项工程等进行明细核算。

②“在建工程”账户的T形账结构(如图5—11所示)

在建工程

建造、安装过程中的全部支出	结转完工工程的实际成本
期末余额：未完工的工程(在建工程)的成本	

图5—11　“在建工程”账户的T形账

3. 长期借款业务的基本分录

(1)当企业向银行借入长期借款本金时：

借：银行存款

　　贷：长期借款——本金　　　　[分录9]

(2)当企业计提长期借款利息时：

借：在建工程(可以资本化的利息费用)

　　财务费用(不可以资本化的利息费用)

　　贷：长期借款——应计利息　　　　[分录10]

(3)当企业归还长期借款本金和利息时：

借：长期借款——本金

　　　　——应计利息

　　贷：银行存款　　　　[分录11]

4. 长期借款业务核算举例

例5—12　2015年1月1日，AB公司为构建一条生产线，向建设银行借入2年期的借款2 000 000元，款项已经存入企业账户。公司当即将该笔借款投入到生产线的构建过程中。

解析：这项经济业务的发生，一方面使AB公司的银行存款(资产)增加了2 000 000元，另一方面使AB公司向银行取得的长期借款——本金(负债)增加了2 000 000元。因此，会计分录为：

借：银行存款　　　　2 000 000

　　贷：长期借款——本金　　　　2 000 000

例5—13　承例5—12，AB公司向建设银行借入的长期借款的年利率为10%，合同规定到期一次还本付息，单利计息。经计算，第一年公司应负担的利息为200 000元。

解析：企业从银行借入的长期借款所支付的利息，一般采用按季结算的办法，也有到期一次还本付息的办法。如果采用到期一次还本付息，可以按年计提利息，并根据该笔借款使用的具体情况予以费用化计入当月“财务费用”或予以资本化计入在建工程的成本。对于借款利息支出较大的企业，可以按月计算利息并根据该笔借款使用的具体情况予以费用化或资本化。另外，对于到期一次还本付息的情况，借款本金和借款利息均应记入“长期借款”账户。

这项经济业务的发生，一方面使AB公司第一年的借款利息费用增加了200 000元（2 000 000×10%），由于该笔借款在借入时当即投入到建设工程中，因此应该予以资本化，计入在建工程（资产）成本中；另一方面由于AB公司是到期一次还本付息，所以第一年年末公司欠银行的利息增加了20 000元，应计入长期借款——应计利息（负债）。因此，会计分录为：

借：在建工程　　200 000
　　贷：长期借款——应计利息　　200 000

例5—14　承例5—13，第二年年末向建设银行借入为期2年的长期借款到期，AB公司以银行存款全部偿还该笔借款的本金和利息。

解析：这项经济业务的发生，一方面使AB公司的长期借款——本金（负债）减少了2 000 000元，以及第一年已经确认的长期借款——应计利息（负债）减少了200 000元，同时使AB公司在第二年应确认的借款利息应予以资本化，使在建工程（资产）的成本增加了200 000元（2 000 000×10%）；另一方面AB公司因支付借款本息使银行存款（资产）减少了2 400 000元（2 000 000+2 000 000×10%×2）。因此，会计分录为：

借：长期借款——本金　　2 000 000
　　　　　　——应计利息　　200 000
　　在建工程　　200 000
　　贷：银行存款　　2 400 000

第三节　生产准备阶段经济业务的核算

当企业筹集到生产经营所需要的资金时，为了进行产品生产，企业必须要有一定的储备，企业的生产循环进入生产准备阶段，也称供应阶段，企业的资金循环就进入储备资金阶段。一方面，企业需要购建厂房、建筑物和机器设备等固定资产；另一方面，企业还要采购生产所必备的材料物资。因此，生产准备阶段包括购置固定资产和材料采购两方面的经济业务，虽然固定资产和原材料都是资产，但却具有各自不同的用途和特征，因此会计核算方法也各不相同。

一、购置固定资产业务的核算

（一）固定资产的含义和主要内容

1. 固定资产的含义

《企业会计准则第4号——固定资产》对固定资产给出了如下定义：固定资产，是指同时具有下列特征的有形资产：为生产商品、提供劳务、出租或经营管理而持有的；使用寿命超过一个会计年度。这里所谓的使用寿命，是指企业使用固定资产的预计期间，或者该固定资产所能生产产品或提供劳务的数量。如果固定资产的各组成部分具有不同使用寿命或者以不同方式为企业提供经济利益，适用不同折旧率或折旧方法的，应当分别将各组成部分确认为单项固定资产。

2. 固定资产的特征

从定义可以看出固定资产区别于其他资产的主要特征是：

(1)固定资产属于有形资产。一般情况下，除了无形资产、应收账款、应收票据、其他应收款等资产外，资产都具有实物形态，而对于固定资产来说，这一特征则更为明显。例如，固定资产一般表现为房屋建筑物、机器、机械、运输工具以及其他与生产经营有关的设备、器具、工具等。也就是说，固定资产具有实物形态，可以看得见、摸得着。理解固定资产的这一特征，有利于将其与无形资产、应收账款、应收票据、其他应收款等资产区别开来。

(2)固定资产是指为了生产商品、提供劳务、出租或经营管理而持有的资产。企业使用固定资产所带来的经济利益，具体可表现为通过固定资产作用于商品生产、劳务提供过程并具体表现为产成品或劳务等形式，最终通过销售实现其经济利益的流入；或者通过把固定资产出租给他人，企业以收取租金的形式实现经济利益的流入；或者通过在企业的生产经营管理中使用固定资产，并最终改进生产经营过程，降低生产经营成本等来为企业带来经济利益。这一特征表明，企业持有固定资产的主要目的是为了生产商品、提供劳务、出租或经营管理，而不是为了出售，从而将其与企业所持有的存货区别开。

(3)固定资产的使用年限超过1年。固定资产的使用年限至少超过1年或大于1年的一个生产经营周期，而且最终要将其废弃或重置。这一特征说明，企业为了获得固定资产并把它投入生产经营活动所发生的支出，属于资本性支出而不是收益性支出，从而将其与流动资产区别开。

(4)固定资产的单位价值较高。这一特征可以把固定资产与低值易耗品、包装物等存货区别开。

3. 固定资产的确认条件

所谓确认，是指将某个项目作为一项资产、负债、所有者权益、收入、费用和利润等正式地列入资产负债表、利润表的过程。它包括用文字和数字描述某个项目，确认了的项目金额包括在资产负债表、利润表总计之中。也就是说，对于某项涉及会计要素的经济业务，如果按照一定的方法把它记录下来，就是予以确认；如果不把它记录下来，就是不予以确认。

对于一项资产的确认，不仅要记录该项资产的取得或发生，还要记录其后发生的变动。

所以，固定资产的确认，也就是将符合固定资产确认条件的项目，作为企业的固定资产加以记录并将其列入资产负债表的过程。

固定资产需要同时满足下列条件的，才能予以确认：与该固定资产有关的经济利益很可能流入企业；该固定资产的成本能够可靠地计量。

(注：这一条件中的“很可能”，是指发生的可能性为“大于50%但小于或等于95%”。)

4. 企业取得固定资产入账价值的确定

固定资产的成本，是指企业购建某项固定资产达到预定可使用状态前所发生的一切合理、必要的支出。这些支出包括直接发生的价款、运杂费、包装费和安装成本等，也包括间接发生的，如应承担的借款利息等。

对于企业通过不同渠道取得的固定资产，如外购固定资产、自行建造固定资产等，其初始入账价值的确定有所不同，本节将分别予以介绍。

(1)外购固定资产

企业外购固定资产的成本，包括购买价款、相关税费、使固定资产达到预定可使用状态前所发生的可归属于该项资产的运输费、装卸费、安装费和专业人员服务费等。外购固定资产分为购入不需要安装的固定资产和需要安装的固定资产两类。

(2)自行建造固定资产

自行建造固定资产，按建造该项资产达到预定可使用状态前所发生的必要支出，作为入账价值。其中，"建造该项资产达到预定可使用状态前所发生的必要支出"，包括工程用物资成本、人工成本、相关税费、应予资本化的借款费用以及应分摊的间接费用等。企业自行建造固定资产包括自营建造和出包建造两种方式，本节主要介绍自营建造的固定资产初始入账。

(二)固定资产核算相关账户的设置

1."工程物资"账户设置

(1)"工程物资"账户核算内容

该账户属于资产类账户，用来核算企业为在建工程准备的各种物资的价值，包括工程用材料、尚未安装的设备以及为生产准备的工器具等。

该账户的借方登记工程物资的增加额，反映企业购入为工程准备的物资金额；贷方登记工程物资的减少额，反映企业领用工程物资的金额；期末余额在该账户的借方，反映企业为在建工程准备的各种物资的价值。

该账户应按照"专用材料""专用设备""工器具"等设置明细账，进行明细分类核算。

(2)"工程物资"账户的T形账结构(如图5—12所示)

工程物资

工程物资的增加额(购入)	工程物资的减少额(领用)
期末余额：工程物资的实有额	

图5—12 "工程物资"账户的T形账

2."固定资产"账户设置

(1)"固定资产"账户核算内容

该账户属于资产类账户，用来核算企业持有固定资产的原价，以及下列满足固定资产确认条件的资产，如企业(航空)的高价周转件，企业以经营租赁方式租入的固定资产发生的改良支出，企业(建造承包商)为保证施工和管理的正常进行而购建的各种临时设施，企业购置计算机硬件所附带的、未单独计价的软件，与所购置的计算机硬件一并作为固定资产，企业为开发新产品、新技术购置的符合固定资产定义和确认条件的设备。

该账户的借方登记固定资产的增加额，反映企业购入不需要安装的固定资产、需要安装而安装完工转入的在建工程价值、自行建造完成的固定资产、融资租入的固定资产、以其他方式取得的固定资产等的实际入账金额；贷方登记固定资产的减少额，反映处置固定资产的金额；期末余额在该账户的借方，反映企业现存固定资产的实际数额。

该账户应按照固定资产类别和项目设置明细账，进行明细分类核算。

(2)"固定资产"账户的T形账结构(如图5—13所示)

固定资产	
固定资产原值增加额	固定资产原值减少额
期末余额：固定资产原值的实有额	

图 5—13　“固定资产”账户的 T 形账

3.“在建工程”账户设置(本章第二节已经介绍，在此略)

4.“应交税费”账户设置

(1)“应交税费”账户核算内容

该账户属于负债类账户，用来核算企业按照税法规定计算应缴纳的各种税费，包括增值税、消费税、营业税、所得税、资源税、土地增值税、城市维护建设税、房产税、土地使用税、车船使用税、教育费附加、矿产资源补偿费、企业代扣代交的个人所得税等。

该账户的贷方登记应交税费的增加额，反映应该缴纳的各种税费金额；借方登记应交税费的减少额，反映实际缴纳各种税费的金额。期末余额若在该账户的贷方，反映企业应交而未交的税费金额；若在该账户的借方，反映企业多交而尚未抵扣的税费金额。

该账户应按照应交税费的税种设置明细账，进行明细分类核算。

(2)“应交税费”账户的 T 形账结构(如图 5—14 所示)

应交税费	
实际缴纳的各种税费	应该缴纳而尚未缴纳的各种税费
期末余额：多交而尚未抵扣的税费	期末余额：尚未缴纳的税费

图 5—14　“应交税费”账户的 T 形账

(三)购置固定资产业务的基本分录

1. 当企业购入不需要安装的固定资产时：

(1)符合增值税进项税额抵扣条件时：

借：固定资产

　　应交税费——应交增值税(进项税额)

　　　贷：银行存款(也可能是其他结算方式，如长期应付款等)　　[分录 12]

(2)不符合增值税进项税额抵扣条件时：

借：固定资产(原值与增值税的合计)

　　　贷：银行存款(也可能是其他结算方式，如长期应付款等)　　[分录 13]

2. 当企业购入需要安装的固定资产时(假设符合增值税进项税额抵扣条件)：

借：在建工程

　　应交税费——应交增值税(进项税额)

　　　贷：银行存款(也可能是其他结算方式，如长期应付款等)　　[分录 14]

(1)工程安装过程中，包括支付工人工资、领用库存材料、用银行存款支付其他费用等时：

借：在建工程

　　　贷：应付职工薪酬(支付安装人员工资时)

　　　　　原材料(领用材料时)

银行存款　　　　［分录15］

(2)工程安装完毕，竣工验收时：

借：固定资产

　　贷：在建工程　　　　［分录16］

3. 当企业自行建造固定资产，购买工程物资时(假设符合增值税进项税额抵扣条件)：

借：工程物资

　　应交税费——应交增值税(进项税额)

　　贷：银行存款　　　　［分录17］

(1)建造过程中，支付工人工资、领用库存工程物资、用银行存款支付其他费用时：

借：在建工程

　　贷：应付职工薪酬

　　　　工程物资

　　　　银行存款　　　　［分录18］

(2)自行建造的固定资产竣工验收，同［分录16］。

(四)购置固定资产业务核算举例

1. 购入不需要安装即可使用的固定资产

例5—15　2014年12月10日，AB公司购入一台不需要安装的设备，买价20 000元，运杂费1 200元，包装费800元，增值税进项税额为3 400元，全部款项均用银行存款支付(假设运费不考虑增值税进项税额抵扣问题)。

解析：这项经济业务的发生，一方面使AB公司的固定资产(资产)增加了22 000元(20 000＋1 200＋800)；应交税费(负债)减少了3 400元(20 000×17%)。另一方面使AB公司的银行存款(资产)减少了25 400元(22 000＋3 400)。因此，会计分录为：

借：固定资产　　　　22 000

　　应交税费——应交增值税(进项税额)　　　　3 400

　　贷：银行存款　　　　25 400

例5—16　2015年1月10日，AB公司购买两辆自用小汽车，价款为800 000元，增值税进项税额为136 000元，款项已经用银行存款支付。

解析：这项经济业务的发生，一方面使AB公司的固定资产(资产)增加了936 000元(800 000＋136 000)，另一方面使AB公司的银行存款(资产)减少了936 000元。因此，会计分录为：

借：固定资产　　　　936 000

　　贷：银行存款　　　　936 000

2. 购入需要安装的固定资产

例5—17　2014年12月31日，AB公司购入一台需要安装的车床，买价50 000元，增值税进项税额为8 500元，款项已经用银行存款支付。

解析：这项经济业务的发生，一方面使AB公司的在建工程(资产)成本增加了50 000元，应交税费(负债)减少了8 500元；另一方面使AB公司的银行存款(资产)减少了58 500元(50 000＋8 500)。因此，会计分录为：

借：在建工程　　50 000
　应交税费——应交增值税(进项税额)　　8 500
　贷：银行存款　　58 500

例 5—18　承例 5—17，AB 公司购买的车床在安装的过程中发生人工费 2 000 元，以银行存款支付。

解析：这项经济业务的发生，一方面使 AB 公司的在建工程(资产)成本增加了 2 000 元，另一方面使 AB 公司的银行存款(资产)减少了 2 000 元。因此，会计分录为：

借：在建工程　　2 000
　贷：银行存款　　2 000

例 5—19　承例 5—18，AB 公司购买的车床安装完毕，验收合格投入使用，结转安装工程的成本。

解析：这项经济业务的发生，一方面使 AB 公司的固定资产(资产)增加了 52 000 元(50 000+2 000)，另一方面使 AB 公司的在建工程(资产)成本减少了 52 000 元。因此，会计分录为：

借：固定资产　　52 000
　贷：在建工程　　52 000

3. 自行建造(自营)的固定资产

例 5—20　2015 年 1 月 28 日，AB 公司购买一批工程物资，准备自营建造一台机器设备，该批工程物资的成本为 100 000 元，增值税进项税额为 17 000 元，款项已用银行存款支付。

解析：这项经济业务的发生，一方面使 AB 公司的工程物资(资产)增加了 100 000 元，应交税费(负债)减少了 17 000 元；另一方面使 AB 公司的银行存款(资产)减少了 117 000 元(100 000+17 000)。因此，会计分录为：

借：工程物资　　100 000
　应交税费——应交增值税(进项税额)　　17 000
　贷：银行存款　　117 000

例 5—21　承例 5—20，AB 公司开始自营建造该机器设备，并领用之前购买的工程物资 80 000 元。

解析：这项经济业务的发生，一方面使 AB 公司的在建工程(资产)增加了 80 000 元，另一方面使 AB 公司的工程物资(资产)减少了 80 000 元。因此，会计分录为：

借：在建工程　　80 000
　贷：工程物资　　80 000

例 5—22　承例 5—21，AB 公司在建造该机器设备的过程中，应付工程人员工资 20 000 元，尚未支付。

解析：这项经济业务的发生，一方面使 AB 公司的在建工程(资产)成本增加了 20 000 元，另一方面使 AB 公司的应付职工薪酬(负债)增加了 20 000 元。因此，会计分录为：

借：在建工程　　20 000
　贷：应付职工薪酬　　20 000

例 5—23　承例 5—22，经过 3 个月，AB 公司自营建造的机器设备完工，达到预定可使用状态，结转该机器设备的成本。

解析：这项经济业务的发生，一方面使AB公司的固定资产（资产）增加了100 000元（80 000+20 000），另一方面使AB公司的在建工程（资产）成本减少了100 000元。因此，会计分录为：

借：固定资产　　100 000

　　贷：在建工程　　100 000

例5—24　承例5—23，AB公司自营建造的机器设备完工后，公司将之前购买专用于该机器设备建造所剩余的价值20 000元的工程物资转为原材料进行保管，材料已经验收入库。

解析：这项经济业务的发生，一方面使AB公司的原材料（资产）增加了20 000元（100 000－80 000），另一方面使AB公司的工程物资（资产）减少了20 000元。因此，会计分录为：

借：原材料　　20 000

　　贷：工程物资　　20 000

知识拓展5—1　增值税相关知识

1. 增值税的含义

增值税，是指以商品（含应税劳务）在流转过程中产生的增值额作为计税依据而征收的一种流转税。从计税原理上说，增值税是对商品生产、流通、劳务中多个环节的新增价值或商品的附加值征收的一种流转税。实行价外税，也就是由消费者负担，有增值才征税，没有增值不征税。

2. 增值税的征税范围

增值税的征税范围包括对销售货物或者提供加工、修理修配劳务以及进口货物的单位和个人就其实现的增值额征收。

3. 增值税的计算方法

我国采用国际上普遍采用的税款抵扣的办法。即根据销售商品或提供劳务的销售额，按规定的税率计算出销项税额，然后扣除取得该商品或劳务时所支付的进项税额，其差额就是增值部分应交的税额。《中华人民共和国增值税暂行条例》将纳税人按其经营规模大小以及会计核算是否健全划分为一般纳税人和小规模纳税人。

(1)一般纳税人

所谓的一般纳税人，是指生产货物或者提供应税劳务的纳税人，以及以生产货物或者提供应税劳务为主（即纳税人的货物生产或者提供应税劳务的年销售额占应税销售额的比重在50%以上）并兼营货物批发或者零售的纳税人，年应税销售额超过50万元的，或从事货物批发或者零售经营，年应税销售额超过80万元的。

一般纳税人适用的税率有17%、13%、11%、6%、0等。一般情况下，销售货物或者提供加工、修理修配劳务以及进口货物、提供有形动产租赁服务均适用17%税率。（其余税率介绍略）

计算公式为：

应纳税额＝当期销项税额－当期进项税额

销项税额＝销售额×税率

销售额＝含税销售额÷(1＋税率)

其中，销项税额是指纳税人提供应税服务按照销售额和增值税税率计算的增值税税额。

进项税额是指纳税人购进货物或者接受加工修理修配劳务和应税服务，支付或者负担的增值税税额。

例 5—拓展 1　某公司本月购买甲产品支付货款 10 000 元，增值税进项税额 1 700 元，取得增值税专用发票。销售甲产品含税销售额为 23 400 元。

进项税额＝1 700(元)

销项税额＝23 400÷(1＋17%)×17%＝3 400(元)

应纳税额＝3 400－1 700＝1 700(元)

因此，该公司本月应该缴纳的增值税税额为 1 700 元，而不是根据销售额计算的 3 400 元。由此可见，按照商品的增值额征收增值税有利于贯彻公平税负、减轻企业负担。

(2)小规模纳税人

所谓的小规模纳税人，是指从事货物生产或者提供应税劳务的纳税人，以及从事货物生产或者提供应税劳务为主(即纳税人的货物生产或者提供劳务的年销售额占年应税销售额的比重在 50%以上)，并兼营货物批发或者零售的纳税人，年应征增值税销售额(简称应税销售额)在 50 万元以下(含本数)的，以及除上述规定以外的纳税人，年应税销售额在 80 万元以下(含本数)的。

小规模纳税人适用征收率为 3%。其计算公式为：

应纳税额＝销售额×征收率

销售额＝含税销售额÷(1＋征收率)

4. 增值税的申报

增值税纳税申报时间与主管国税机关核定的纳税期限是相联系的。增值税的纳税期限分别为 1 日、3 日、5 日、10 日、15 日、1 个月或者一个季度。以 1 个月或者 1 个季度为一个纳税期的纳税人，自期满之日起 15 日内申报纳税；以 1 日、3 日、5 日、10 日或 15 日为一个纳税期的纳税人，自期满之日起 5 日内预缴税款，次月 1 至 15 日申报并结清上月应纳税款。以一个季度为纳税期限的规定仅适用于小规模纳税人。增值税固定业户向机构所在地税务机关申报纳税，增值税非固定业户向销售地税务机关申报纳税。

知识拓展 5—2　固定资产增值税进项税额抵扣处理

为了消除重复征税、降低企业设备投资税收负担、鼓励企业技术进步和促进企业产业结构调整，2008 年 11 月 5 日修订后的《中华人民共和国增值税暂行条例》(以下简称《增值税暂行条例》)规定纳税人允许抵扣的固定资产进项税额，是指纳税人 2009 年 1 月 1 日以后实际发生，并取得 2009 年 1 月 1 日以后开具的增值税扣税凭证上注明的或者依据增值税扣税凭证计算的增值税税额。

财税〔2009〕113 号进一步明确，以建筑物或者构筑物为载体的附属设备和配套设施，无论在会计处理上是否单独记账与核算，均应作为建筑物或者构筑物的组成部分，其进项税额不得在销项税额中抵扣。附属设备和配套设施是指给排水、采暖、卫生、通风、照明、通信、煤气、消防、中央空调、电梯、电气、智能化楼宇设备和配套设施。

因此，在企业计算缴纳增值税时，允许扣除《增值税暂行条例》中规定的 2009 年 1 月 1 日以后购建的机器设备等所含的增值税，但是建筑物及组成部分、与技术改造更新无关且容易混为个人消费的自用消费品(如游艇、小汽车)等所含的增值税进项税额不得予以抵扣。

二、材料采购业务的核算

材料采购业务是企业在供应阶段发生的主要经济业务。在材料采购的过程中,一方面企业要采购各种材料物资以供生产使用;另一方面企业要支付购买材料价款和相关采购费用。购买材料所支付的价款和相关采购费用为最终外购材料的成本。另外,在材料采购的过程中,有时企业还需要支付增值税,对于一般纳税人企业,支付的增值税要单独核算。同时,如果材料采购的过程中发生了物资短缺、毁损等,属于运输途中合理损耗的部分,可以直接计入材料的采购成本;不属于运输途中合理损耗的部分,要追究相关责任人的责任,并从相关责任人处收回赔偿,进行相关处理。

按照我国《企业会计准则》的规定,在实际会计核算工作的过程中,企业的原材料可以按照实际成本进行计价组织收、发的核算,也可以按照计划成本进行计价组织收、发的核算,具体采用哪种方法,由企业根据具体情况自行决定,方法一经确定,不得随意变更。

(一)原材料按实际成本法计价的核算

原材料按实际成本计价的特点是:从原材料的收发凭证到其明细分类账和总分类账全部按实际成本计价。原材料按实际成本计价的核算也称为实际成本法。实际成本法一般适用于规模较小、原材料的种类不是很多,并且原材料的收、发业务不是非常频繁的企业。

1. 原材料的含义和主要内容

(1)原材料的含义

原材料是指企业在生产过程中经加工改变其形态或性质并构成产品主要实体的各种原料及主要材料、辅助材料、燃料、修理备用件、包装材料、外购半成品等。

(2)原材料的种类

原材料是企业存货的重要组成部分,其品种、规格较多,为加强对原材料的管理和核算,需要对其进行科学的分类。

①按原材料的使用用途,可以分为原材料及主要材料、辅助材料、外购半成品、修理用备件、包装材料、燃料。

②按其存放地点,可以分为在途物资、库存材料和委托加工物资。

(3)企业取得原材料入账价值的确定

按照《企业会计准则第1号——存货》中关于存货的初始入账成本的规定:存货应当按照成本进行初始计量。存货成本包括采购成本、加工成本和其他成本。其中,存货的采购成本,包括购买价款、相关税费、运输费、装卸费、保险费以及其他可归属于存货采购成本的费用。作为工业企业生产经营过程中一种非常重要的存货,企业取得原材料时的价值,即原材料初始入账价值的确定是非常重要的。原材料按照实际成本进行计价,其初始入账价值的确定与原材料取得的方法密切相关,取得的方法不同,原材料的成本也随之不同。

对于购入的原材料,其采购成本一般由买价和采购费用两部分项目构成,即:

原材料采购成本=买价+采购费用

其具体内容包括:

①购买价款。即企业购入原材料时采购发票上所注明的货款金额。

②运杂费。包括运输费、装卸费、保险费、包装费、仓储费等，不包括属于增值税一般纳税人的企业按规定根据运输费的一定比例计算的可抵扣的增值税税额。

③运输途中的合理损耗。

④入库前的挑选整理费用。包括挑选整理中发生的工、费支出和必要的损耗，并减去回收的下脚废料价值。

⑤购入物资负担的税金（如关税等）和其他费用。属于增值税一般纳税人的企业，购入材料需支付的增值税进项税额，应单独核算，不包括在购入材料成本中。小规模纳税人和购入材料不能取得增值税专用发票的小企业，购入材料支付的不可抵扣的增值税进项税额，计入所购材料的成本。

以上第①项应当直接计入各种材料的实际成本。第②、③、④、⑤项，凡能分清的，应直接计入各种材料的实际成本；不能分清的，应按材料的重量或买价等比例，合理分摊计入各种材料的实际成本。

2. 原材料采购业务核算相关账户的设置

(1)“在途物资”账户设置

①“在途物资”账户核算内容

该账户属于资产类账户，用来核算企业采用实际成本进行材料、商品等物资的日常核算，已经购入尚未验收入库的各种物资（即在途物资）的采购成本。（注：企业对于购入的原材料，无论是否付款，只要能够确认已经购入，一般都记入“在途物资”账户，待原材料运抵企业验收入库结转成本时，再将其转入“原材料”账户。）

该账户的借方登记在途物资的增加额，反映企业已经购入但尚未验收入库的商品或原材料的实际价款；贷方登记在途物资的减少额，反映企业购入的商品或者原材料入库结算的实际金额；期末余额在该账户的借方，反映企业已经购入尚在运输途中未办理入库手续的商品或者原材料的实际金额。

该账户应按照供应单位和物资品种设置明细账，进行明细分类核算。

②“在途物资”账户的T形账结构（如图5—15所示）

在途物资

购入材料的采购成本（增加额）	已经验收入库材料的采购成本（减少额）
期末余额：企业正在运输途中尚未验收入库的材料的采购成本	

图5—15 “在途物资”账户的T形账

(2)“原材料”账户设置

①“原材料”账户核算内容

该账户属于资产类账户，用来核算企业库存的各种材料，包括原料及主要材料、辅助材料、外购半成品（外购件）、修理用备件（备品备件）、包装材料、燃料等的实际成本。

该账户的借方登记原材料的增加额，反映购入并已验收入库的原材料、自制并已验收入库的原材料、委托外单位加工完成并已验收入库的原材料、以其他方式增加的材料等的实际成本；贷方登记原材料的减少额，反映生产经营领用材料、结转出售材料等的实际成本；期末余额在该账户的借方，反映企业库存材料的实际成本。

该账户应按照材料的保管地点(仓库)、类别、品种和规格设置明细账,进行明细分类核算。

②"原材料"账户的T形账结构(如图5—16所示)

原材料

购入、自制等并验收入库的材料的实际成本(增加额)	发出的材料的实际成本(减少额)
期末余额:库存材料的实际成本	

图5—16 "原材料"账户的T形账

(3)"应付账款"账户设置

①"应付账款"账户核算内容

该账户属于负债类账户,用来核算企业因购买材料、商品和接受劳务供应等经营活动应支付的款项。

该账户的贷方登记应付账款的增加额,反映企业购入材料、商品等验收入库尚未支付的款项以及企业接受供应单位提供劳务而发生的应付未付款项等;借方登记应付账款的减少额,反映企业已经清偿的应付账款金额;期末余额在该账户的贷方,反映企业尚未支付应付账款的金额。

该账户应按照不同的债权人设置明细账,进行明细分类核算。

②"应付账款"账户的T形账结构(如图5—17所示)

应付账款

支付给债权人的款项(减少额)	应付而未付给债权人的款项(增加额)
	期末余额:尚未支付的应付账款

图5—17 "应付账款"账户的T形账

(4)"应付票据"账户设置

①"应付票据"账户核算内容

该账户属于负债类账户,用来核算企业购买材料、商品和接受劳务供应等而开出、承兑的商业汇票,包括银行承兑汇票和商业承兑汇票。

该账户的贷方登记应付票据的增加额,反映企业开出、承兑商业汇票或以承兑商业汇票抵付货款及应付账款的金额;借方登记应付票据的减少额,反映票据到期企业承兑或者无力支付而转入应付账款的票面价值;期末余额在该账户的贷方,反映企业尚未到期的商业汇票的票面金额。

企业应当设置"应付票据备查簿",详细登记每一商业汇票的种类、号数和出票日期、到期日、票面余额、交易合同号和收款人姓名或单位名称以及付款日期和金额等资料。应付票据到期结清时,应当在备查簿内逐笔注销。

②"应付票据"账户的T形账结构(如图5—18所示)

应付票据

商业汇票到期实际支付的票款	已经开出、承兑的商业汇票的票面金额
	期末余额:尚未到期的商业汇票的票面金额

图5—18 "应付票据"账户的T形账

(5)“预付账款”账户设置

①“预付账款”账户核算内容

该账户属于资产类账户，用来核算企业按照购货合同规定预付给供应单位的款项。预付款项情况不多的，也可以不设置本账户，将预付的款项直接记入“应付账款”账户的借方。

该账户的借方登记预付账款的增加额，反映企业因购货而预付或者补付的款项；贷方登记预付账款的减少额，反映企业收到所购物资时支付的金额以及退回多付的款项；期末余额在借方时，反映企业预付的款项；期末余额在贷方时，反映企业尚未补付的款项。

该账户应按照供应单位设置明细账，进行明细分类核算。

②“预付账款”账户的T形账结构(如图5—19所示)

预付账款

实际预付的货款 补付的货款	收到已经预付货款的材料金额 退回多付的货款
期末余额：企业预付的款项	期末余额：企业尚未补付的款项

图5—19　“预付账款”账户的T形账

3. 原材料采购业务的基本分录

(1)当企业购入材料的发票账单已经送达企业，且材料已经验收入库时(简称“单到货到”)：

借：原材料

　　应交税费——应交增值税(进项税额)

　　贷：银行存款(也可能是其他结算方式，如应付账款、应付票据、预付账款等)

[分录19]

(2)当企业购入材料的发票账单已经送达企业，材料尚在运输途中时(简称“单到货未到”)：

借：在途物资

　　应交税费——应交增值税(进项税额)

　　贷：银行存款(也可能是其他结算方式，如应付账款、应付票据、预付账款等)

[分录20]

当材料运达企业，验收入库时：

借：原材料

　　贷：在途物资　[分录21]

(3)当企业购入材料已经验收入库，但发票账单尚未送达企业时(简称“货到单未到”)：

首先，材料运达企业验收入库，先不做账务处理；

如果本月采购材料的发票账单可以送达企业，则处理方法同[分录19]；

如果本月末采购材料的发票账单尚未送达企业，则暂估入账：

借：原材料

　　贷：应付账款——暂估应付款　[分录22]

待下月初，用红字冲回上月末的暂估入账金额：

借：原材料

　　贷：应付账款　[分录23]

待采购材料的发票账单送达企业后，处理方法同[分录19]。

4. 原材料采购业务核算举例

(1)单到货到

例 5—25　2015 年 2 月 1 日,AB 公司为组织生产,从 M 公司购入一批甲材料,价款为 50 000元,增值税税额为 8 500 元,全部款项已经用银行存款支付。甲材料已经运达企业并验收入库。

解析:这项经济业务的发生,一方面使 AB 公司的原材料(资产)增加了 50 000 元,增值税可抵扣的进项税额增加了 8 500 元,即应交税费(负债)减少了 8 500 元(50 000×17%);另一方面使 AB 公司的银行存款(资产)减少了 58 500 元(50 000+8 500)。因此,会计分录为:

借:原材料——甲材料	50 000	
应交税费——应交增值税(进项税额)	8 500	
贷:银行存款		58 500

(2)单到货未到

例 5—26　2015 年 2 月 5 日,AB 公司从 N 公司购入下列材料:甲材料 1 000 千克,单价 10 元;乙材料 2 000 千克,单价 5 元,增值税税率为 17%。AB 公司开具已经承兑的商业汇票给 N 公司偿付购买材料的全部价款和税款,材料尚在运输途中。

解析:这项经济业务的发生,一方面使 AB 公司购买的甲、乙两种材料分别增加了 10 000 元(1 000×10)和 10 000 元(2 000×5),但由于甲、乙两种材料尚在运输途中,所以确认为在途物资(资产)的增加;同时,增值税可抵扣的进项税额增加了 3 400 元(10 000×17%+10 000×17%),即应交税费(负债)减少了 3 400 元;另一方面使 AB 公司的应付票据(负债)增加了 23 400元(10 000+10 000+3 400)。因此,会计分录为:

借:在途物资——甲材料	10 000	
——乙材料	10 000	
应交税费——应交增值税(进项税额)	3 400	
贷:应付票据		23 400

例 5—27　承例 5—26,AB 公司另用银行存款支付给运输公司 3 000 元的运输甲、乙材料的运输费,运输费按照甲、乙两种材料的重量进行分配(假设不考虑运费的增值税进项税额)。

解析:这项经济业务的发生,一方面使得 AB 公司购买的甲、乙两种材料的成本分别增加了 1 000 元{3 000×[1 000/(1 000+2 000)]}和 2 000 元{3 000×[2 000÷(1 000+2 000)]},但由于甲、乙两种材料尚在运输途中,所以确认为在途物资(资产)的增加;另一方面由于支付运费,使得 AB 公司银行存款(资产)减少了 3 000 元。因此,会计分录为:

借:在途物资——甲材料	1 000	
——乙材料	2 000	
贷:银行存款		3 000

例 5—28　承例 5—27,AB 公司从 N 公司购入的甲、乙两种材料已经运达企业并验收入库。

解析:这项经济业务的发生,一方面使 AB 公司入库的原材料——甲、乙材料(资产)分别增加了 11 000 元(10 000+1 000)和 12 000 元(10 000+2 000);另一方面使 AB 公司的在途物资——甲、乙材料(资产)分别减少了 11 000 元和 12 000 元。因此,会计分录为:

借：原材料——甲材料　　11 000

　　　　　——乙材料　　12 000

　　贷：在途物资——甲材料　　11 000

　　　　　　　　——乙材料　　12 000

(3)货到单未到

例 5—29　2015 年 2 月 5 日，AB 公司从 K 公司购入一批丙材料，材料已运达企业，但发票账单尚未到达。

解析：这项经济业务的发生，使 AB 公司购入的丙材料增加，但是由于购入丙材料的发票账单还没有送达企业，所以根据企业会计准则的要求，暂不入账。因此，暂不需要进行会计处理，等待发票账单送达企业再入账。

例 5—30　承例 5—29，2015 年 2 月末，AB 公司从 K 公司购入的丙材料的发票账单仍未送达企业，企业对该批丙材料按照估计价格 12 000 元暂估入账。

解析：由于月末 AB 公司从 K 公司购入丙材料的发票账单还没有送达，因此，在月末时只能按估计价格 12 000 元暂估入账。这项经济业务的发生，一方面使 AB 公司的原材料(资产)暂时增加了 12 000 元；另一方面使 AB 公司欠 K 公司的应付账款(负债)也暂时增加了 12 000 元。因此，会计分录为：

借：原材料——丙材料　　12 000

　　贷：应付账款——暂估应付账款　　12 000

例 5—31 承例 5—30，2015 年 3 月 1 日，AB 公司用红字冲销上月末暂估入账的丙材料。

解析：这项经济业务的发生，由于上个月末 AB 公司从 K 公司购入原材料的发票账单没有送达企业，而在上月末以估计价格 12 000 元暂估入账，但是在本月初还要将其用红字冲回。这一方面使 AB 公司的原材料(资产)减少了 12 000 元，另一方面使 AB 公司的应付账款(负债)减少了 12 000 元。因此，会计分录为：

借：原材料——丙材料　　[12 000]

　　贷：应付账款——暂估应付账款　　[12 000]

例 5—32　承例 5—31，2015 年 3 月 20 日，AB 公司从 K 公司购入丙材料的发票账单送达企业，价款为 11 000 元，增值税税额为 1 870 元，全部款项尚未支付。

解析：这项经济业务的发生，一方面使 AB 公司的原材料——丙材料(资产)增加了 11 000 元，增值税可抵扣的进项税额增加了 1 870 元，即应交税费(负债)减少了 1 870 元(11 000×17%)；另一方面使 AB 公司的银行存款(资产)减少了 12 870 元(11 000+1 870)。因此，会计分录为：

借：原材料——丙材料　　11 000

　　应交税费——应交增值税(进项税额)　　1 870

　　贷：应付账款——K 公司　　12 870

例 5—33　承例 5—32，AB 公司用银行存款支付前欠 K 公司的购入丙材料的全部购货款 12 870 元。

解析：这项经济业务的发生，一方面使 AB 公司欠 K 公司的应付账款(负债)减少了 12 870 元；另一方面使 AB 公司的银行存款(资产)减少了 12 870 元。因此，会计分录为：

借:应付账款——K公司　　12 870
　　贷:银行存款　　12 870

(4)预付货款购买原材料

例5—34　2015年2月14日,AB公司预备从H公司购入丁材料,用银行存款预付购货款5 000元,款项已经支付。

解析:这项经济业务的发生,一方面使AB公司给H公司的预付账款(资产)增加了5 000元;另一方面使AB公司的银行存款(资产)减少了5 000元。因此,会计分录为:

借:预付账款——H公司　　5 000
　　贷:银行存款　　5 000

例5—35　承例5—34,2月18日,AB公司从H公司购入丁材料,价款为3 000元,增值税税额为510元,该材料已经验收入库,款项在此前已经预付。

解析:这项经济业务的发生,一方面使AB公司的原材料——丁材料(资产)增加了3 000元,增值税可抵扣的进项税额增加了510元,即应交税费(负债)减少了510元(3 000×17%);另一方面使AB公司的预付账款(资产)减少了3 510元(3 000+510)。因此,会计分录为:

借:原材料——丁材料　　3 000
　　应交税费——应交增值税(进项税额)　　510
　　贷:预付账款——H公司　　3 510

例5—36　承例5—35,2月19日,AB公司收到H公司退回的此前预付给H公司购入丁材料价款的剩余款项。

解析:这项经济业务的发生,一方面由于H公司退回给AB公司多预付的购货款,使AB公司的银行存款(资产)增加了1 490元;另一方面使AB公司的预付账款(资产)减少了1 490元。因此,会计分录为:

借:银行存款　　1 490
　　贷:预付账款——H公司　　1 490

例5—37　承例5—34,假设AB公司从H公司购入丁材料,价款为5 000元,增值税税额为850元,该材料已经验收入库,款项在此前已经预付5 000元。

解析:这项经济业务的发生,一方面使AB公司的原材料——丁材料(资产)增加了5 000元;增值税可抵扣的进项税额增加了850元,即应交税费(负债)减少了850元(5 000×17%);另一方面使AB公司的预付账款(资产)减少了5 850元(5 000+850)。因此,会计分录为:

借:原材料——丁材料　　5 000
　　应交税费——应交增值税(进项税额)　　850
　　贷:预付账款——H公司　　5 850

例5—38　承例5—37,2月19日,AB公司补付从H公司购货所欠剩余款项850元。

解析:这项经济业务的发生,一方面使AB公司应补付给H公司的预付账款(资产)增加了850元(5 850—5 000);另一方面使AB公司的银行存款(资产)减少了850元。因此,会计分录为:

借:预付账款——H公司　　850
　　贷:银行存款　　850

(二)原材料按计划成本法计价的核算

1. 计划成本法的含义和主要内容

(1)计划成本法的含义

计划成本法是指企业原材料的日常收入、发出和结余均按预先制定的计划成本计价,同时另设"材料成本差异"科目,作为实际成本和计划成本联系的纽带,用来登记实际成本和计划成本的差额,月末,再通过对材料成本差异的分摊,将发出原材料的计划成本和结存原材料的计划成本调整为实际成本进行反映的一种核算方法。原材料按计划成本法计价的特点是:原材料的收发凭证按材料的计划成本计价,原材料的总分类账和明细分类账均按计划成本登记。

(2)计划成本法的适用范围

计划成本法一般适用于材料收发业务较多且计划成本资料较为健全、准确的企业,或者在管理上需要分别核算其计划成本和成本差异的,也可采用计划成本法核算。

(3)企业采用计划成本法组织材料收发核算的基本程序

第一步,制定计划单位成本。企业应结合各种原材料的特点、实际采购成本等资料确定原材料的计划单位成本。在制定计划单位成本时,可由企业的采购部门联合财会等有关部门参照同类材料以往实际成本,并根据物价涨幅等相关因素共同研究制定。计划单位成本一经确定,在年度内一般不进行调整,但是当实际成本和计划成本发生重大差异时,应做调整。

第二步,购入原材料的账务处理。平时购入或其他方式取得原材料,按其计划成本和计划成本与实际成本之间的差异额分别在有关账户中进行分类登记。

第三步,发出原材料时的账务处理。平时发出的材料按计划成本核算。

第四步,月末将发出材料的计划成本调整为实际成本。月末再将本月发出材料应负担的差异额进行分摊,随同本月发出材料的计划成本记入有关账户,其目的就在于将不同用途消耗的原材料的计划成本调整为实际成本。

(4)合理的计划成本的制定方法

采用计划成本法,其首要问题是制定好一个合理的计划成本,应从以下两个方面考虑:

①计划成本与实际成本的构成内容相一致。为保持计划成本和实际成本的可比性,以考核财务部门业绩,要求计划成本和实际成本的口径一致,包括买价、运杂费和相关的税金等。

②计划成本应尽可能接近实际。虽然计划成本的高低可通过材料成本差异调整为实际成本,对发生和结存存货的实际成本并无影响,但如果计划成本脱离实际成本太多,则无法随时通过计划成本与实际成本的差异考核采购部门的成果。所以在制定计划成本时,应尽可能使计划成本接近实际成本。

(5)计划成本法的作用

①通过计划价格指导采购,通过分析实际成本与计划成本的差异,控制采购成本。虽然在市场经济下,物资价格波动较大,但从预算管理的角度来讲,计划成本法依然可以发挥其作用。

②简化核算,减少工作量。一个大型企业,材料物资种类繁多、进出货频繁,使用实际成本法核算,即便是借助现有的计算机信息系统进行管理,依然是很麻烦且复杂的,但是采用计划成本法则可以相应简化核算,减少工作量。

2. 材料成本差异确定

(1)材料成本差异的含义

材料成本差异,是指材料的实际成本和计划成本之间的差额。当材料采购的实际成本大于计划成本时，用正数表示，称为超支差；当材料采购的实际成本小于计划成本时，用负数表示，称为节约差。外购材料的材料成本差异，在一定程度上反映材料采购业务的工作质量。

(2)材料成本差异的计算

第一步，计算材料成本差异率。

$$\text{材料成本差异率}=\frac{\text{期初材料成本差异额}+\text{本月入库成本差异额}}{\text{期初原材料计划成本}+\text{本月入库材料计划成本}}\times 100\%$$

$$\text{上月材料成本差异率}=\frac{\text{月初结存材料的成本差异}}{\text{月初结存材料的计划成本}}\times 100\%$$

第二步，计算本月发出材料应负担的成本差异。

$$\text{本月发出材料应负担的成本差异额}=\text{本月发出材料的计划成本}\times\text{材料成本差异率}$$

第三步，计算本月发出材料的实际成本。

$$\text{本月发出材料的实际成本}=\text{本月发出材料的计划成本}\pm\text{本月发出材料应负担的成本差异额}$$

第四步，计算本月结存材料的实际成本。

$$\text{本月结存材料的计划成本}=\text{月初结存材料的计划成本}+\text{本月增加材料的计划成本}-\text{本月发出材料的计划成本}$$

$$\text{本月结存材料应负担的成本差异额}=\text{本月结存材料的计划成本}\times\text{材料成本差异率}$$

$$\text{本月结存材料的实际成本}=\text{本月结存材料的计划成本}\pm\text{本月结存材料应负担的成本差异额}$$

也可以用下面公式直接计算：

$$\text{本月结存材料的实际成本}=\left(\text{月初结存材料的计划成本}+\text{本月增加材料的计划成本}-\text{本月发出材料的计划成本}\right)\times(1+\text{材料成本差异率})$$

3. 材料采购核算相关账户的设置

(1)“材料采购”账户设置

①“材料采购”账户核算内容

该账户属于资产类账户，用来核算企业采用计划成本进行材料日常核算而购入材料的实际采购成本。

该账户的借方登记材料采购的增加额，反映企业因购货而支付的价款和运杂费等款项；贷方登记材料采购的减少额，反映企业实际入库材料的成本；期末余额在借方，反映企业已经收到发票账单，但尚未到达或尚未验收入库的在途材料的采购成本。

该账户应按照供应单位和物资品种设置明细账，进行明细分类核算。

②“材料采购”账户的T形账结构(如图5－20所示)

材料采购

购入材料的采购成本	已验收入库材料的采购成本
期末余额：在途材料的采购成本	

图5－20 “材料采购”账户的T形账

(2)“原材料”账户设置

①“原材料”账户核算内容

该账户属于资产类账户，用来核算企业库存的各种材料，包括原料及主要材料、辅助材料、外购半成品(外购件)、修理用备件(备品备件)、包装材料、燃料等的计划成本。

该账户的借方登记原材料的增加额，反映购入并已验收入库的原材料、自制并已验收入库的原材料、委托外单位加工完成并已验收入库的原材料、以其他方式增加的材料等的计划成本；该账户的贷方登记原材料的减少额，反映生产经营领用材料、结转出售材料等的计划成本；期末余额在该账户的借方，反映企业库存材料的计划成本。

该账户应按照材料的保管地点（仓库）、类别、品种和规格设置明细账，进行明细分类核算。

②“原材料”账户的T形账结构（如图5—21所示）

原材料

借方	贷方
验收入库材料的计划成本	发出材料的计划成本
期末余额：库存材料的计划成本	

图5—21 “原材料”账户的T形账

(3)“材料成本差异”账户设置

①“材料成本差异”账户核算内容

该账户属于资产类账户，用来核算企业各种材料的实际成本与计划成本的差异的增减变动及结余情况。（注：实际成本大于计划成本称为超支；实际成本小于计划成本称为节约。）材料的材料成本差异，在一定程度上反映材料采购业务及生产业务中的工作质量。

该账户的借方登记实际成本大于计划成本的差异额（超支额）；贷方登记实际成本小于计划成本的差异额（节约额）以及已分配的差异额（节约用红字，超支用蓝字）；期末余额若在借方，表示库存材料的实际成本大于计划成本的差异（超支差）；若在贷方，表示库存材料的实际成本小于计划成本的差异（节约差）。

②“材料成本差异”账户的T形账结构（如图5—22所示）

材料成本差异

借方	贷方
入库材料的实际成本大于计划成本的差异（超支差）	入库材料的实际成本小于计划成本的差异（节约差） 结转发出材料负担的差异（超支差用蓝字，节约差用红字）
期末余额：实际成本大于计划成本的差异（超支差）	期末余额：实际成本小于计划成本的差异（节约差）

图5—22 “材料成本差异”账户的T形账

4. 计划成本法核算的基本分录

(1)当企业购入原材料时，按实际成本入账：

借：材料采购

　　应交税费——应交增值税（进项税额）

　　贷：银行存款（也可能是其他结算方式，如应付账款、应付票据、预付账款等）

[分录24]

(2)当企业将购入原材料入库时：

①如果实际成本大于计划成本（超支差）：

借：原材料

　　材料成本差异

　　贷：材料采购　[分录25]

②如果实际成本小于计划成本(节约差):

借:原材料

贷:材料采购

材料成本差异 [分录26]

(3)当企业生产领用原材料时,按照原材料的计划成本:

借:生产成本

贷:原材料 [分录27]

(4)期末,企业结转发出材料应负担的差异额时:

①如果是超支差,用蓝字记账:

借:生产成本

贷:材料成本差异 [分录28]

②如果是节约差,用红字记账:

借:生产成本

贷:材料成本差异 [分录29]

5. 计划成本法核算举例

假设AB公司采用计划成本法对原材料进行计价,2015年1月1日,AB公司库存甲材料的计划成本为40 000元,成本差异为超支差2 000元,本月发生的业务为:

例5—39 AB公司从Z公司购入甲材料,价款为9 000元,增值税税额为1 530元,款项已经用银行存款支付,该材料尚在运输途中。

解析:这项经济业务的发生,一方面使AB公司的甲材料的材料采购(资产)实际成本增加了9 000元,增值税可抵扣的进项税额增加了1 530元,即应交税费(负债)减少了1 530元(9 000×17%);另一方面使AB公司的银行存款(资产)减少了10 530元(9 000+1 530)。因此,会计分录为:

借:材料采购——甲材料 9 000

应交税费——应交增值税(进项税额) 1 530

贷:银行存款 10 530

例5—40 承例5—39,AB公司从Z公司购入的甲材料运达企业,材料已经验收入库,该材料的计划成本为10 000元,结转甲材料的计划成本和差异额。

解析:这项经济业务的发生,甲材料按计划成本验收入库,一方面使AB公司入库的原材料——甲材料(资产)的计划成本增加了10 000元;另一方面使AB公司甲材料的材料采购(资产)的实际成本减少了9 000元,同时产生了1 000元的节约差。因此,会计分录为:

借:原材料——甲材料 10 000

贷:材料采购——甲材料 9 000

材料成本差异 1 000

例5—41 承例5—40,AB公司本月生产产品领用甲材料计划成本为30 000元。

解析:这项经济业务的发生,一方面使AB公司生产过程中的生产成本(成本)增加了30 000元;另一方面使AB公司的原材料——甲材料(资产)减少了30 000元。因此,会计分录为:

借:生产成本 30 000

贷:原材料——甲材料 30 000

例 5—42　承例 5—41，AB 公司月末计算发出甲材料应负担的差异额、发出甲材料的实际成本以及月末结存甲材料的实际成本，并做出会计处理。

解析：

第一步，计算材料成本差异率。

$$材料成本差异率=\frac{2\ 000-1\ 000}{40\ 000+10\ 000}\times100\%=2\%(超支差)$$

第二步，计算本月发出材料应负担的成本差异额。

本月发出材料应负担的成本差异额＝30 000×2％＝600(元)(超支差)

第三步，计算本月发出材料的实际成本。

本月发出材料的实际成本＝30 000＋600＝30 600(元)

第四步，计算本月结存材料的实际成本。

本月结存材料的计划成本＝40 000＋10 000－30 000＝20 000(元)

本月结存材料应负担的成本差异额＝20 000×2％＝400(元)(超支差)

本月结存材料的实际成本＝20 000＋400＝20 400(元)

或：

本月结存材料的实际成本＝(40 000＋10 000－30 000)×(1＋2％)＝20 400(元)

经过计算可以看出，这项经济业务的发生，一方面由于发出材料的实际成本大于计划成本(超支差)，因此调整 AB 公司的生产成本，使生产成本(成本)增加了 600 元；另一方面因为发出原材料使 AB 公司的材料差异转出超支差 600 元。因此，会计分录为：

借：生产成本	600	
贷：材料成本差异		600

假设 CD 公司采用计划成本法对原材料进行计价，2015 年 1 月 1 日，CD 公司库存乙材料的计划成本为 30 000 元，成本差异为节约差 3 000 元，本月发生的业务为：

例 5—43　CD 公司从 Q 公司购入乙材料，价款为 22 000 元，增值税税额为 3 740 元，款项已经用银行存款支付，该材料尚在运输途中。

解析：这项经济业务的发生，一方面使 CD 公司甲材料的材料采购(资产)实际成本增加了 22 000 元，增值税可抵扣的进项税额增加了 3 740 元，即应交税费(负债)减少了 3 740 元(22 000×17％)；另一方面使 CD 公司的银行存款(资产)减少了 25 740 元(22 000＋3 740)。因此，会计分录为：

借：材料采购——甲材料	22 000	
应交税费——应交增值税(进项税额)	3 740	
贷：银行存款		25 740

例 5—44　承例 5—43，CD 公司从 Q 公司购入的甲材料运达企业，材料已经验收入库，该材料的计划成本为 20 000 元，结转甲材料的计划成本和差异额。

解析：这项经济业务的发生，甲材料按计划成本验收入库，一方面使 CD 公司入库的原材料——甲材料(资产)的计划成本增加了 20 000 元；另一方面使 CD 公司甲材料的材料采购(资产)的实际成本减少了 22 000 元，同时产生了 2 000 元的超支差。因此，会计分录为：

借：原材料——甲材料	20 000	
材料成本差异	2 000	

贷:材料采购——甲材料　　　　22 000

例 5—45　承例 5—44,CD 公司本月生产产品领用甲材料计划成本为 10 000 元。

解析:这项经济业务的发生,一方面使 CD 公司的生产成本(成本)增加了 10 000 元;另一方面使 CD 公司的原材料——甲材料(资产)减少了 10 000 元。因此,会计分录为:

借:生产成本　　　　10 000

贷:原材料——甲材料　　　　10 000

例 5—46　承例 5—45,CD 公司月末计算发出甲材料应负担的差异额、发出甲材料的实际成本以及月末结存甲材料的实际成本,并做出会计处理。

解析:

第一步,计算材料成本差异率。

$$材料成本差异率=\frac{-3\ 000+2\ 000}{30\ 000+20\ 000}\times 100\%=-2\%(节约差)$$

第二步,计算本月发出材料应负担的成本差异额。

本月发出材料应负担的成本差异额=10 000×(−2%)= −200(元)(节约差)

第三步,计算本月发出材料的实际成本。

本月发出材料的实际成本=10 000−200=9 800(元)

第四步,计算本月结存材料的实际成本。

本月结存材料的计划成本=30 000+20 000—10 000=40 000(元)

本月结存材料应负担的成本差异额=40 000×(−2%)=−800(元)(节约差)

本月结存材料的实际成本=40 000−800=39 200(元)

或:

本月结存材料的实际成本=(30 000+20 000−10 000)×(1−2%)=39 200(元)

经过计算可以看出,这项经济业务的发生,一方面由于发出材料的实际成本小于计划成本(节约差),因此调整 CD 公司的生产成本,使生产成本(成本)减少了 200 元;另一方面因为发出原材料使 CD 公司的材料成本差异转出节约差 200 元。因此,会计分录为:

借:生产成本　　　　200

贷:材料成本差异　　　　200

第四节　产品生产阶段经济业务的核算

一、产品生产阶段经济业务的主要内容

对于一个工业企业而言,在筹足了资金、购置了厂房和生产设备及原材料后,企业随即进入下一个生产环节,即产品生产阶段。产品生产阶段是工业企业生产经营过程的最主要环节。在这一阶段,工人借助生产准备阶段购建的固定资产对原材料进行加工,生产出适合社会需要的产品。由此可见,生产过程既是新产品的制造过程,也是生产资料和工人劳动的消耗过程。

随着生产费用的支出，资金从储备资金转化为生产资金。当产品完工后，生产资金又进一步转化为成品资金。即：从实物形态来看，产品生产过程就是生产工人借助机器设备，将原材料等通过加工形成产品；从价值转化的过程来看，产品生产过程就是通过发生各种耗费，形成企业的各种费用，如材料费用、人工费用、机器厂房等劳动资料的折旧费用等，它们共同构成企业产品的成本。

这里所提到的成本和在前面章节介绍会计要素时提到的费用有着一定的区别和联系。首先，成本是指企业为生产产品、提供劳务而发生的各种耗费；而费用是指企业为销售商品、提供劳务等日常活动所发生的经济利益的流出。其次，成本是对象化的费用，针对一定的成本计算对象；而费用针对一定期间，一般情况下又称为期间费用。

在产品生产阶段，企业核算主要针对构成产品成本的生产要素费用等，其内容主要包括对直接材料、直接人工和制造费用等成本项目的核算。所谓的直接材料，是指企业在生产产品和提供劳务的过程中所消耗的、直接用于产品生产，构成产品实体的各种原材料、主要材料、外购半成品以及有助于产品形成的辅助材料等。直接人工，是指企业在生产产品和提供劳务过程中，直接从事产品生产的工人工资、津贴、补贴和福利费等。制造费用，是指企业为生产产品和提供劳务而发生的各项间接费用，其构成内容比较复杂，包括车间发生的职工薪酬、折旧费、修理费、办公费、水电费、机物料消耗、季节性停工损失等。因此，本节对构成产品成本项目的核算具体表现为：材料费用的核算、人工费用的核算、制造费用的核算、完工产品与在产品成本的计算以及完工产品成本的结转等内容，而对于期间费用将在本章后面部分予以详细介绍。

总成本费用的构成如图 5－23 所示。

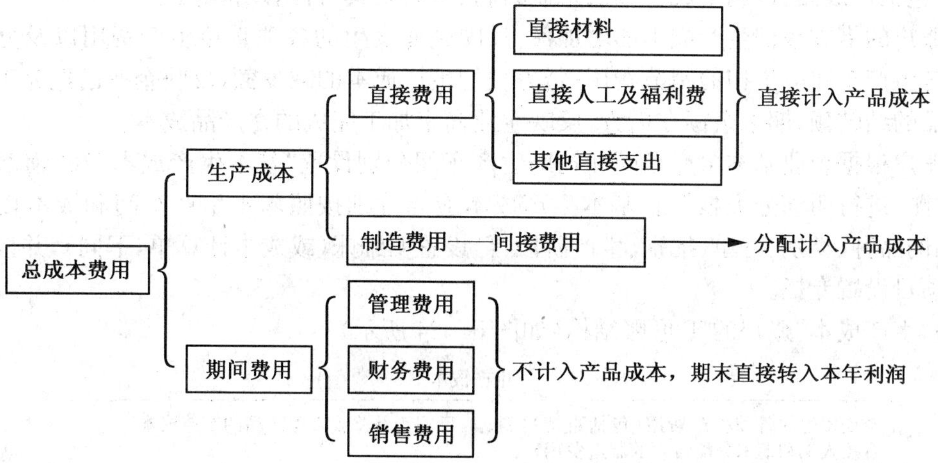

图 5－23　总成本费用的构成

二、生产费用的归集与分配

(一)材料费用

1. 材料费用的含义和主要内容

对材料费用的核算，是指工业企业在购入各种原材料并验收入库以后，形成企业的储备物资，当生产经营领用这些物资时，其价值将从储备物资转为生产经营用的物资，最终构成完工产品成本的一部分或被企业经营管理所耗费形成期间费用。在确定材料费用时，应该按照权责发生制原则，根据领料凭证上所注明的材料耗用的车间、部门及用途，将其分别记入不同的受益单位（注：对其可以简称为“谁受益谁承担”）。即：为了生产产品而领用的原材料，由产品成本负担，记入“生产成本”账户；而车间一般耗用的原材料，记入“制造费用”账户；厂部等管理部门为了经营管理而耗用的原材料，记入“管理费用”账户；企业为了销售产品而专设的销售机构耗用的原材料，记入“销售费用”账户；为了建设固定资产而耗用的原材料，如果满足该固定资产资本化的条件，则记入“在建工程”账户；等等。

在这里还需要注意，为了生产产品而领用的原材料，由产品成本负担，记入“生产成本”账户时，还要区别对待究竟是几种产品耗用了该原材料，即：对于某种产品生产直接耗用的原材料，应直接计入该产品生产成本；而对于由几种产品共同耗用并应由这些产品共同负担的原材料，应选择适当的标准在各种产品之间进行分配后，计入各产品的生产成本；对于为创造生产条件等需要而间接消耗的各种材料费，如车间管理领用的原材料，应先在“制造费用”账户中进行归集，然后再同其他间接费用一起分配计入各有关产品成本。

总而言之，原材料是构成产品实体的一个非常重要的组成部分，对材料费用的归集与分配的核算是生产过程经济业务核算的重要内容。

2. 材料费用核算相关账户的设置

（1）“生产成本”账户设置

该账户属于成本类账户，用来核算企业进行工业性生产发生的各项生产费用，包括生产各种产品（包括产成品、自制半成品等）、自制材料、自制工具、自制设备等。

该账户的借方登记生产成本的增加额，反映企业发生的各项直接生产费用以及分配转入的企业各生产车间应负担的制造费用；贷方登记生产成本的减少额，反映企业已经完工并验收入库产品的结转额；期末余额在借方，反映企业尚未加工完成的在产品成本。

该账户根据企业基本生产车间和辅助生产车间分别设置“基本生产成本”和“辅助生产成本”明细账，进行明细分类核算。基本生产成本应当分别按照基本生产车间和成本核算对象（如产品的品种、类别、订单、批别、生产阶段等）设置明细账（或成本计算单，下同），并按照规定的成本项目设置专栏。

（2）“生产成本”账户的 T 形账结构（如图 5－24 所示）

生产成本

本期发生的各项生产费用（包括直接材料、直接人工和期末分配转入的制造费用）	已完工并验收入库产品的制造成本
期末余额：企业尚未加工完成的在产品成本	

图 5－24 “生产成本”账户的 T 形账

3. 材料费用核算的基本分录

（1）当为生产产品而领用原材料时：

借:生产成本(生产产品领用原材料)
　　制造费用(生产车间领用原材料)
　　管理费用(企业管理部门领用原材料)
　　销售费用(企业专设销售机构领用原材料)
　　在建工程(建设固定资产领用原材料满足资本化条件)
　　贷:原材料 [分录 30]

4. 材料费用核算举例

例 5—47 AB 公司原材料采用实际成本法核算,2015 年 2 月末根据"发出材料汇总表"月末汇总产品耗用材料,共耗用甲材料 30 000 元、乙材料 10 000 元、丙材料 11 000 元、丁材料 5 000 元。其中生产 A 产品耗用各种材料共计 20 000 元,生产 B 产品耗用各种材料共计 25 000元,车间共耗用各种材料共计 3 000 元,公司行政管理部门共耗用各种材料共计 2 000 元,企业专设销售办事处耗用各种材料共计 1 000 元,企业某建工程项目耗用各种材料共计 5 000元,且该笔材料费符合资本化条件。

解析:这项经济业务的发生,一方面使 AB 公司在生产经营过程中发生的材料费用分别由生产成本(成本)——A 产品承担了 20 000 元、B 产品承担了 25 000 元,制造费用(成本)承担了 3 000元,管理费用(损益)承担了 2 000 元,销售费用(损益)承担了 1 000 元,在建工程(资产)承担了 5 000 元;另一方面使 AB 公司的原材料(资产)——甲材料被耗用了 30 000 元、乙材料被耗用了 10 000 元、丙材料被耗用了 11 000 元、丁材料被耗用了 5 000 元。因此,会计分录为:

借:生产成本——A 产品	20 000	
——B 产品	25 000	
制造费用	3 000	
管理费用	2 000	
销售费用	1 000	
在建工程	5 000	
贷:原材料——甲材料		30 000
——乙材料		10 000
——丙材料		11 000
——丁材料		5 000

(二)人工费用——职工薪酬

1. 职工薪酬的含义和主要内容

(1)职工薪酬的含义

在企业生产经营的过程中,职工为企业提供各种生产和服务,企业要支付与之服务相应的各种形式的薪酬作为对价,企业付出的薪酬构成了企业的人工费用。2014 年 7 月 1 日起执行的《企业会计准则第 9 号——职工薪酬》(以下简称职工薪酬准则)将职工薪酬界定为"职工薪酬,是指企业为获得职工提供的服务或解除劳动关系而给予的各种形式的报酬或补偿"。

根据权责发生制的核算基础,人工费用与其提供的服务产生的经济利益相匹配,与此同时,企业与职工之间因职工提供服务形成的关系,大多构成企业的现实义务,将导致企业未来经济利益的流出,从而形成企业的一项负债。

(2)职工薪酬包含的内容

职工薪酬包括短期薪酬、离职后福利、辞退福利和其他长期职工福利。企业提供给职工配偶、子女、受赡养人、已故员工遗属及其他受益人等的福利,也属于职工薪酬。

其中,短期薪酬,是指企业在职提供相关服务的年度报告期间结束后12个月内需要全部予以支付的职工薪酬,因解除与职工的劳动关系给予的补偿除外。短期薪酬具体包括:职工工资、奖金、津贴和补贴;职工福利费;医疗保险费、工伤保险费和生育保险费等社会保险费;住房公积金;工会经费和职工教育经费;短期带薪缺勤;短期利润分享计划;非货币性福利;其他短期薪酬。(注:带薪缺勤,是指企业支付工资或提供补偿的职工缺勤,包括年休假、病假、短期伤残、婚假、产假、丧假、探亲假等。利润分享计划,是指因职工提供服务而与职工达成的基于利润或其他经营成果提供薪酬的协议。离职后福利,是指企业为获得职工提供的服务而在职工退休或与企业解除劳动关系后,提供的各种形式的报酬和福利,短期薪酬和辞退福利除外。辞退福利,是指企业在职工劳动合同到期之前解除与职工的劳动关系,或者为鼓励职工自愿接受裁减而给予职工的补偿。其他长期职工福利,是指除短期薪酬、离职后福利、辞退福利之外所有的职工薪酬,包括长期带薪缺勤、长期残疾福利、长期利润分享计划等。)

(3)职工的范围

职工是指与企业订立劳动合同的所有人员,含全职、兼职和临时职工,也包括虽未与企业订立劳动合同但由企业正式任命的人员。

(4)职工薪酬的会计处理

在对企业的职工薪酬进行核算时,应根据工资结算汇总表或按月编制的"职工薪酬分配表"的内容,按照权责发生制的核算基础,登记有关的总分类账户和明细分类账户,进行相关的账务处理。为了生产产品而发生的职工薪酬,由产品成本负担,记入"生产成本"账户;车间管理人员的职工薪酬,记入"制造费用"账户;厂部等管理部门的职工薪酬,记入"管理费用"账户;企业为了销售产品而专设的销售机构人员的职工薪酬,记入"销售费用"账户;固定资产建设人员的职工薪酬,如果符合固定资产的资本化条件的,记入"在建工程"账户。

2. 人工费用核算相关账户的设置

(1)"应付职工薪酬"账户核算内容

该账户属于负债类账户,用来核算企业根据有关规定应付给职工的各种薪酬。

该账户的贷方登记应付职工薪酬的增加额,反映企业根据职工提供服务的受益对象,对发生的职工薪酬计提的各项工资费用;借方登记应付职工薪酬的减少额,反映企业按照有关规定向职工支付各项工资费用等;期末余额在贷方,反映企业应付职工薪酬的结余。

该账户按照"工资""职工福利""社会保险费""住房公积金""工会经费""职工教育经费""解除职工劳动关系补偿""股份支付"等应付职工薪酬项目进行明细核算。

(2)"应付职工薪酬"账户的T形账结构(如图5—25所示)

应付职工薪酬

实际向职工支付各项工资费用(减少额)	计提的各项职工薪酬(增加额)
	期末余额:企业应付未付职工薪酬的金额

图5—25 "应付职工薪酬"账户的T形账

3. 人工费用核算的基本分录

借:生产成本(生产工人工资及福利费等)

制造费用(车间管理人员工资及福利费等)

管理费用(企业管理人员工资及福利费等)

销售费用(企业专设销售机构人员工资及福利费等)

在建工程(建设固定资产工人工资及福利费等且满足资本化条件)

贷:应付职工薪酬 [分录31]

4. 人工费用核算举例

例5—48 AB公司2015年2月末,开出现金支票,从银行提取现金300 000元,准备发放工资。

解析:这项经济业务的发生,一方面使AB公司的库存现金(资产)增加了300 000元,另一方面使AB公司的银行存款(资产)减少了300 000元。因此,会计分录为:

借:库存现金 300 000

贷:银行存款 300 000

例5—49 AB公司2015年2月末,发放职工工资300 000元。

解析:这项经济业务的发生,一方面使AB公司的应付职工薪酬(负债)减少了300 000元;另一方面使AB公司的库存现金(资产)减少了300 000元。因此,会计分录为:

借:应付职工薪酬 300 000

贷:库存现金 300 000

例5—50 AB公司2015年2月末,根据当月的考勤记录和产量记录等,计算确定本月职工的工资如表5—1所示。

表5—1 **AB公司职工工资分配表**

2015年2月28日

单位:元

会计科目	项 目	金 额	小 计	合 计
生产成本	A产品生产工人的工资	120 000	210 000	300 000
	B产品生产工人的工资	90 000		
制造费用	生产车间管理人员工资	30 000	30 000	
管理费用	厂部行政管理人员工资	20 000	20 000	
销售费用	专设销售机构人员工资	10 000	10 000	
在建工程	在建工程建设人员工资	30 000	30 000	

解析:这项经济业务的发生,根据权责发生制的原则,一方面使AB公司发生的职工薪酬分别由生产成本(成本)——A产品承担了120 000元、B产品承担了90 000元,制造费用(成本)承担了30 000元,管理费用(损益)承担了20 000元,销售费用(损益)承担了10 000元,在建工程(资产)承担了30 000元;另一方面由于计提而使AB公司的应付职工薪酬(负债)增加了300 000元(120 000+90 000+30 000+20 000+10 000+30 000)。因此,会计分录为:

借:生产成本——A产品 120 000

——B产品 90 000

制造费用　30 000
管理费用　20 000
销售费用　10 000
在建工程　30 000
　贷:应付职工薪酬——工资　300 000

例 5—51　AB公司2015年2月末计提职工福利费,计提比例为14%,计算确定计提的职工福利费如表5—2所示。

表 5—2　**AB公司职工福利费计提表**

2015年2月28日　单位:元

会计科目	项　目	工资金额	比例	计提金额	小　计	合　计
生产成本	A产品生产工人	120 000	14%	16 800	29 400	42 000
	B产品生产工人	90 000		12 600		
制造费用	生产车间管理人员	30 000		42 00	4 200	
管理费用	厂部行政管理人员	20 000		2 800	2 800	
销售费用	专设销售机构人员	10 000		1 400	1 400	
在建工程	在建工程建设人员	30 000		4 200	4 200	

解析:这项经济业务的发生,AB公司按照14%计提了职工福利费,根据权责发生制的原则,一方面使AB公司发生的职工福利费分别由生产成本(成本)——A产品承担了16 800元、B产品承担了12 600元,制造费用(成本)承担了4 200元,管理费用(损益)承担了2 800元,销售费用(损益)承担了1 400元,在建工程承担了4 200元;另一方面使AB公司的应付职工薪酬(负债)增加了42 000元(16 800+12 600+4 200+2 800+1 400+4 200)。因此,会计分录为:

借:生产成本——A产品　16 800
　　　　　——B产品　12 600
　制造费用　4 200
　管理费用　2 800
　销售费用　1 400
　在建工程　4 200
　贷:应付职工薪酬——福利费　42 000

知识拓展 5—3　应付职工薪酬详细会计核算过程

(1)按本月发放工资、奖金、补贴、离职补偿金等总额计提工资总额,并代扣五险一金、个人所得税等

借:生产成本、制造费用、管理费用、销售费用、在建工程等
　贷:应付职工薪酬——实发工资(个人)、奖金、补贴、离职补偿金、社会保险(个人)、住房公积金(个人)
　　其他应付款——工会会员费
　　应交税费——个人所得税　[拓展分录1]

(2)支付工资、奖金、补贴、离职补偿金等

借:应付职工薪酬——实发工资、奖金、补贴、离职补偿金

贷:银行存款或库存现金 [拓展分录 2]

(3)按单位实际缴纳计提单位五险一金

借:生产成本、制造费用、管理费用、销售费用、在建工程等

贷:应付职工薪酬——社会保险(单位)、住房公积金(单位) [拓展分录 3]

(4)支付五险一金及个人所得税

借:应付职工薪酬——社会保险(单位)、社会保险(个人)、住房公积金(单位)、住房公积金(个人)、工会会员费(个人)

应交税费——个人所得税

贷:银行存款 [拓展分录 4]

(5)提取工会经费

借:管理费用——工会经费

贷:应付职工薪酬——工会经费 [拓展分录 5]

(6)上缴工会经费和工会会员费

借:应付职工薪酬——工会经费

其他应付款——工会会员会费

贷:银行存款 [拓展分录 6]

备注:

①工会会员会费是核算个人的工会费用,单位的工会费用是工会经费。

②实发工资是指月份集中计算工资时应发工资扣除五险一金、个人借款及个人所得税后的实发工资和月份中间临时辞职人员所领取的工资之和。

③将“应付职工薪酬”中的五险一金细分为“单位”和“个人”。

(三)制造费用

1. 制造费用的含义和主要内容

(1)制造费用的含义

制造费用,是指企业为生产产品和提供劳务而发生的各项间接费用。它是企业的生产单位为组织和管理生产而发生的各项费用,以及固定资产使用费、维修费等费用。制造费用是产品成本的重要组成部分,正确合理组织制造费用的核算,对于正确计算产品成本,控制各车间、部分的费用开支,考核费用预算执行情况,不断降低产品成本有着非常重要的作用。

(2)制造费用的构成

企业的制造费用在发生时要按照权责发生制核算基础的要求,进行正确处理,将其分摊于应归属的会计期间。而由于制造费用的具体项目众多,根据不同项目的特点,将制造费用分成以下五类:

①间接材料费,是指企业生产单位在生产过程中耗用的,但不能或无法规入某一特定产品的材料费用,如机器的润滑油、修理备件等。

②间接人工费,是指企业生产单位中不直接参与产品生产的或其他不能归入直接人工的那些人工成本,如修理工人工资、管理人员工资等。

③折旧费，是指固定资产在使用中由于损耗而转移到成本费用中的那部分价值。

④周转材料包括低值易耗品和包装物。低值易耗品，是指不作为固定资产核算的各种劳动手段，包括一般工具、专用工具、管理用具、劳动保护用品等；包装物，是指为包装产品而储备的各种包装容器，如桶、箱、瓶、坛、袋等用于储存和保管产品的材料。

⑤企业生产单位的其他支出，是指上述各项支出以外的支出，如水电费、差旅费、运输费、办公费、设计制图费、劳动保护费等。

(3)制造费用的分配方法

各生产车间和分厂为产品生产而发生的制造费用按单位分别归集后，月终需按一定标准在所生产产品或劳务成本间进行分配。制造费用常用的分配标准有直接人工工时、直接人工成本、机器工时、直接材料成本或数量、直接成本等。

具体的分配方法有实际分配率法 、预算分配率法和累计分配率法。其中，实际分配率法最为简单和常用，例如：

①生产工时比例分配法是按各种产品所耗生产工人工时的比例分配制造费用的一种方法。其计算公式为：

某产品应负担的制造费用＝该产品的生产工人实际工时数×制造费用分配率

②生产工人工资比例分配法是按照计入各种产品成本的生产工人工资比例分配制造费用的一种方法。其计算公式为：

某产品应负担的制造费用＝该产品的生产工人实际工资额×制造费用分配率

2. 制造费用核算相关账户的设置

(1)“制造费用”账户设置

①“制造费用”账户核算内容

该账户属于成本类账户，用来核算企业生产车间、部门为生产产品和提供劳务而发生的各项间接费用。

该账户的借方登记制造费用的增加额，反映企业生产车间发生的各种费用，如机物料消耗，车间管理人员的工资等职工薪酬，车间计提的固定资产折旧，车间支付的办公费、水电费，发生季节性的停工损失等；贷方登记制造费用的减少额，反映制造费用分配计入有关成本核算对象的数额；除季节性的生产性企业外，本科目期末应无余额。

该账户按照不同的生产车间、部门和费用项目设置明细账，进行明细分类核算。

②“制造费用”账户的 T 形账结构(如图 5－26 所示)

制造费用

本期发生的各项制造费用(增加额)	期末分配转入“生产成本”账户借方应由各产品成本负担的制造费用

图 5－26 “制造费用”账户的 T 形账

(2)“累计折旧”账户设置

①“累计折旧”账户核算内容

该账户属于资产类账户的备抵账户，用来核算企业对固定资产计提的累计折旧。

该账户的贷方登记累计折旧的增加额，反映按月计提固定资产折旧的金额；借方登记累计折旧的减少额，反映因处置固定资产而转出的累计折旧金额；期末余额在贷方，反映企业固定资产累计折旧额。

该账户按照固定资产的类别或项目设置明细账，进行明细分类核算。

②“累计折旧”账户的 T 形账结构(如图 5—27 所示)

累计折旧

固定资产折旧的减少额或注销金额	按月提取的固定资产折旧的金额
	期末余额：企业固定资产累计折旧额

图 5—27　“累计折旧”账户的 T 形账

(3)“长期待摊费用”账户设置

①“长期待摊费用”账户核算内容

该账户属于资产类账户，用来核算企业已经发生但应由本期和以后各期负担的分摊期限在 1 年以上的各项费用。

该账户的借方登记长期待摊费用的增加额，反映企业发生的长期待摊费用；贷方登记长期待摊费用的减少额，反映摊销长期待摊费用的金额；期末余额在借方，反映企业尚未摊销的长期待摊费用金额。

该账户按照费用项目设置明细账，进行明细分类核算。

②“长期待摊费用”账户的 T 形账结构(如图 5—28 所示)

长期待摊费用

长期待摊费用的增加额	长期待摊费用的摊销额
期末余额：尚未摊销的长期待摊费用金额	

图 5—28　“长期待摊费用”账户的 T 形账

3. 制造费用核算的基本分录

(1)当企业基本生产车间领用原材料时：

借：制造费用

　　贷：原材料　　[分录 32]

(2)当企业计提基本生产车间管理人员薪酬时：

借：制造费用

　　贷：应付职工薪酬　　[分录 33]

(3)当企业基本生产车间计提固定资产折旧时：

借：制造费用

　　贷：累计折旧　　[分录 34]

(4)当企业基本生产车间摊销待摊费用或因发生其他费用而支付银行存款或库存现金时：

借：制造费用

　　贷：长期待摊费用、银行存款、库存现金等　　[分录 35]

(5)期末，将制造费用按照一定方法在各产品之间进行分配并记入“生产成本”账户，一般情况下，分配完，制造费用期末无余额：

借:生产成本

　　贷:制造费用　　　　[分录 36]

4. 制造费用核算举例

AB 公司 2015 年 2 月份发生有关制造费用业务如下:

例 5—52　AB 公司计提本月份车间使用的厂房、机器设备等固定资产的折旧费共计 5 000元。

解析:这项经济业务的发生,一方面使 AB 公司发生的制造费用(费用)增加了 5 000 元;另一方面使 AB 公司固定资产的累计折旧(资产的抵减账户)增加了 5 000 元。因此,会计分录为:

借:制造费用　　　　5 000

　　贷:累计折旧　　　　5 000

例 5—53　AB 公司以银行存款支付本月车间发生的水电费共计 1 200 元。

解析:这项经济业务的发生,一方面使 AB 公司发生的制造费用(成本)增加了 1 200 元;另一方面使 AB 公司的银行存款(资产)减少了 1 200 元。因此,会计分录为:

借:制造费用　　　　1 200

　　贷:银行存款　　　　1 200

例 5—54　AB 公司本月发生修理费 1 500 元且该款项应由本月负担,款项尚未支付。

解析:这项经济业务的发生,一方面使 AB 公司的制造费用(成本)增加了 1 500 元;另一方面使 AB 公司的应付账款(负债)增加了 1 500 元。因此,会计分录为:

借:制造费用　　　　1 500

　　贷:应付账款　　　　1 500

例 5—55　AB 公司用现金支付购买车间使用的办公用品费 300 元。

解析:这项经济业务的发生,一方面使 AB 公司发生的制造费用(成本)增加了 300 元;另一方面使 AB 公司的库存现金(资产)减少了 300 元。因此,会计分录为:

借:制造费用　　　　300

　　贷:库存现金　　　　300

例 5—56　月末,AB 公司将本月发生的制造费用按照生产工人工资比例分配计入 A、B 两种产品。其中 A 产品生产工人工资为 120 000 元,B 产品生产工人工资为 90 000 元。

解析:

(1)先归集计算应分配的制造费用总额。

制造费用总额=3 000+30 000+4 200+5 000+1 200+1 500+300=45 200(元)

(2)再计算制造费用分配率。

$$制造费用分配率=\frac{45\ 200}{120\ 000+90\ 000}\times 100\%=21.52\%$$

(3)计算 A、B 两种产品各自应分配的制造费用。

A 产品应分配的制造费用=120 000×21.42%=25 704(元)

B 产品应分配的制造费用=45 200−25 704=19 496(元)

这项经济业务的发生,一方面使 AB 公司 A、B 两种产品的生产成本(成本)分别增加了 25 704元和 19 496 元;另一方面使 AB 公司的制造费用(成本)减少了 45 200 元。因此,会计分录为：

借：生产成本——A产品　　25 704

　　　　　　——B产品　　19 496

　贷：制造费用　　45 200

知识拓展5—4　企业固定资产折旧的核算

1. 固定资产折旧的含义

固定资产折旧，是指在固定资产使用寿命内，按照确定的方法对应计折旧额进行系统分摊。使用寿命是指固定资产的预计寿命，或者该固定资产所能生产产品或提供劳务的数量。应计折旧额是指应计提折旧的固定资产的原价扣除其预计净残值后的金额。

2. 固定资产折旧范围的确定

(1)需要计提折旧的固定资产包括：房屋建筑物；在用的机器设备、仪表、运输车辆、工具器具；季节性停用及修理停用的设备；以经营租赁方式租出的固定资产和以融资租赁方式租入的固定资产。

(2)不需要计提折旧的固定资产包括：已提足折旧仍继续使用的固定资产；以前年度已经估价单独入账的土地；提前报废的固定资产；以经营租赁方式租入的固定资产和以融资租赁方式租出的固定资产。

3. 固定资产折旧方法

(1)年限平均法

年限平均法，又称直线法，是指将固定资产的应计折旧额均衡地分摊到固定资产预定使用寿命内的一种方法。采用这种方法计算的每期折旧额相等。计算公式如下：

$$\text{预计净残值率}=\frac{\text{预计净残值}}{\text{原值}}\times 100\%$$

$$\text{年折旧率}=\frac{1-\text{预计净残值率}}{\text{预计使用寿命(年)}}\times 100\%$$

$$\text{月折旧率}=\frac{\text{年折旧率}}{12}$$

$$\text{月折旧额}=\text{固定资产原价}\times\text{月折旧率}$$

或者，直接计算年折旧额：

$$\text{年折旧额}=\frac{\text{固定资产原值}-\text{预计净残值}}{\text{预计使用寿命(年)}}\times 100\%$$

例5—拓展2　某公司有一项固定资产，该固定资产原值为100 000元，预计使用年限为5年，预计净残值为2 000元。要求：采用年限平均法计算该固定资产的年折旧额。

解析：

方法一，先计算该固定资产的年折旧率，再计算固定资产的年折旧额。

$$\text{预计净残值率}=\frac{2\ 000}{100\ 000}\times 100\%=2\%$$

$$\text{年折旧率}=\frac{1-2\%}{5}\times 100\%=19.6\%$$

年折旧额＝100 000×19.6%＝19 600(元)

方法二,直接计算固定资产的年折旧额。

$$年折旧额=\frac{100\ 000-2\ 000}{5}\times100\%=19\ 600(元)$$

(2)工作量法

工作量法是根据实际工作量计算每期应提折旧额的一种方法。计算公式如下:

$$单位工作量折旧额=\frac{固定资产原价\times(1-预计净残值率)}{预计总工作量}$$

某项固定资产月折旧额=该项固定资产当月工作量×单位工作量折旧额

例5—拓展3 某公司有货运卡车一辆,原价为150 000元,预计净残值率为4%,预计总行驶里程为200 000千米,当月行驶里程为5 000千米。要求:计算该项固定资产的月折旧额。

解析:

$$单程里程折旧额=\frac{150\ 000\times(1-4\%)}{200\ 000}=0.72(元/千米)$$

本月折旧额=5 000×0.72=3 600(元)

(3)年数总和法

年数总和法,是加速折旧法的一种,是指将固定资产的原价减去预计净残值后的净额,乘以一个以各年年初固定资产尚可使用年限做分子,以预计使用年限逐年数字之和做分母的逐年递减的分数计算每年折旧额的一种方法。计算公式如下:

$$年折旧率=\frac{尚可使用年限}{预计使用年限的年数总和}\times100\%$$

$$预计使用年限的年数总和=n\times\frac{n+1}{2}$$

$$月折旧率=\frac{年折旧率}{12}$$

月折旧额=(固定资产原价-预计净残值)×月折旧率

例5—拓展4 某公司有一项固定资产,该固定资产原值为100 000元,预计使用年限为5年,预计净残值为2 000元。要求:采用年数总和法计算该固定资产的年折旧额。

解析:

年数总和=1+2+3+4+5=15(年)

固定资产计提折旧基数=100 000-2 000=98 000(元)

表5—3　　年数总和法计算年折旧率和年折旧额

年　数	折旧率	折旧额
第1年	$\frac{5}{15}=33\%$	98 000×33%=32 340(元)
第2年	$\frac{4}{15}=27\%$	98 000×27%=26 460(元)
第3年	$\frac{3}{15}=20\%$	98 000×20%=19 600(元)
第4年	$\frac{2}{15}=13\%$	98 000×13%=12 740(元)
第5年	$\frac{1}{15}=7\%$	98 000×7%=6 860(元)

(4)双倍余额递减法

双倍余额递减法，是加速折旧法的一种，是指在不考虑固定资产残值的情况下，用直线法折旧率的两倍作为固定的折旧率乘以逐年递减的固定资产期初净值，得出各年应提折旧额的方法。计算公式如下：

$$年折旧率=\frac{2}{预计的折旧年限}\times 100\%$$

年折旧额＝固定资产期初账面净值×年折旧率

$$月折旧率=\frac{年折旧率}{12}$$

月折旧额＝固定资产期初账面净值×月折旧率

固定资产期初账面净值＝固定资产原值－累计折旧－固定资产减值准备

最后两年需考虑预计净残值，并改为年限平均法折旧。

例5—拓展5　某公司有一项固定资产，该固定资产原值为100 000元，预计使用年限为5年，预计净残值为2 000元。要求：采用双倍余额递减法计算该固定资产的年折旧额。

解析：年折旧率$=\frac{2}{5}=40\%$

表5—4　　**双倍余额递减法计算年折旧率和年折旧额**

年　数	账面净值	折旧额
第1年	100 000(元)	100 000×40%＝40 000(元)
第2年	100 000－40 000＝60 000(元)	(100 000－40 000)×40%＝24 000(元)
第3年	60 000－24 000＝36 000(元)	(60 000－24 000)×40%＝14 400(元)
第4年	36 000－14 400＝21 600(元)	(21 600－2 000)/2＝9 800(元)
第5年	36 000－14 400＝21 600(元)	(21 600－2 000)/2＝9 800(元)

4. 固定资产折旧分录

借：制造费用
　　管理费用
　　销售费用
　　贷：累计折旧　　　　　　　　　　　　[拓展分录7]

5. 固定资产折旧举例

例5—拓展6　某公司计提2015年1月份的房屋、机器设备等固定资产的折旧费共计50 000元。其中，车间用厂房、机器设备等固定资产折旧30 000元；公司行政管理用房折旧15 000元；公司专设销售办事处用房折旧5 000元。

解析：这项经济业务的发生，一方面使该公司发生的制造费用(成本)增加了30 000元、管理费用(损益)增加了15 000元、销售费用(损益)增加了5 000元；另一方面使该公司固定资产的累计折旧(资产的抵减账户)增加了50 000元。因此，会计分录为：

借：制造费用　　　　30 000
　　管理费用　　　　15 000
　　销售费用　　　　5 000
　　贷：累计折旧　　　　50 000

知识拓展5—5　周转材料的核算

1. 周转材料的含义

周转材料，是指企业能够多次使用、逐渐转移其价值但仍保持原有形态不确认为固定资产的材料，如包装物和低值易耗品；企业（建造承包商）的钢模板、木模板、脚手架和其他周转材料等；在建筑工程施工中可多次利用使用的材料，如钢架杆、扣件、模板、支架等。

2. 周转材料的分类

周转材料按其在生产过程中的用途不同，一般可分为低值易耗品和包装物两类。

(1)低值易耗品，是指不作为固定资产核算的各种劳动手段，包括一般工具、专用工具、管理用具、劳动保护用品等。

(2)包装物，是指为包装产品而储备的各种包装容器，如桶、箱、瓶、坛、袋等用于储存和保管产品的材料。

3.“周转材料”账户设置

(1)“周转材料”账户核算内容

该账户属于资产类账户，用来核算周转材料的计划成本或实际成本（与“原材料”账户相似）。

该账户的借方登记周转材料的增加额，反映企业购入、自制、委托外单位加工完成验收入库的周转材料；贷方登记周转材料的减少额，反映企业生产领用、处置等转出的周转材料；期末余额在借方，反映企业库存周转材料以及已摊销尚未报废周转材料的计划成本或实际成本。

该账户按照不同周转材料的种类设置明细账，进行明细分类核算。

(2)“周转材料”账户的T形账结构（如图5—29所示）

周转材料

周转材料的增加额	周转材料的减少额
期末余额：周转材料的实有额	

图5—29　“周转材料”账户的T形账

4. 周转材料核算的基本分录

(1)当企业取得周转材料时，核算方法与取得原材料相同。

(2)当企业采用一次转销法摊销周转材料时，领用时应按其账面价值入账：

借：生产成本、制造费用、管理费用等

　　贷：周转材料　　[拓展分录8]

(3)当企业采用五五摊销法摊销周转材料时：

领用时，按其账面价值将在库周转材料转为在用周转材料。

借：周转材料——在用

　　贷：周转材料——在库　　[拓展分录9]

同时，摊销一半的账面价值。

借：生产成本、制造费用、管理费用等

　　贷：周转材料——摊销　　[拓展分录10]

报废时，摊销另一半的账面价值。

借：生产成本、制造费用、管理费用等

　　贷：周转材料——摊销　　[拓展分录11]

同时，转销全部的周转材料已计提在用的摊销额。

借：周转材料——摊销

　　贷：周转材料——在用　　　　　　　　　　　　　　　　　　　［拓展分录12］

（4）当企业采用分次转销法摊销周转材料时，每次摊销时，按其摊销额入账：

借：生产成本、制造费用、管理费用等

　　贷：周转材料　　　　　　　　　　　　　　　　　　　　　　　［拓展分录13］

5. 周转材料核算举例

例5—拓展7　某公司2015年1月份领用办公桌4台，每台价值300元，采用五五摊销法。

（1）领用时，按其账面价值将在库周转材料转为在用周转材料。

借：周转材料——在用　　　　　　　　　　　　　　1 200

　　贷：周转材料——在库　　　　　　　　　　　　　　　1 200

同时，摊销一半的账面价值。

借：管理费用　　　　　　　　　　　　　　　　　　600

　　贷：周转材料——摊销　　　　　　　　　　　　　　　600

（2）报废时，摊销另一半的账面价值。

借：管理费用　　　　　　　　　　　　　　　　　　600

　　贷：周转材料——摊销　　　　　　　　　　　　　　　600

同时，转销全部的周转材料已计提在用的摊销额。

借：周转材料——摊销　　　　　　　　　　　　　　1 200

　　贷：周转材料——在用　　　　　　　　　　　　　　　1 200

（四）完工产品与在产品分配及完工产品入库

1. 完工产品与在产品的含义与内容

（1）完工产品与在产品的含义

完工产品，是指在一个企业内已完成全部生产过程、按规定标准检验合格、可供销售的产品，也称产成品或成品。

在产品，是指企业正在制造尚未完工的产品，包括正在各个生产工序加工的产品和已经加工完毕但尚未检验或已检验但尚未办理入库手续的产品。

（2）对完工产品和在产品成本核算的意义

企业对完工产品和在产品成本进行核算，可以及时计算产品成本、保护企业财产物资的安全完整、正确计算各期的损益、提高企业销售产品的速度，有利于降低企业在产品占用的资金。

（3）完工产品与在产品成本计算

在计算完工产品与在产品的成本的时候，首先要明确月初在产品成本、本月发生的费用、完工产品成本和月末在产品成本之间的关系：

月初在产品成本＋本月生产费用＝完工产品成本－月末在产品成本

由此可以看出，若想将完工产品与月末在产品的成本从全部生产费用中分开，在已经计算出月初在产品成本与本月生产费用的总和的情况下，可以通过以下三种模式来计算：

第一种模式，先计算完工产品成本，然后，将生产费用减去完工产品成本，其余额就是在产品成本。

第二种模式,先计算月末在产品成本,将生产费用合计减去在产品成本,其余额就是完工产品成本。

第三种模式,采用适当的方法,同时计算出完工产品成本和月末在产品成本。

具体而言,完工产品和在产品成本的计算方法主要有约当产量法、定额比例法、定额成本计算法、按所耗直接材料费用计算法四种方法。

(4)结转完工产品成本

当企业生产的产品经过各道加工程序以后,就成为企业的完工产品,可以作为商品对外销售。企业应该根据各完工产品的成本计算单进行结转完工产品的成本、验收入库产品的生产成本。企业生产阶段也随之完成,企业的生产资金随之转变为产品资金。对此企业要进行相应核算。

2. 结转完工产品成本核算相关账户的设置

(1)"库存商品"账户核算内容

该账户属于资产类账户,用来核算企业库存各种商品的实际成本或计划成本,包括库存产成品、外购商品、存放在门市部准备出售的商品、发出展览的商品以及寄存在外的商品等。

该账户的借方登记库存商品的增加额,反映企业完工验收入库的产品的实际成本或计划成本;贷方登记库存商品的减少额,反映企业结转售出产品的实际成本或计划成本;期末余额在借方,反映企业库存商品的实际成本或计划成本。

该账户按照库存商品的种类、品种和规格设置明细账,进行明细分类核算。

(2)"库存商品"账户的T形账结构(如图5—30所示)

库存商品

完工验收入库的产品数额(增加额)	结转售出产品的成本(减少额)
期末余额:库存商品的实际额	

图5—30 "库存商品"账户的T形账

3. 结转完工产品成本的基本分录

借:库存商品

贷:生产成本 [分录37]

4. 结转完工产品成本核算举例

例5—57 2015年2月末,AB公司结转本月完工入库的A、B两种产品的实际成本。A、B产品均全部制造完工,其实际总成本分别为182 504元和147 096元。

解析:由于A、B两种产品均全部完工,因此,其生产成本全部转入库存商品。这一方面使AB公司库存商品(资产)——A、B产品分别增加了182 504元和147 096元;另一方面使AB公司的A、B产品的生产成本(成本)分别减少了182 504元和147 096元。因此,会计分录为:

借:库存商品——A产品	182 504	
——B产品	147 096	
贷:生产成本——A产品		182 504
——B产品		147 096

知识拓展5—6 常用的完工产品与在产品成本分配方法——约当产量法

1. 约当产量法的含义

约当产量法，是指把月末在产品的数量按其完工程度，折合成相当于完工产品的产量(即约当产量)，然后把完工产品的产量和在产品的“约当量”相加，构成“约当总产量”。再和发生的生产费用相除，得出费用分配率，用分配率去乘以完工产品产量和在产品约当量，从而计算出完工产品应负担的成本和在产品应留存的成本。

由于约当产量法只要在正确统计月末在产品结存数量和正确估计月末在产品完工程度的前提下，就可以比较客观简便地划分完工产品与月末在产品的成本。因此，约当产量法适用范围较广，特别适用于月末在产品数量较大，各月末在产品数量变化也较大，产品成本中原材料费用和工资及福利费等加工费用所占的比重相差不多的产品。

2. 约当产量法的公式

月末在产品约当产量＝月末在产品结存产量×在产品完工百分比

$$\text{费用分配率}=\frac{\text{月初在产品成本}+\text{本月生产费用}}{\text{完工产品产量}+\text{月末在产品约当产量}}$$

完工产品总成本＝完工产品产量×费用分配率

月末在产品成本＝月末在产品约当产量×费用分配率

在采用约当产量法时，由于月末在产品的投料程度和加工程度会不一致，直接材料、直接人工和制造费用的投入程度也会不同。因此，应分别按产品成本项目计算月末在产品的约当产量，根据不同的约当产量分配不同成本项目的费用。其中，直接材料成本项目应根据月末在产品所耗直接材料的投入程度折算约当产量；直接人工和制造费用等加工费用成本项目应根据月末在产品的完工程度折算约当产量。如果企业生产产品所耗用的原材料是在生产开始时一次性投入的，这时，完工产品和月末在产品都视同完工程度为100%的产品，约当产量即是完工产品数量与月末在产品数量之和。

3. 约当产量法核算举例

例5—拓展8　某公司采用约当产量法计算完工产品和在产品的成本。2015年1月份生产C产品，本月完工30台，月末在产品20台，原料于生产开始时一次投入。期初在产品成本为：直接材料8 000元、直接工资6 000元、制造费用4 000元；本月发生费用为：直接材料72 000元、直接工资54 000元、制造费用46 000元。在产品完工程度估计为50%。

解析：

(1)分配直接材料

$$\text{分配率}=\frac{8\ 000+72\ 000}{30+20}=1\ 600$$

完工产品应分配金额＝1 600×30＝48 000(元)

在产品应分配金额＝1 600×20＝32 000(元)

(2)分配直接人工

$$\text{分配率}=\frac{6\ 000+54\ 000}{30+20\times 50\%}=1\ 500$$

完工产品应分配金额＝1 500×30＝45 000(元)

在产品应分配金额＝1 500×20×50%＝15 000(元)

(3)制造费用

$$分配率=\frac{4\,000+46\,000}{30+20\times50\%}=1\,250$$

完工产品应分配金额＝1 250×30＝37 500(元)

在产品应分配金额＝1 250×20×50%＝12 500(元)

(4)总计

完工产品成本＝48 000＋45 000＋37 500＝130 500(元)

在产品成本＝32 000＋15 000＋12 500＝59 500(元)

(5)结转完工产品成本

借:库存商品——C产品　　130 500

　贷:生产成本——C产品　　130 500

第五节　产品销售阶段经济业务的核算

一、主营业务收支的核算

企业经过生产阶段,完工产品验收入库,随之进入产品的销售阶段。产品的销售阶段又称为产品价值的实现过程。在这一阶段,企业通过产品销售活动,一方面将产成品及时销售、按照销售价格收取货款、支付有关销售税费、计算并缴纳各种销售税金,另一方面还要结转销售产品的成本。通过销售过程,企业在生产阶段形成的成品资金又回到了货币资金,完成了一次资金循环。

在销售阶段,企业核算的内容包括产品销售收入的核算、销售成本及相关税金的结转等。由于工业企业的主要经济活动是生产并销售产品,同时还附加经营其他项目,如销售原材料、提供售后服务等。因此,对企业销售业务的核算根据企业经营业务的不同区分为主营业务和其他业务。具体表现为:销售产品等主营业务收入的核算、销售原材料及提供劳务等其他业务收入的核算;销售产品过程中发生的主营业务成本的核算、销售原材料及提供劳务等其他业务过程中发生的其他业务成本的核算;销售过程中发生的各种诸如广告费、包装费、专设销售机构的人员工资等销售费用的核算,计算并缴纳各种销售税金的核算等。

(一)主营业务收入业务核算

1. 主营业务收入的含义和主要内容

(1)主营业务收入的含义

《企业会计准则第14号——收入》对企业收入的含义进行了界定:收入,是指企业在日常活动中形成的、会导致所有者权益增加的、与所有者投入资本无关的经济利益的总流入。准则中涉及的收入,包括销售商品收入、提供劳务收入和让渡资产使用权收入。根据企业经营业务不同,将企业销售收入分为主营业务收入和其他业务收入。主营业务收入,是指企业经常性的、主要业务所产生的基本收入。工业企业的主营业务范围主要包括销售商品、自制半成品、代制品、代修品以及提供工业性劳务等。

(2)主营业务收入的确认和计量

准则中同时对收入确认的条件加以限定,销售商品的收入只有同时符合以下五项条件时,才能加以确认:①企业已将商品所有权上的主要风险和报酬转移给购货方;②企业既没有保留通常与所有权相联系的继续管理权,也没有对已售出的商品实施控制;③收入的金额能够可靠地计量;④与交易相关的经济利益很可能流入企业;⑤相关的已发生或将要发生的成本能够可靠地计量。

准则同时规定了企业收入计量的金额为:企业应当按照从购货方已收或应收的合同或协议价款确定销售商品收入金额,但已收或应收的合同或协议价款不公允的除外。在计量商品销售收入时,要注意在销售过程中发生的现金折扣、商业折扣、销售折让和销售退回等特殊情况。

现金折扣,是指债权人为鼓励债务人在规定的期限内付款而向债务人提供的债务扣除。现金折扣的表示方式为:2/10,1/20,n/30(即10天内付款,货款折扣2%;20天内付款,货款折扣1%;30天内全额付款)。我国采用总价法核算现金折扣。所谓总价法,是指销售商品时以发票价格同时记录应收账款和销售收入,不考虑现金折扣,如购货企业享受现金折扣,则以“财务费用”账户反映现金折扣。即销售商品涉及现金折扣的,应当按照扣除现金折扣前的金额确定销售商品收入金额。现金折扣在实际发生时记入当期损益中的“财务费用”账户。

商业折扣,是指企业为促进商品销售而在商品标价上给予的价格扣除。销售商品涉及商业折扣的,应当按照扣除商业折扣后的金额确定销售商品收入金额。

销售折让,是指企业因售出商品的质量不合格等原因而在售价上给予的减让。在不考虑资产负债表日后事项的情况下,企业已经确认销售商品收入的售出商品发生销售折让的,应当在发生时冲减当期销售商品收入。

销售退回,是指企业售出的商品由于质量、品种不符合要求等原因而发生的退货。在不考虑资产负债表日后事项的情况下,企业已经确认销售商品收入的售出商品发生销售退回的,应当在发生时冲减当期销售商品收入和销售商品成本。

(3)主营业务收入的会计处理

收入的实现,必然会形成经济利益的流入,并带来资产的增加或者负债的减少。在权责发生制下,收入实现了并不一定意味着马上会收回货款。由于结算时间上的差异,货款的结算可能会出现以下三种情况:①销售时直接收到货款;②销售时没有收到货款,待以后再收取货款;③预收购货单位货款,再提供货物给购货单位。因此,主营业务收入的核算决定了企业要设置两类账户:一类是核算企业收入实现的账户,即“主营业务收入”账户;另一类是货款结算的账户,如“银行存款”“库存现金”“应收账款”“应收票据”“预收账款”等账户。

2. 主营业务收入核算相关账户的设置

(1)“主营业务收入”账户设置

①“主营业务收入”账户核算内容

该账户属于损益类账户,用来核算企业根据收入准则确认的销售商品等主营业务的收入。

该账户的贷方登记主营业务收入的增加额,反映企业销售商品或提供劳务实际收到或应收的价款;借方登记主营业务收入的减少额,反映企业本期发生的销售退回或销售折让按规定应冲减的销售商品收入及期末将本账户余额转入“本年利润”账户的金额,结转后本账户应无余额。

该账户按主营业务的种类设置明细账,进行明细分类核算。

②“主营业务收入”账户的T形账结构(如图5—31所示)

主营业务收入

销售退回和销售折让冲减的销售收入 期末转入"本年利润"账户的产品销售收入	企业实现的产品销售收入

图 5—31 "主营业务收入"账户的 T 形账

(2)"应收账款"账户设置

①"应收账款"账户核算内容

该账户属于资产类账户,用来核算企业因销售商品、产品,提供劳务等经营活动应收取的款项。

该账户的借方登记应收账款的增加额,反映企业发生应收账款的应收金额;贷方登记应收账款的减少额,反映企业收回应收账款的金额。本科目期末余额如果在借方,反映企业尚未收回的应收账款;如果在贷方,反映企业预收的款项。

该账户按其债务人设置明细账,进行明细分类核算。

②"应收账款"账户的 T 形账结构(如图 5—32 所示)

应收账款

企业发生的应收账款(增加额)	企业收回的应收账款(减少额)
期末余额:企业尚未收回的应收账款	期末余额:企业预收的款项

图 5—32 "应收账款"账户的 T 形账

(3)"应收票据"账户设置

①"应收票据"账户核算内容

该账户属于资产类账户,用来核算企业因销售商品、产品,提供劳务等而收到的商业汇票,包括银行承兑汇票和商业承兑汇票。

该账户的借方登记应收票据的增加额,反映企业因销售商品、产品,提供劳务等而收到已经承兑的商业汇票的票面金额;贷方登记应收票据的减少额,反映应收票据到期企业收回的金额;期末余额在借方,反映企业持有的商业汇票的票面金额。

该账户按照开出、承兑商业汇票的单位设置明细账,进行明细分类核算。

②"应收票据"账户的 T 形账结构(如图 5—33 所示)

应收票据

企业因销售商品收到的商业汇票票面金额	到期收回的商业汇票票面金额
期末余额:企业持有的商业汇票的票面金额	

图 5—33 "应收票据"账户的 T 形账

(4)"预收账款"账户设置

①"预收账款"账户核算内容

该账户属于负债类账户,用来核算企业按照合同规定向购货单位预收的款项。

该账户的贷方登记预收账款的增加额,反映企业向购货单位预收和补收的款项;借方登记预收账款的减少额,反映企业销售实现时冲减的预收货款和退回多收的货款。本账户期末余额若在贷方,反映企业向购货单位预收的款项;若在借方,反映企业应由购货单位补付的款项。

该账户按照购货单位设置明细账，进行明细分类核算。

②"预收账款"账户的 T 形账结构（如图 5－34 所示）

预收账款

借方	贷方
销售实现时冲减的预收货款 退回多收的货款	预收的货款 补收的货款
期末余额：企业应由购货单位补付的款项	期末余额：企业预收的货款

图 5－34　"预收账款"账户的 T 形账

3. 主营业务收入核算的基本分录

（1）企业同时满足商品销售收入确认的五个条件时，确认销售商品收入：

借：银行存款、库存现金、应收票据、应收账款等

　　贷：主营业务收入

　　　　应交税费——应交增值税（销项税额）　　[分录 38]

（2）当企业预收货款销售商品时：

①企业预收销售商品货款或补收销售商品剩余款项。

借：银行存款（或库存现金）

　　贷：预收账款　　[分录 39]

②企业销售商品。

借：预收账款

　　贷：主营业务收入

　　　　应交税费——应交增值税（销项税额）　　[分录 40]

③企业退回此前多收购货单位的预付购货款。

借：预收账款

　　贷：银行存款　　[分录 41]

（3）存在现金折扣时（按总价法核算）：

①销售商品时，按商品总价入账。

借：应收账款

　　贷：主营业务收入（总价）

　　　　应交税费——应交增值税（销项税额）　　[分录 42]

②如果"应收账款"（货款）在 10 日内收到，则：

借：银行存款（应收账款扣除折扣后金额）

　　财务费用（应收账款金额×2%）

　　贷：应收账款　　[分录 43]

③如果"应收账款"（货款）超过 10 日，但在 20 日内收到，则：

借：银行存款（应收账款扣除折扣后金额）

　　财务费用（应收账款金额×1%）

　　贷：应收账款　　[分录 44]

④如果"应收账款"（货款）超过 20 日，但在 30 日内收到，则购货单位不享有现金折扣：

借：银行存款

贷：应收账款 [分录45]

(4)存在商业折扣时，按折扣后价格入账。

借：银行存款、库存现金、应收票据、应收账款等

贷：主营业务收入（折扣后价格）

应交税费——应交增值税（销项税额） [分录46]

(5)存在销售折让和销售退回时，做收入抵减处理。（不考虑资产负债表日后事项）

借：主营业务收入

应交税费——应交增值税（销项税额）

贷：银行存款、库存现金、应收票据、应收账款等 [分录47]

(6)期末，将“主营业务收入”账户余额转入“本年利润”账户，见[分录61]。

4. 主营业务收入核算举例

AB公司2015年2月份发生的销售业务如下：

例5—58 2月1日，AB公司向D公司销售一批A产品，发票注明的价款为10 000元，增值税税额为1 700元，款项已经收到并存入银行。

解析：这项经济业务的发生，一方面使AB公司因销售A产品而导致银行存款（资产）增加了11 700元；另一方面使AB公司应确认的主营业务收入（损益）增加了10 000元；同时应交税费（负债）增加了1 700元。因此，会计分录为：

借：银行存款	11 700	
贷：主营业务收入		10 000
应交税费——应交增值税（销项税额）		1 700

例5—59 2月4日，AB公司向E公司销售一批B产品，发票注明的价款为30 000元，增值税税额为5 100元，AB公司已经收到一张已经承兑含全部款项的银行承兑汇票。

解析：这项经济业务的发生，一方面使AB公司的应收票据（资产）增加了35 100元；另一方面使AB公司应确认的主营业务收入（损益）增加了30 000元；同时应交税费（负债）增加了5 100元。因此，会计分录为：

借：应收票据——E公司	35 100	
贷：主营业务收入		30 000
应交税费——应交增值税（销项税额）		5 100

例5—60 银行承兑汇票到期，AB公司收到E公司支付的全部购货款项共计35 100元。

解析：这项经济业务的发生，一方面使AB公司的银行存款（资产）增加了35 100元；另一方面使AB公司的应收票据（资产）减少了35 100元。因此，会计分录为：

借：银行存款	35 100	
贷：应收票据——E公司		35 100

例5—61 2月8日，AB公司预收F公司采购A商品的购货款50 000元。

解析：这项经济业务的发生，一方面使AB公司的银行存款（资产）增加了50 000元；另一方面使AB公司的预收账款（负债）增加了50 000元。因此，会计分录为：

借：银行存款	50 000	
贷：预收账款——F公司		50 000

例 5—62　承例 5—61,2 月 12 日,AB 公司向 F 公司发出 A 商品,发票注明该批商品的价款为 40 000 元,增值税税额为 6 800 元,F 公司用此前预付给 AB 公司的 50 000 元结算。

解析:这项经济业务的发生,一方面使 AB 公司的预收账款(负债)减少了 46 800 元;另一方面使 AB 公司应确认的主营业务收入(损益)增加了 40 000 元;同时应交税费(负债)增加了 6 800 元。因此,会计分录为:

借:预收账款——F 公司	46 800	
贷:主营业务收入		40 000
应交税费——应交增值税(销项税额)		6 800

例 5—63　承例 5—62,2 月 13 日,AB 公司退回给 F 公司购买 A 产品的剩余款项。

解析:这项经济业务的发生,一方面使 AB 公司的预收账款(负债)减少了 3 200 元;另一方面使 AB 公司的银行存款(资产)减少了 3 200 元。因此,会计分录为:

借:预收账款——F 公司	3 200	
贷:银行存款		3 200

例 5—64　2 月 20 日,AB 公司赊销给 G 公司一批 A 产品,发票注明价款为 20 000 元,增值税税额为 3 400 元。AB 公司为了鼓励 G 公司早日归还货款,承诺给予 G 公司现金折扣,折扣条件为:2/10,1/20,n/30。

解析:这项经济业务的发生,一方面使 AB 公司的应收账款(资产)增加了 23 400 元;另一方面使 AB 公司应确认的主营业务收入(损益)增加了 20 000 元;同时应交税费(负债)增加了 3 400 元。因此,会计分录为:

借:应收账款——G 公司	23 400	
贷:主营业务收入		20 000
应交税费——应交增值税(销项税额)		3 400

例 5—65　承例 5—64,G 公司在 10 日内归还 AB 公司的全部货款,并享受了 AB 公司给予的 2%的现金折扣。

解析:这项经济业务的发生,一方面使 AB 公司的银行存款(资产)增加了 23 000 元,同时由于给予购货方现金折扣,故财务费用(损益)增加了 400 元;另一方面使 AB 公司的应收账款(资产)减少了 23 400 元。因此,会计分录为:

借:银行存款	23 000	
财务费用	400	
贷:应收账款——G 公司		23 400

假设 G 公司在第 15 日归还 AB 公司的全部货款,并享受了 AB 公司给予的 1%的现金折扣。

解析:这项经济业务的发生,一方面使 AB 公司的银行存款(资产)增加了 23 200 元,同时由于给予购货方现金折扣,故财务费用(损益)增加了 200 元;另一方面使 AB 公司的应收账款(资产)减少了 23 400 元。因此,会计分录为:

借:银行存款	23 200	
财务费用	200	
贷:应收账款——G 公司		23 400

假设 G 公司在第 25 日归还 AB 公司的全部货款,没有享受 AB 公司给予的现金折扣。

这项经济业务的发生,一方面使 AB 公司的银行存款(资产)增加了 23 400 元,同时由于购货方没有在给予现金折扣的期间内归还货款，因此没有给予购货方现金折扣；另一方面使AB公司的应收账款(资产)减少了23 400元。因此，会计分录为：

借:银行存款　　23 400

　　贷:应收账款——G公司　　23 400

例5—66　AB公司向E公司销售B产品，发票注明的价款为30 000元，增值税税额为5 100元，全部款项已经支付。但在E公司验收入库时发现该部分产品存在质量问题，经双方协商，AB公司给予E公司价款20%的销售折让，相应款项已经退回E公司。AB公司按规定冲减销售折让对应的收入和增值税税额。

解析:这项经济业务的发生，一方面使AB公司向E公司销售货物的主营业务收入(损益)减少了6 000元，同时应交税费(负债)也减少了1 020元；另一方面因为AB公司退回相应货款使AB公司的银行存款(资产)减少了7 020元。因此，会计分录为：

借:主营业务收入　　6 000

　　应交税费——应交增值税(销项税额)　　1 020

　　贷:银行存款　　7 020

例5—67　本月AB公司出售给D公司一批A产品，发票注明的价款为10 000元，增值税税额为1 700元，款项已经支付。但在D公司验收入库时发现该批产品存在质量问题，当即予以退货。AB公司按规定冲减相应的收入和增值税税额。

解析:这项经济业务的发生，一方面使AB公司向D公司销售货物的主营业务收入(损益)减少了10 000元，同时应交税费(负债)也减少了1 700元；另一方面因为AB公司退回相应货款使AB公司的银行存款(资产)减少了11 700元。因此，会计分录为：

借:主营业务收入　　10 000

　　应交税费——应交增值税(销项税额)　　1 700

　　贷:银行存款　　11 700

(二)主营业务成本业务核算

1. 主营业务成本的含义和主要内容

当企业销售商品时，构成了工业企业的主营业务，如果同时满足销售商品收入确认的5条原则，企业应该将销售商品的“主营业务收入”予以确认。根据收入与费用配比的原则，销售商品获得收入的同时，必然减少了库存的存货，这作为企业为了取得主营业务收入而垫支的资金，构成了企业的费用，因此要将销售商品的成本予以结转，即形成了企业的“主营业务成本”。所谓的主营业务成本，是指公司生产和销售与主营业务有关的产品或服务所必须投入的直接成本，主要包括原材料、人工成本(工资)和固定资产折旧等。主营业务成本的计算公式如下：

本期应结转的主营业务成本＝本期销售商品的数量×单位商品的生产成本

企业为了核算主营业务成本的发生和结转情况，需要设立“主营业务成本”账户。

2.“主营业务成本”账户设置

(1)“主营业务成本”账户核算内容

该账户属于损益类账户，用来核算企业根据收入准则确认销售商品、提供劳务等主营业务收入时应结转的成本。

该账户的借方登记主营业务成本的增加额，反映月末企业根据本月销售各种商品、提供的各种劳务等计算实际成本的金额；贷方登记主营业务成本的减少额，反映本期发生销售退回时直接从本月的销售商品数量中冲减的金额以及期末将本账户的余额转入“本年利润”账户的金额，结转后本账户应无余额。

该账户按照主营业务的种类设置明细账，进行明细分类核算。

（2）“主营业务成本”账户的T形账结构（如图5—35所示）

主营业务成本	
期末计算本期已售出产品的成本	销售退回时冲减的商品销售成本 期末转入“本年利润”账户的本期已售产品的成本

图5—35　“主营业务成本”账户的T形账

3. 主营业务成本核算的基本分录

（1）企业确认销售商品收入的同时结转销售成本。

借：主营业务成本

　　贷：库存商品　　　　　　　　　　　　　　　　　　　　　　　[分录48]

（2）在存在销售退回时，做成本抵减处理（不考虑资产负债表日后事项）。

借：库存商品

　　贷：主营业务成本　　　　　　　　　　　　　　　　　　　　　[分录49]

（3）期末，将“主营业务成本”账户余额转入“本年利润”账户，见[分录62]。

4. 主营业务成本核算举例

2015年2月，AB公司主营业务成本相关业务如下：

例5—68　AB公司结转本月出售A产品的成本为56 000元；结转本月出售B产品的成本为24 000元。

解析：这项经济业务的发生，一方面使AB公司因销售而增加了主营业务成本（成本）80 000元；另一方面使AB公司的库存商品——A、B两种产品分别减少了56 000元和24 000元。因此，会计分录为：

借：主营业务成本　　　　　　　　　　　　　　　80 000

　　贷：库存商品——A产品　　　　　　　　　　　　　56 000

　　　　　　　　——B产品　　　　　　　　　　　　　24 000

例5—69　本月AB公司出售给D公司一批A产品，成本为8 000元。但在D公司验收入库时发现该批产品存在质量问题，当即予以退货。AB公司按规定冲减销售退回对应的产品成本。

解析：这项经济业务的发生，一方面使AB公司因销售退回而转回库存商品——A产品（资产）的成本8 000元；另一方面使AB公司已经结转的销售产品的主营业务成本（成本）也随之减少了8 000元。因此，会计分录为：

借：库存商品——A产品　　　　　　　　　　　　　8 000

　　贷：主营业务成本　　　　　　　　　　　　　　　　8 000

（三）营业税金及附加核算

1. 营业税金及附加的含义和主要内容

所谓营业税金及附加，是指企业在销售商品的过程中，实现了商品的销售额，而向国家税务机关缴纳的各种销售税金及附加。企业经营的主要业务应负担的营业税金及附加包括营业税、消费税、资源税、教育费附加、城市维护建设税等相关税费。这些营业税金及附加一般根据当月的销售额或应税额，按照规定的税率计算，并于下月月初缴纳。部分营业税金及附加的计算公式如下：

应交消费税＝应税消费品的销售额×消费税税率

应交城市维护建设税＝(当期的营业税＋消费税＋增值税)×城市维护建设税税率

应交教育费附加＝(当期的营业税＋消费税＋增值税)×教育费附加的税率

企业为了核算营业税金及附加的发生和结转情况，需要设立"营业税金及附加"账户。

2."营业税金及附加"账户设置

(1)"营业税金及附加"账户核算内容

该账户属于损益类账户，用来核算企业经营活动发生的营业税、消费税、城市维护建设税、资源税和教育费附加等相关税费。(注：房产税、车船使用税、土地使用税、印花税在"管理费用"账户核算，不在本账户核算。)

该账户的借方登记营业税金及附加的增加额，反映企业按规定计算确定的与经营活动相关的税费；贷方登记营业税金及附加的减少额，反映期末将本账户的余额转入"本年利润"账户的金额，结转后本账户应无余额。

(2)"营业税金及附加"账户的T形账结构(如图5－36所示)

营业税金及附加

按规定计算确定的与经营活动相关的税费	期末转入"本年利润"账户的营业税金及附加

图5－36 "营业税金及附加"账户的T形账

3. 营业税金及附加核算的基本分录

(1)企业计算应缴纳的营业税金及附加时：

借：营业税金及附加
　　贷：应交税费——应交消费税
　　　　　　　——应交城市维护建设税
　　　　　　　——应交教育费附加　　　　[分录50]

(2)期末，将"营业税金及附加"账户余额转入"本年利润"账户，见[分录62]。

4. 营业税金及附加核算举例

例5－70　2015年2月末，AB公司销售的A商品为应税消费品，本月销售总额为60 000元，应缴纳的增值税税额为1 020元。假设消费税税率为10%，城市维护建设税税率为7%，教育费附加率为3%。计算本月应交消费税、城市维护建设税及教育费附加。

解析：

应交消费税＝60 000×10%＝6 000(元)

应交城市维护建设税＝(0＋6 000＋1 020)×7%＝491.4(元)

应交教育费附加＝(0＋6 000＋1 020)×3%＝210.6(元)

这项经济业务的发生，一方面使AB公司营业税金及附加(损益)增加了6 702元；另一方面使 AB 公司的应交税费(负债)——应交消费税增加了 6 000 元、应交城市维护建设税增加了 491.4 元、应交教育费附加增加了 210.6 元。因此,会计分录为:

借:营业税金及附加　　6 702
　贷:应交税费——应交消费税　　6 000
　　　　——应交城市维护建设税　　491.4
　　　　——应交教育费附加　　210.6

二、其他业务收支的核算

企业在生产经营的过程中,除了通过生产和销售产品等主营业务而获得收益,还会发生一些经常性的、兼营性质的业务,即其他业务,它是企业在日常经营过程中发生的除主营业务以外的业务。对于工业企业而言,其他业务包括销售原材料、出租固定资产、出租无形资产等让渡资产使用权的服务等。对于不同的企业,主营业务与其他业务是可以相互转换的,要区别企业类型来对待。例如,在商品生产企业,销售商品是主营业务,而提供服务是其他业务;但在运输企业,提供运输服务就是主营业务,而附带销售商品则是其他业务。

(一)其他业务收入业务核算

1. 其他业务收入的含义和主要内容

其他业务收入,是指企业主营业务收入以外的所有通过销售商品、提供劳务收入及让渡资产使用权等日常活动中所形成的经济利益的流入,如材料物资及包装物销售、无形资产使用权实施许可、固定资产出租、包装物出租、运输、废旧物资出售收入等。其他业务收入是企业从事除主营业务以外的其他业务活动所取得的收入,具有每笔业务金额一般较小、占收入的比重较低等特点。

企业为了核算其他业务收入的发生和结转情况,需要设立"其他业务收入"账户。

2."其他业务收入"账户设置

(1)"其他业务收入"账户核算内容

该账户属于损益类账户,用来核算企业根据收入准则确认的除主营业务以外的其他经营活动实现的收入。

该账户的贷方登记其他业务收入的增加额,反映企业确认的其他业务收入;借方登记其他业务收入的减少额,反映期末将本账户余额转入"本年利润"账户的金额,结转后本账户无余额。

该账户按照其他业务收入种类设置明细账,进行明细分类核算。

(2)"其他业务收入"账户的 T 形账结构(如图 5—37 所示)

其他业务收入

期末转入"本年利润"账户的其他业务收入	本期确认的其他业务收入

图 5—37　"其他业务收入"账户的 T 形账

3. 其他业务收入核算的基本分录

(1)企业同时满足商品销售收入确认的五个条件时,确认原材料等的销售收入。

借:银行存款、库存现金、应收票据、应收账款等

贷:其他业务收入

应交税费——应交增值税(销项税额)　[分录51]

(2)企业确认让渡资产使用权取得的收入。

借:银行存款、库存现金、应收票据、应收账款等

贷:其他业务收入　[分录52]

(3)期末,将"其他业务收入"账户余额转入"本年利润"账户,见[分录61]。

4. 其他业务收入核算举例

2015年2月份,AB公司其他业务收入相关业务如下:

例5—71　AB公司对外销售一批甲材料,售价为20 000元,增值税税额为3 400元,另垫付运费1 200元,款项已经收到并存入银行。

解析:这项经济业务的发生,一方面使AB公司的银行存款(资产)增加了23 400元;另一方面使AB公司的其他业务收入(损益)增加了20 000元、应交税费(负债)增加了3 400元、应收回代垫运费而形成的其他应收款(资产)增加了1 200元。因此,会计分录为:

借:银行存款　24 600

贷:其他业务收入　20 000

应交税费——应交增值税(销项税额)　3 400

其他应收款　1 200

例5—72　AB公司对外出租闲置厂房,获得租金收入为5 000元,存入银行(假设不考虑营业税)。

解析:这项经济业务的发生,一方面使AB公司因让渡资产使用权而使银行存款(资产)增加了5 000元;另一方面使AB公司的其他业务收入(损益)增加了5 000元。因此,会计分录为:

借:银行存款　5 000

贷:其他业务收入　5 000

(二)其他业务成本业务核算

1. 其他业务成本的含义和主要内容

其他业务成本,是指企业除主营业务活动以外的其他经营活动所发生的成本,包括销售材料成本、出租固定资产折旧额、出租无形资产摊销额、出租包装物成本或摊销额等。

企业为了核算其他业务成本的发生和结转情况,需要设立"其他业务成本"账户。

2. "其他业务成本"账户设置

(1)"其他业务成本"账户核算内容

该账户属于损益类账户,用来核算企业除主营业务活动以外的其他经营活动所发生的支出。

该账户的借方登记其他业务成本的增加额,反映企业发生的其他业务成本;贷方登记其他业务成本的减少额,反映期末将本账户余额转入"本年利润"账户的金额,结转后本账户无余额。

该账户按照其他业务成本种类设置明细账,进行明细分类核算。

(2)“其他业务成本”账户的T形账结构(如图5—38所示)

其他业务成本

发生的其他业务成本	期末转入“本年利润”账户的其他业务成本

图5—38　“其他业务成本”账户的T形账

3. 其他业务成本核算的基本分录

(1)结转销售原材料成本。

借:其他业务成本

　　贷:原材料　　[分录53]

(2)结转让渡资产使用权的成本。

借:其他业务成本

　　贷:累计折旧、累计摊销等　　[分录54]

(3)期末,将“其他业务成本”余额转入“本年利润”账户,见[分录62]。

4. 其他业务成本核算举例

2015年2月份,AB公司其他业务成本相关业务如下:

例5—73　月末,AB公司结转本月对外销售的甲材料成本16 000元。

解析:这项经济业务的发生,一方面使AB公司的其他业务成本(成本)增加了16 000元;另一方面使AB公司的原材料——甲材料(资产)减少了16 000元。因此,会计分录为:

借:其他业务成本　　16 000

　　贷:原材料——甲材料　　16 000

例5—74　月末,AB公司计提出租闲置厂房的折旧额1 000元。

解析:这项经济业务的发生,一方面使AB公司的其他业务成本(成本)增加了1 000元;另一方面使AB公司固定资产的累计折旧(资产的抵减账户)增加了1 000元。因此,会计分录为:

借:其他业务成本　　1 000

　　贷:累计折旧　　1 000

知识拓展5—7　对劳务的确认与计量——完工百分比法

1. 完工百分比法的含义

企业在资产负债表日提供劳务交易的结果能够可靠估计的,应当采用完工百分比法确认提供劳务收入。

2. 采用完工百分比法的条件

采用完工百分比法首先要同时满足以下三个条件:收入的金额能够可靠地计量;相关的经济利益很可能流入企业;交易的完工进度能够可靠地确定。

3. 完工百分比法的计算公式

在采用完工百分比法确认收入时,收入和相关成本应按以下公式计算:

本期确认的收入=提供劳务收入总额×完工进度－以前会计期间累计已确认提供劳务收入

本期确认的成本=提供劳务预计成本总额×完工进度－以前会计期间累计已确认提供劳务成本

4. 完工百分比法应用举例

例 5—拓展 9 某公司于 2014 年 12 月 1 日接受一项设备安装任务，安装期为 3 个月，合同总收入 300 000 元，至年底已预交安装费 220 000 元，实际发生安装费用 140 000 元(假定均为安装人员薪酬)，估计还会发生 60 000 元，假定公司按实际发生的成本占估计总成本的比例确定劳务的完工进度，不考虑其他因素。计算该公司的收入。

解析：

$$2014\text{ 年完工百分比}=\frac{140\ 000}{140\ 000+60\ 000}\times 100\%=70\%$$

应确认的收入＝300 000×70%＝210 000(元)

应确认的成本＝140 000(元)

第六节　财务成果形成与分配过程经济业务的核算

一、财务成果的含义

财务成果，是指企业一定时期内生产和经营活动的最终结果，表现为企业的利润或者亏损。所谓利润，是指按照配比的要求，将一定时期内存在因果关系的收入与费用进行配比而产生的结果，收入大于费用支出的差额部分；反之则为亏损。财务成果是综合反映企业工作质量的一项重要指标，也是反映企业经济效益高低及资金使用效果的重要指标。

进行企业财务成果核算的一个重要任务，就是正确计算企业在一定会计期间的盈亏。而正确计算盈亏的关键在于正确计算一个会计期间的收入和费用，然后通过收入与费用的配比来确定该会计期间的盈亏。企业在产品销售过程中所取得的营业利润，并不是企业的最终利润，因为企业在经营管理活动中，还会发生一些交易和事项，它们可能会涉及期间费用、投资收益、利得和损失等，这些也同样是工业企业利润的重要组成部分。

企业实现的净利润，要按照国家有关规定进行分配，如提取法定盈余公积、向投资者分配利润等。而企业的净亏损，要按照国家的有关规定进行弥补。

因此，确定企业实现的利润和对利润进行分配，就构成了企业财务成果核算的主要内容。

二、利润的构成与计算

反映企业财务成果的利润(或亏损)，就其构成内容来看，既有通过企业生产经营活动而获得的，也有反映企业投资活动而获得的以及与生产经营无关的活动获得的利得和损失等。根据会计等式“利润＝收入－费用”，企业在一定会计期间的利润(或亏损)是由以下几个部分构成的，其关系为：

利润总额(或亏损总额)＝营业利润＋营业外收入－营业外支出

其中：营业利润是工业企业利润的主要来源，反映企业管理者的经营业绩。影响营业利润的指标主要有主营业务利润、其他业务利润、期间费用、资产减值损失、公允价值变动净损益、投资净损益等，其关系为：

营业利润＝主营业务利润＋其他业务利润－期间费用－资产减值损失±公允价值变动损益±投资收益

其中：

主营业务利润＝主营业务收入－主营业务成本－营业税金及附加

其他业务利润＝其他业务收入－其他业务成本

期间费用＝销售费用＋管理费用＋财务费用

当企业实现了利润总额以后，首先要向国家缴纳所得税。因此，利润总额扣除所得税费用之后的净额即为净利润，其关系为：

净利润＝利润总额－所得税

三、营业利润形成过程的核算

（一）期间费用的核算

期间费用，是指不能直接归属于某个特定产品成本的费用。它是随着时间推移而发生的与当期产品的管理和产品销售直接相关，而与产品的产量、产品的制造过程无直接关系，即容易确定其发生的期间，而难以判别其所应归属的产品，因而不能列入产品制造成本，而是在发生的当期从损益中扣除。期间费用包括直接从企业的当期产品销售收入中扣除的销售费用、管理费用和财务费用。

1. 销售费用

(1)销售费用的含义和主要内容

销售费用，是指企业在销售产品、自制半成品和提供劳务等过程中发生的各项费用，包括由企业负担的包装费、运输费、广告费、装卸费、保险费、委托代销手续费、展览费、租赁费(不含融资租赁费)和销售服务费，以及专设销售机构的工作人员工资、职工福利费、差旅费、折旧费、修理费、物料消耗、低值易耗品摊销以及其他经费等。[注：设有独立销售机构(如门市部、经理部)的工业企业，其独立销售机构所发生的一切费用均列入销售费用；未设立独立销售机构且销售费用很少的工业企业，按规定，可将销售费用并入管理费用。]

企业为了核算销售费用的发生和结转情况，需要设立“销售费用”账户。

(2)“销售费用”账户设置

①“销售费用”账户核算内容

该账户属于损益类账户，用来核算企业销售商品和材料、提供劳务的过程中发生的各种费用。

该账户的借方登记销售费用的增加额，反映企业发生的销售费用；贷方登记销售费用的减少额，反映期末将本账户的余额转入“本年利润”账户的金额，结转后本账户应无余额。

②“销售费用”账户的T形账结构(如图5—39所示)

销售费用	
本期发生的各项销售费用	期末转入“本年利润”账户的销售费用

图5—39　“销售费用”账户的T形账

(3)销售费用核算的基本分录

①支付广告费等销售费用时：

借：销售费用

　　贷：银行存款、库存现金、应付职工薪酬等　　　　[分录55]

②期末，将销售费用转入“本年利润”账户，见[分录62]。

(4)销售费用核算举例

2015年2月份，AB公司有关销售费用业务如下：

例5—75　本月，AB公司以银行存款支付本期广告费2 000元。

解析：这项经济业务的发生，一方面使AB公司的销售费用（损益）增加了2 000元；另一方面使AB公司的银行存款（资产）减少了2 000元。因此，会计分录为：

借：销售费用　　　　2 000

　　贷：银行存款　　　　2 000

注：例5—75至例5—88均为2015年2月份AB公司发生的业务，具有连续性，用作该企业月末财务成果的归集与分配使用。

例5—76　本月，AB公司用现金支付专设销售办事处的维修费500元。

解析：这项经济业务的发生，一方面使AB公司的销售费用（损益）增加了500元；另一方面使AB公司的库存现金（资产）减少了500元。因此，会计分录为：

借：销售费用　　　　500

　　贷：库存现金　　　　500

2. 管理费用

(1)管理费用的含义和主要内容

管理费用，是指企业行政管理部门为组织和管理生产经营活动而发生的各项费用。管理费用属于期间费用，在发生的当期就计入当期的损益。

管理费用的具体项目包括：企业在筹建期间内发生的开办费、董事会和行政管理部门在企业的经营管理中发生的或者应由企业统一负担的公司经费（包括行政管理部门职工薪酬、物料消耗、低值易耗品摊销、办公费和差旅费等）、工会经费、董事会费（包括董事会成员津贴、会议费和差旅费等）、聘请中介机构费、咨询费（含顾问费）、诉讼费、业务招待费、房产税、车船使用税、土地使用税、印花税、技术转让费、矿产资源补偿费、研究费用、排污费等。

企业为了核算管理费用的发生和结转情况，需要设立“管理费用”账户。

(2)“管理费用”账户设置

①“管理费用”账户核算内容

该账户属于损益类账户，用来核算企业为组织和管理企业生产经营发生的管理费用。

该账户的借方登记管理费用的增加额，反映企业发生的管理费用金额；贷方登记管理费用的减少额，反映期末将本账户的余额转入“本年利润”账户的金额，结转后本账户应无余额。

②“管理费用”账户的T形账结构（如图5—40所示）

管理费用

本期发生的各项管理费用	期末转入“本年利润”账户的管理费用

图5—40　“管理费用”账户的T形账

(3)管理费用核算的基本分录

①发生管理费用时：

借：管理费用

　　贷：银行存款、原材料、应付职工薪酬、累计折旧、应交税费等　　［分录 56］

②期末，将管理费用转入“本年利润”账户，见［分录 62］。

(4)管理费用核算举例

2015 年 2 月份，AB 公司有关管理费用业务如下：

例 5—77　本月，AB 公司管理部门报销差旅费 2 800 元，以银行存款支付。

解析：这项经济业务的发生，一方面使 AB 公司的管理费用（损益）增加了 2 800 元；另一方面使 AB 公司的银行存款（资产）减少了 2 800 元。因此，会计分录为：

借：管理费用　　2 800

　　贷：银行存款　　2 800

例 5—78　本月，AB 公司用现金缴纳印花税 300 元。

解析：这项经济业务的发生，一方面使 AB 公司的管理费用（损益）增加了 300 元；另一方面使 AB 公司的库存现金（资产）减少了 300 元。因此，会计分录为：

借：管理费用　　300

　　贷：库存现金　　300

3. 财务费用（内容见本章第二节）

(二)投资收益的核算

1. 投资收益的含义和主要内容

企业为了合理有效地利用资金，除了正常生产经营活动以外，还需将资金进行组合投资，如投放于股票、基金、债权等资本市场，或者直接投资于其他企业，希望能够获得投资收益。投资一般可分为实业投资和金融投资两大类。其中，实业投资，是指一种对企业进行股权投资和提供经营管理服务的利益共享、风险共担的投资方式；金融投资，是指证券投资。无论是哪种投资，取得的投资收益一般是通过获得被投资方所分的利润、利息、股息、红利所得等。

所谓的投资收益，是指企业对外投资所取得的利润、股利和债券利息等收入减去投资损失后的净损益。即：投资收益＝投资净收益－投资净损失。它最终既可能是正数，表示投资净收益；也可能是负数，表示投资净损失。

为了核算投资净损益，企业根据《企业会计准则》的要求，专门设立了“投资收益”账户。

2.“投资收益”账户设置

(1)“投资收益”账户核算内容

该账户属于损益类账户，用来核算企业确认的投资收益或投资损失。

该账户的贷方登记投资收益的增加额，反映企业实现的投资收益和期末将本账户的投资净损失转入“本年利润”账户的金额；借方登记投资收益的减少额，反映企业发生的投资损失和期末将本账户的投资净收益转入“本年利润”账户的金额，结转后本账户应无余额。

(2)“投资收益”账户的 T 形账结构（如图 5—41 所示）

投资收益

发生的投资损失 期末转入"本年利润"账户的投资净收益	取得的投资收益 期末转入"本年利润"账户的投资净损失

图 5－41 "投资收益"账户的T形账

3. 投资收益核算的基本分录

(1)在获得股利并尚未收到时(如长期股权投资成本法核算)：

借:应收股利

　　贷:投资收益　　　　　　　　　　　　　　　　　　[分录 57]

(2)出售交易性金融资产时：

借:银行存款

　　贷:交易性金融资产

　　　　投资收益　　　　　　　　　　　　　　　　　　[分录 58]

(3)期末,如果是投资净收益,将其转入"本年利润"账户,见[分录 61]。

(4)期末,如果是投资净损失,将其转入"本年利润"账户,见[分录 62]。

4. 投资收益核算举例

2015 年 2 月份,AB 公司投资相关业务如下：

例 5－79　本月,AB 公司收到所投资的江海公司宣告发放现金股利,AB 公司根据投资份额可分到现金股利 50 000 元,款项尚未收到。

解析:这项经济业务的发生,一方面使 AB 公司的应收股利(资产)增加了 50 000 元;另一方面使 AB 公司的投资收益(收入)增加了 50 000 元。因此,会计分录为：

借:应收股利　　　　　　　　　　　　　　50 000

　　贷:投资收益　　　　　　　　　　　　　　　50 000

知识拓展 5－8　对交易性金融资产的核算

1. 交易性金融资产的含义

交易性金融资产,是指企业为了近期内出售而持有的证券投资,如以赚取差价为目的从二级市场购买的股票、债券、基金等。

2. 交易性金融资产的特点

交易性金融资产具有以下特点:企业持有的目的是短期性的,即在初次确认时即确定其持有目的是为了短期获利,此处的"短期"应该是不超过 1 年(包括 1 年);该资产具有活跃市场,公允价值能够通过活跃市场获取;交易性金融资产持有期间不计提资产减值损失。

3."交易性金融资产"账户设置

(1)"交易性金融资产"账户核算内容

该账户属于资产类账户,用来核算企业为交易目的持有的债券、股票、基金和权证投资等交易性金融资产的公允价值。

该账户的借方登记交易性金融资产的增加额,反映企业取得交易性金融资产的成本及期末公允价值变动调增额;贷方登记交易性金融资产的减少额,反映企业处置交易性金融资产的价值及期末公允价值变动调减额；期末余额在借方，反映企业持有交易性金融资产的公允价值。

该账户按照企业持有交易性金融资产的类别和品种，分别设置“成本”“公允价值变动”明细账，进行明细分类核算。其中：“成本”明细账核算企业取得交易性金融资产时的成本，“公允价值变动损益”明细账核算企业交易性金融资产等公允价值变动而形成的应计入当期损益的利得或损失。

(2)“交易性金融资产”账户的T形账结构(如图5—42所示)

交易性金融资产

企业取得交易性金融资产的成本 期末公允价值变动调增额	企业处置交易性金融资产的价值 期末公允价值变动调减额
期末余额：实有交易性金融资产的公允价值	

图5—42　“交易性金融资产”账户的T形账

4. 交易性金融资产核算会计分录

(1)取得的初始计量

借：交易性金融资产——成本(公允价值)

投资收益(手续费)

应收股利/应收利息(已宣告尚未发放的股利/已到付息期尚未领取的利息)

贷：银行存款(实际支付的款项)　[拓展分录14]

(2)如果购入的交易性金融资产是股票时：

①宣告分派现金股利时：

借：应收股利

贷：投资收益　[拓展分录15]

②现金股利发放时：

借：银行存款

贷：应收股利　[拓展分录16]

(3)如果购入的交易性金融资产是债券时：

①到付息期，尚未领取利息时：

借：应收利息

贷：投资收益　[拓展分录17]

②实际领取利息时：

借：银行存款

贷：应收利息　[拓展分录18]

(4)期末，公允价值发生变动

①当公允价值上升时：

借：交易性金融资产——公允价值变动

贷：公允价值变动损益　[拓展分录19]

②当公允价值下降时：

借：公允价值变动损益

贷：交易性金融资产——公允价值变动　[拓展分录20]

(5)出售交易性金融资产

借:银行存款

　　贷:交易性金融资产——成本

　　　　　　　　　　——公允价值变动(也可能在借方)

　　　　应收股利/应收利息(已宣告尚未发放的股利/已到付息期尚未领取的利息)

　　　　投资收益(差额,也可能在借方)　　　　[拓展分录21]

同时,结转"公允价值变动损益"账户。

借:公允价值变动损益

　　贷:投资收益(也可能是相反分录)　　　　[拓展分录22]

5. 交易性金融资产核算举例

例5—拓展10　甲公司2014年4月10日从证券交易所购入乙公司发行的股票10万股作为交易性金融资产持有,共以银行存款支付投资款408 000元,其中含有3 000元相关交易费用,已宣告尚未发放的现金股利5 000元。2014年5月20日,甲公司收到现金股利5 000元;2014年12月31日该股票的市价为420 000元;2015年1月10日,乙公司宣告分派现金股利,甲公司根据持股数计算为4 000元;2015年2月1日,甲公司将所持的乙公司的股票出售,共收取款项440 000元。假定甲公司无其他投资事项。

解析:

(1)2014年4月10日,当甲公司购入股票时:

借:交易性金融资产——成本　　400 000

　　投资收益　　3 000

　　应收股利　　5 000

　　贷:银行存款　　408 000

(2)2014年5月20日,收到现金股利时:

借:银行存款　　5 000

　　贷:应收股利　　5 000

(3)2014年12月31日,当甲公司交易性金融资产公允价值发生变化时:

借:交易性金融资产——公允价值变动　　20 000

　　贷:公允价值变动损益　　20 000

(4)2015年1月10日,当甲公司持有的该股票宣告分派现金股利时:

借:应收股利　　4 000

　　贷:投资收益　　4 000

(5)2015年2月1日,甲公司出售股票时:

借:银行存款　　440 000

　　贷:交易性金融资产——成本　　400 000

　　　　　　　　　　——公允价值变动　　20 000

　　　　应收股利　　4 000

　　　　投资收益　　16 000

同时,结转"公允价值变动损益"账户。

借:公允价值变动损益　　20 000

　　贷:投资收益　　20 000

四、净利润形成过程的核算

(一)营业外收支的核算

1. 营业外收入

(1)营业外收入的含义和主要内容

营业外收入，是指与企业正常生产经营活动没有直接关系的各项利得，包括处置固定资产、出售无形资产净收益、非货币性资产交换收益、罚款收入等。由于这种利得的产生不是因为耗费某种资源而产生的，因此营业外收入没有相应的费用支出相配比。

为了核算企业获得的利得，根据《企业会计准则》的要求，专门设立了"营业外收入"账户。

(2)"营业外收入"账户设置

①"营业外收入"账户核算内容

该账户属于损益类账户，用来核算企业发生的与其经营活动无直接关系的各项净收入。

该账户的贷方登记营业外收入的增加额，反映企业发生的营业外收入；借方登记营业外收入的减少额，反映期末将本账户的余额转入"本年利润"账户的金额，结转后本账户应无余额。

②"营业外收入"账户的T形账结构(如图5—43所示)

营业外收入

期末转入"本年利润"账户的营业外收入	发生的各项营业外收入

图5—43 "营业外收入"账户的T形账

(3)营业外收入核算的基本分录

①企业获得营业外收入时：

借：银行存款等

　　贷：营业外收入　　[分录59]

②期末，将营业外收入账户余额转入"本年利润"账户，见[分录61]。

(4)营业外收入核算举例

例5—80 2015年2月份，AB公司有关营业外收入业务如下：本月，AB公司收到M公司捐赠的货币资金15 000元，已存入银行。

解析：这项经济业务的发生，一方面使AB公司的银行存款(资产)增加了15 000元；另一方面使AB公司接受捐赠的利得形成的营业外收入(损益)增加了15 000元。因此，会计分录为：

借：银行存款　　15 000

　　贷：营业外收入　　15 000

2. 营业外支出

(1)营业外支出的含义和主要内容

营业外支出，是指与企业正常生产经营活动没有直接关系的各项支出，包括固定资产盘亏损失、处置固定资产净损失、出售无形资产净损失、非常损失、罚款支出、债务重组损失、公益性捐赠支出等。由于这种损失的产生一般不会相应带来收入，因此营业外支出没有相应的收入相配比。

为了核算企业遭受的损失，根据《企业会计准则》的要求，专门设立了"营业外支出"账户。

(2)"营业外支出"账户设置

①"营业外支出"账户核算内容

该账户属于损益类账户,用来核算企业发生的与其经营活动无直接关系的各项净支出。

该账户的借方登记营业外支出的增加额,反映企业发生的营业外支出;贷方登记营业外支出的减少额,反映期末将本账户的余额转入"本年利润"账户的金额,结转后本账户应无余额。

②"营业外支出"账户的T形账结构(如图5—44所示)

营业外支出

发生的各项营业外支出	期末转入"本年利润"账户的营业外支出

图5—44 "营业外支出"账户的T形账

(3)营业外支出核算的基本分录

①企业发生营业外支出时:

借:营业外支出

贷:银行存款等 [分录60]

②期末,将营业外支出账户余额转入"本年利润"账户,见[分录62]。

(4)营业外支出核算举例

例5—81 2015年2月份,AB公司有关营业外支出业务如下:本月,AB公司被环境监管部门罚款200元,款项已经用现金支付。

解析:这项经济业务的发生,一方面使AB公司的营业外支出(损益)增加了200元;另一方面使AB公司的库存现金(资产)减少了200元。因此,会计分录为:

借:营业外支出 200

贷:库存现金 200

(二)利润形成的核算

企业在生产经营的过程中,实现了各项收入,并相应发生了各项费用支出,这些收入、费用都已通过相应账户核算。为了反映一定时期企业的财务成果,即利润总额,企业通过"本年利润"账户进行核算。本年利润,是指企业某个会计年度的净利润(或净亏损),它是由企业利润组成内容计算确定的,是企业从公历年1月份至12月份逐步累计而形成的一个动态指标。

1."本年利润"账户设置

(1)"本年利润"账户核算内容

本年利润是一个汇总类账户,属于所有者权益类账户,用来核算企业当年实现的净利润(或发生的净亏损)。

该账户的贷方登记企业当期实现的各项收入,包括主营业务收入、其他业务收入、投资收益(净收益)、营业外收入等;借方登记企业当期发生的各项费用与支出,包括主营业务成本、主营业务税金及附加、其他业务支出、销售费用、管理费用、财务费用、投资收益(净损失)、营业外支出、所得税费用等。借贷方发生额相抵后,若为贷方余额则表示企业本期经营活动实现的净利润,若为借方余额则表示企业本期发生的亏损。期末,该账户的余额转入"利润分配"账户,期末结转后本账户应无余额。

(2)“本年利润”账户的T形账结构(如图5—45所示)

本年利润

月末转入的： 主营业务成本 其他业务成本 营业税金及附加 管理费用 财务费用 销售费用 营业外支出 投资收益(净损失) 所得税费用 期末净利润转入“利润分配”的贷方金额	月末转入的： 主营业务收入 其他业务收入 营业外收入 投资收益(净收益) 期末净亏损转入“利润分配”的借方金额

图5—45　“本年利润”账户的T形账

2. 利润形成核算的基本分录

(1)当企业结转有关收入类账户时：

借:主营业务收入

　其他业务收入

　营业外收入

　投资收益(净收益)

　　贷:本年利润　　[分录61]

(2)当企业结转有关费用类账户时：

借:本年利润

　　贷:主营业务成本

　　　其他业务成本

　　　营业税金及附加

　　　管理费用

　　　财务费用

　　　销售费用

　　　营业外支出

　　　投资收益(净损失)

　　　所得税费用　　[分录62]

(3)经计算,如果本年利润是借方余额,则表示为净亏损;如果本年利润为贷方余额,则表示为净利润,并将净利润转入“利润分配”账户,见[分录64]。

3. 利润形成核算举例

例5—82　2015年2月末,AB公司将本月发生的各项收入包括主营业务收入84 000元、其他业务收入25 000元、投资收益(净收益)50 000元、营业外收入15 000元转入“本年利润”账户。

解析:这项经济业务的发生,一方面使AB公司的主营业务收入(损益)结转了84 000元,其他业务收入(损益)结转了25 000元,投资收益(损益)结转了50 000元,营业外收入(损益)结转了15 000元;另一方面使AB公司的本年利润(所有者权益)增加了174 000元(84 000+

25 000＋50 000＋15 000)。因此,会计分录为:

借:主营业务收入　　84 000
　其他业务收入　　25 000
　投资收益　　50 000
　营业外收入　　15 000
　贷:本年利润　　174 000

例 5—83　2015 年 2 月末,AB 公司将本月发生的各项费用包括主营业务成本 72 000 元、其他业务成本 17 000 元、营业税金及附加 6 702 元、管理费用 27 900 元、销售费用 14 900 元、财务费用 10 000 元、营业外支出 200 元转入“本年利润”账户。

解析:这项经济业务的发生,一方面使 AB 公司本年利润(所有者权益)减少了 148 702 元(72 000＋17 000＋6 702＋27 900＋14 900＋10 000＋200);另一方面使 AB 公司的主营业务成本(损益)结转了 72 000 元,其他业务成本(损益)结转了 17 000 元,营业税金及附加(损益)结转了 6 702 元,管理费用(损益)结转了 27 900 元,销售费用(损益)结转了 14 900 元,财务费用(损益)结转了 10 000 元,营业外支出(损益)结转了 200 元。因此,会计分录为:

借:本年利润　　148 702
　贷:主营业务成本　　72 000
　　其他业务成本　　17 000
　　营业税金及附加　　6 702
　　管理费用　　27 900
　　销售费用　　14 900
　　财务费用　　10 000
　　营业外支出　　200

(三)所得税费用的核算

1. 所得税费用的含义和主要内容

所得税费用,是指企业应计入当期损益的所得税费用。它是指企业按照国家税法规定,对其某一经营年度实现的经营所得和其他所得(即应纳税所得额)计算并向国家缴纳的一种税款,它是企业在利润总额的基础上,经过适当的纳税调整,依据所得税税率计算出所得税费用,是企业利润总额的减项。一般情况下,企业的所得税税率为 25%,各期预缴所得税的公式为:

应交所得税＝应纳税所得额×所得税税率

应纳税所得额＝利润总额±所得税税前利润中予以调整的项目

在计算所得税费用时,由于会计利润的计算方法和税法上应纳税所得额的计算方法不一致,应纳税所得额是在会计利润的基础上按照税法规定的口径进行调整计算得出的。所谓的会计利润,是指企业根据会计准则的要求,采用一定的会计程序与方法确定的所得税税前利润总额,其目的是向财务报告使用者提供关于企业经营成果的会计信息,为其决策提供相关、可靠的依据;所谓的应纳税所得额,是指按照所得税法的要求,以一定期间应纳税收入扣减税法准予扣除的项目后计算的应纳税所得,其目的是为企业进行纳税申报和国家税收机关核定企业应缴纳的所得税提供依据。会计利润与应纳税所得额之间的差异按其性质可以分为永久性差异和暂时性差异两种类型。

所谓的永久性差异，是指某一会计期间，由于会计准则和税法在计算收益、费用或损失时的口径不同所产生的税前会计利润与应纳税所得额之间的差异。这些差异主要包括需要将应纳税所得额调增的差异和需要将应纳税所得额调减的差异。其中，需要将应纳税所得额调增的差异包括：企业已经计入当期费用但超过税法规定扣除标准的金额，如超过税法规定标准的工资支出、业务招待费支出、税收罚款滞纳金、非公益性捐赠支出等；而需要将应纳税所得额调减的差异包括：按税法规定允许弥补的亏损和准予免税的项目，如5年内未弥补完的亏损、国债的利息收入等。这些永久性差异构成了企业所得税税前利润中需要调整的项目，需要按照上述应纳税所得额的公式予以调整，从而计算出企业的应纳税所得额。

而暂时性差异是指资产、负债的账面价值与其计税基础不同产生的差异，该差异的存在将影响未来期间的应纳税所得额。例如，企业按照会计准则的规定，固定资产按照双倍余额递减法计算折旧并计入当期成本费用；而按照税法的规定，固定资产需要按照直线法计算折旧并计入当期成本费用。两种计算方法的不同，导致资产的账面价值和计税基础产生差异，这就是所谓的暂时性差异，它会影响未来期间的应纳税所得额，因此需要采用资产负债表债务法进行相应的处理，这是会计学专业《中级财务会计》教材中所涉及的内容，本章将不再详细介绍。

为了核算企业的所得税，根据《企业会计准则》的要求，专门设立了“所得税费用”账户。

2.“所得税费用”账户设置

(1)“所得税费用”账户核算内容

该账户属于损益类账户，用来核算企业根据所得税准则确认的应从当期利润总额中扣除的所得税费用。

该账户的借方登记所得税费用的增加额，反映资产负债表日企业按照税法计算确定的当期应交所得税金额；贷方登记所得税费用的减少额，反映期末将本账户的余额转入“本年利润”账户的金额，结转后本账户应无余额。

(2)“所得税费用”账户的T形账结构(如图5—46所示)

所得税费用

按规定计算应交的企业所得税	期末转入“本年利润”账户的所得税费用

图5—46　“所得税费用”账户的T形账

3.所得税费用核算的基本分录

(1)计算所得税费用时：

借：所得税费用

　　贷：应交税费——应交所得税　　　　　　　　　　　　[分录63]

(2)期末，将“所得税费用”账户余额转入“本年利润”账户，见[分录62]。

4.所得税费用核算举例

例5—84　2015年2月末，AB公司按应纳税所得额的25%计算应交企业所得税。其中：应调整项目包括超过税法规定标准的工资支出2 000元。

解析：

利润总额＝17 400－148 702＝25 298(元)

应纳税所得额＝25 298＋2 000＝27 298(元)

应交所得税＝27 298×25％＝6 824.5(元)

这项经济业务的发生，一方面使AB公司的所得税费用(损益)增加了6 824.5元；另一方面使AB公司的应交税费(负债)增加了6 824.5元。因此，会计分录为：

借：所得税费用　　6 824.5

　　贷：应交税费——应交所得税　　6 824.5

例5—85　2015年2月末，AB公司将所得税费用转入“本年利润”账户。

解析：这项经济业务的发生，一方面使AB公司的本年利润(所有者权益)减少了6 824.5元；另一方面使AB公司的所得税费用(损益)结转了6 824.5元。因此，会计分录为：

借：本年利润　　6 824.5

　　贷：所得税费用　　6 824.5

五、企业利润分配业务的核算

当投资者将资金投入企业，企业通过生产经营获得了各项收入抵偿了各项成本、费用之后的余额，形成企业的所得税前利润(或亏损)。企业实现的利润，首先应以所得税的形式上缴国家，形成国家的财政收入，剩余部分为企业的税后利润(即净利润)，要按照规定的程序在有关各方进行合理的分配；如果发生亏损，还要按照规定的程序进行弥补。通过利润分配，企业的一部分资金退出企业，余下部分形成企业的积累，属于所有者权益的组成部分，继续参加企业的资金周转过程。

所谓利润分配，是指将企业实现的净利润，按照国家财务制度规定的分配形式和分配顺序，在企业和投资者之间进行的分配。利润分配的过程与结果，是关系到所有者的合法权益能否得到保护，企业能否长期、稳定发展的重要问题。

企业利润分配的主体是投资者和企业，利润分配的对象是企业实现的净利润；利润分配的时间，即确认利润分配的时间是利润分配义务发生的时间和企业做出决定向内外分配利润的时间。

(一)利润分配的原则

1. 依法分配原则

国家有关利润分配的法律和法规主要有公司法、外商投资企业法等，企业在利润分配中必须切实执行上述法律、法规。利润分配在企业内部属于重大事项，企业的章程必须在不违背国家有关规定的前提下，对本企业利润分配的原则、方法、决策程序等内容做出具体而又明确的规定，企业在利润分配中也必须按规定办事。企业利润分配的对象是企业缴纳所得税后的净利润，这些利润是企业的权益，企业在遵循国家依法有关利润分配的法律和法规的条件下可以按照企业章程进行分配。

2. 资本保全原则

利润的分配是对经营中资本增值额的分配，不是对资本金的返还。按照这一原则，一般情况下，企业如果存在尚未弥补的亏损，应首先弥补亏损，再进行其他分配。

3. 充分保护债权人利益原则

按照风险承担的顺序及合同契约的规定，企业必须在利润分配之前偿清所有债权人到期的债务，否则不能进行利润分配。同时，在利润分配之后，企业还应保持一定的偿债能力，以免产生财务危机，危及企业生存。

4. 多方及长短期利益兼顾原则

利润分配涉及投资者、经营者、职工等多方面的利益，企业必须兼顾，并尽可能地保持稳定的利润分配。同时，由于发展及优化资本结构的需要，除依法必须留用的利润外，企业仍可以出于长远发展的考虑，合理留用利润，使利润分配真正成为促进企业发展的有效手段。

（二）利润分配的顺序

根据我国《公司法》等有关法规的规定，企业当年实现的净利润，一般应按照下列内容、顺序和金额进行分配：

1. 计算可供分配的利润

将本年净利润（或亏损）与年初未分配利润（或亏损）合并，计算出可供分配的利润。如果可供分配的利润为负数（即亏损），则不能进行后续分配；如果可供分配的利润为正数（即盈利），则进行后续分配。

2. 提取法定盈余公积金

在不存在年初累计亏损的前提下，法定盈余公积金按照税后净利润的10%提取。法定盈余公积金已达注册资本的50%时可不再提取。提取的法定盈余公积金用于弥补以前年度亏损或转增资本金。但转增资本金后留存的法定盈余公积金不得低于注册资本的25%。

3. 提取任意盈余公积金

任意盈余公积金计提标准由股东大会确定，如确因需要，经股东大会同意后，也可用于分配。

4. 向股东（投资者）支付股利（分配利润）

企业以前年度未分配的利润，可以并入本年度分配。公司股东会或董事会违反上述利润分配顺序，在抵补亏损和提取法定公积金之前向股东分配利润的，必须将违反规定发放的利润退还公司。

（三）利润分配业务的核算

1. 利润分配相关账户的设置

（1）“利润分配”账户设置

①“利润分配”账户核算内容

该账户属于所有者权益类账户，用来核算企业利润的分配（或亏损的弥补）和历年分配（或弥补）后的积存余额。

该账户的贷方登记利润分配的增加额，反映企业期末从“本年利润”账户转入的净利润金额；借方登记利润分配的减少额，反映企业期末从“本年利润”账户转入的净亏损金额和实际分配的利润。期末余额如果在贷方，反映企业的未分配利润；如果在借方，反映企业的未弥补亏损。

该账户按照“提取法定盈余公积”“提取任意盈余公积”“应付现金股利或利润”“转作股本的股利”“盈余公积补亏”和“未分配利润”设置明细账，进行明细分类核算。

②“利润分配”账户的T形账结构(如图5-47所示)

利润分配

期末从“本年利润”账户转入的净亏损金额 实际分配的利润: ①提取盈余公积 ②分配给投资者的利润	期末从“本年利润”账户转入的净利润金额
期末余额:企业的未弥补亏损	期末余额:企业的未分配利润

图5-47 “利润分配”账户的T形账

(2)“盈余公积”账户设置

①“盈余公积”账户核算内容

该账户属于所有者权益类账户,用来核算企业从净利润中提取的盈余公积。

该账户的贷方登记盈余公积的增加额,反映企业按规定提取的盈余公积;借方登记盈余公积的减少额,反映企业经股东大会或类似机构决议用盈余公积弥补亏损或转增资本的金额;期末余额在贷方,反映企业按规定提取的盈余公积余额。

该账户按照“法定盈余公积”“任意盈余公积”设置明细账,进行明细分类核算。

②“盈余公积”账户的T形账结构(如图5-48所示)

盈余公积

用盈余公积弥补亏损或转增资本	提取的盈余公积
	期末余额:企业的盈余公积结余额

图5-48 “盈余公积”账户的T形账

(3)“应付股利”账户设置

①“应付股利”账户核算内容

该账户属于负债类账户,用来核算企业分配的现金股利或利润。

该账户的贷方登记应付股利的增加额,反映企业根据股东大会或类似机构通过的利润分配方案,应支付的现金股利或利润;借方登记应付股利的减少额,反映企业实际支付的现金股利或利润;期末余额在贷方,反映企业尚未支付的现金股利或利润。

②“应付股利”账户的T形账结构(如图5-49所示)

应付股利

实际支付的现金股利或利润	应付的现金股利或利润
	期末余额:企业应付未付的现金股利或利润

图5-49 “应付股利”账户的T形账

2. 利润分配业务的基本分录

(1)当企业结转本年净利润至“利润分配”时:

借:本年利润

贷:利润分配——未分配利润 [分录64]

(2)当企业用盈余公积弥补以前年度亏损时:

借:盈余公积

贷:利润分配——盈余公积补亏 [分录65]

(3)当企业提取盈余公积时：

借:利润分配——提取法定盈余公积

　　　　　——提取任意盈余公积

　贷:盈余公积——法定盈余公积

　　　　　　——任意盈余公积　　　　[分录66]

(4)当企业向投资者分配现金股利时：

借:利润分配——应付现金股利

　贷:应付股利　　　　[分录67]

(5)当企业结转“利润分配”账户有关明细账时：

借:利润分配——未分配利润

　贷:利润分配——提取法定盈余公积　　　　[分录68]

　　　　　　——应付现金股利

借:利润分配——盈余公积补亏

　贷:利润分配——未分配利润　　　　[分录69]

经结转，“本年利润”账户期末无余额；“利润分配”账户仅有“未分配利润”明细账有余额，其余明细账无余额。

3. 利润分配业务核算举例

2015年2月末，AB公司进行利润分配：

例5—86　AB公司股东大会批准，按净利润的10%提取法定盈余公积；按净利润的5%提取任意盈余公积。

解析：

净利润＝25 298－6 824.5＝18 473.5(元)

提取法定盈余公积＝18 473.5×10%＝1 847.35(元)

提取任意盈余公积＝18 473.5×5%＝923.68(元)

这项经济业务的发生，一方面使AB公司的利润分配(所有者权益)减少了2 771.03元；另一方面使AB公司的盈余公积(所有者权益)——法定盈余公积增加了1 847.35元，任意盈余公积增加了923.68元。因此，会计分录为：

借:利润分配——提取法定盈余公积　　　　1 847.35

　　　　　——提取任意盈余公积　　　　923.68

　贷:盈余公积——法定盈余公积　　　　1 847.35

　　　　　　——任意盈余公积　　　　923.68

例5—87　AB公司按照股东大会决议，按净利润的60%给股东分配现金股利。

解析：

净利润＝25 298－6 824.5＝18 473.5(元)

分配现金股利金额＝18 473.5×60%＝11 084.1(元)

这项经济业务的发生，一方面使AB公司的利润分配(所有者权益)减少了11 084.1元；另一方面使AB公司的应付股利(负债)增加了11 084.1元。因此，会计分录为：

借:利润分配——应付现金股利　　　　11 084.1

　贷:应付股利　　　　11 084.1

例 5—88 AB公司在会计期末结清"利润分配"账户所属的各有关明细账户。

解析:这项经济业务的发生,一方面使AB公司的利润分配(所有者权益)——未分配利润减少了13 855.13元;另一方面使AB公司的"利润分配"账户的有关明细账户的余额分别被结转1 847.35元、923.68元、11 084.10元。因此,会计分录为:

借:利润分配——未分配利润	13 855.13
贷:利润分配——提取法定盈余公积	1 847.35
——提取任意盈余公积	923.68
——应付现金股利	11 084.10

本章小结

工业企业是众多企业类型中的一种,它主要是以效益为中心,通过对不同的资源进行组合生产,并向其他单位或个人提供所生产的产品或服务。工业企业能够将最原始的投入转化为客户所需要的产品或服务,这个转变过程不仅需要自然资源、人力资源,还需要一定数额的资本作为依托。随着生产活动的进行,这些资本将在企业中不断运动,而且随着生产经营的不断进行,这些资金形态不断转化,形成工业企业资金的循环与周转。根据资金循环与周转的过程,工业企业的主要经济业务可以分为五个阶段,即筹资阶段、供应阶段、生产阶段、销售阶段和财务成果形成与分配阶段。

在资金筹集阶段,企业通过接受投资人的资本投入和向银行或其他金融机构等债权人借入两个渠道来筹集企业所需的资金。其中,接受投资人的资本投入形成企业的所有者权益,而向债权人借入的资本形成企业的债务。在此阶段,企业核算的内容主要包括针对从不同渠道筹集到的资金进行核算等。

供应阶段,又称企业的生产准备阶段。此时,企业将以筹集到的资金购建厂房和机器设备等固定资产,并购买各种原材料,形成材料储备。在此阶段,企业核算的内容包括购建固定资产、购买原材料等业务的核算等。

产品生产阶段是产品的形成阶段。从实物形态来看,产品生产过程就是生产工人借助于机器设备,将原材料等加工对象通过加工形成产品;从其价值转化的过程来看,产品生产过程就是通过发生各种耗费,形成企业的各种费用,它们共同构成企业所生产的产品的成本。在此阶段,企业核算的内容包括生产费用的发生、归集与分配,以及完工产品成本的核算与结转等。

在产品的销售阶段,企业通过产品销售活动,将产品销售出去,取得销售收入,从而收回货款,同时还要支付有关销售税费,计算并缴纳各种销售税金。在此阶段,企业核算的内容包括产品销售收入的核算、销售成本及相关税金的结转等。

在财务成果形成与分配阶段,企业通过生产经营获得了各项收入抵偿了各项成本、费用之后的余额,形成企业的所得税前利润(或亏损)。企业实现的利润,首先应以所得税的形式上缴国家,形成国家的财政收入,剩余部分为企业的税后利润(即净利润),要按照规定的程序在有关各方进行合理的分配;如果发生亏损,还要按照规定的程序进行弥补。在此阶段,企业核算的内容主要包括正确计算财务成果、对财务成果进行分配等。

综上所述,企业在经营过程中发生的主要经济业务是伴随着资金的不断周转与循环的过程而展开的,因此,企业需要根据《企业会计准则》的要求,对相关经济业务进行会计核算,从而加强企业管理,进行技术改造,减少对资金和资源的消耗,努力降低产品成本,提高经济效益,为发展社会主义市场经济积累更多的资金。

本章习题

一、单项选择题

1. 企业实际收到投资者投入的资金，应记入(　　)账户的贷方。

A.“固定资产”　　B.“银行存款”

C.“实收资本”　　D.“资本公积”

2. 企业收到投资者投入的资金产生的溢价，应记入(　　)账户的贷方。

A.“实收资本”　　B.“资本公积”

C.“银行存款”　　D.“未分配利润”

3. 企业所拥有的资产从财产权利归属来看，一部分属于投资者，另一部分属于(　　)。

A. 企业职工　　B. 债权人

C. 债务人　　D. 企业法人

4. 短期借款所发生的利息费用，一般应记入(　　)账户的借方。

A.“管理费用”　　B.“财务费用”

C.“营业外支出”　　D.“投资收益”

5. 某公司购入一台不需要安装的设备，价款为100 000元，增值税为17 000元，运输费为1 500元，则固定资产的入账价值为(　　)元。

A. 111 500　　B. 118 500

C. 117 000　　D. 101 500

6. 某公司购入甲材料，价款为20 000元，增值税进项税额为3 400元，运杂费为1 150元，采购人员工资为3 000元，途中不合理损耗为500元。该批材料的采购成本为(　　)元。

A. 26 050　　B. 24 550

C. 26 250　　D. 21 150

7. 某公司购买的原材料，当其验收入库后，实际成本在(　　)核算。

A.“材料采购”账户的借方　　B.“原材料”账户的借方

C.“材料采购”账户的贷方　　D.“原材料”账户的贷方

8. 某企业购进原材料运输途中的合理损耗，应(　　)。

A. 计入存货的采购成本　　B. 由运输单位赔偿

C. 计入管理费用　　D. 由保险公司赔偿

9. 在采用计划成本法核算原材料的企业，购进材料未验收入库，其价款和税款通过银行存款支付，应编制的会计分录是(　　)。

A. 借:材料采购
　　应交税费——应交增值税
　贷:银行存款

B. 借:原材料
　　应交税费——应交增值税
　贷:银行存款

C. 借:材料采购
　贷:银行存款

D. 借:原材料
　贷:银行存款

10. 在“材料成本差异”账户有借方余额的情况下，企业发出材料的实际成本应为(　　)。

A. 计划成本加分配的成本差异　　B. 实际成本加分配的成本差异

C. 计划成本减分配的成本差异　　D. 实际成本减分配的成本差异

11.“预收账款”账户是根据(　　)原则的要求而设置的。

A. 历史成本　　B. 划分收益性支出与资本性支出

C. 权责发生制　　D. 收入与费用配比

12. 自制原材料完工入库，应填制材料入库单，同时会计分录记为(　　)。

A. 借:原材料
　　贷:管理费用
B. 借:原材料
　　贷:其他业务成本
C. 借:原材料
　　贷:制造费用
D. 借:原材料
　　贷:生产成本

13. 下列费用中,不应计入产品成本的是(　　)。
A. 直接材料费　　B. 直接人工费
C. 管理费用　　D. 制造费用

14."生产成本"账户月末余额表示(　　)。
A. 产品生产成本　　B. 自制半成品成本
C. 主营业务成本　　D. 在产品成本

15. 生产车间支付的车间管理人员工资,应借记(　　)账户。
A."管理费用"　　B."应付职工薪酬"
C."生产成本"　　D."制造费用"

16. 企业计提职工福利费,应贷记(　　)账户。
A."管理费用"　　B."应付职工薪酬"
C."应付福利费"　　D."直接工资"

17. 企业为本单位职工支付的医疗保险费,应贷记(　　)账户。
A."管理费用"　　B."销售费用"
C."营业外支出"　　D."应付职工薪酬"

18. 车间因为管理而耗用的材料费,应借记(　　)账户。
A."生产成本"　　B."制造费用"
C."管理费用"　　D."主营业务成本"

19. (　　)账户的贷方发生额,反映固定资产因磨损而减少的价值。
A."固定资产"　　B."累计折旧"
C."制造费用"　　D."管理费用"

20. 下列各项中,属于固定资产的是(　　)。
A. 为生产产品所使用的机床　　B. 正在生产中的机床
C. 已生产完工入库的机床　　D. 已购入但尚未安装完毕的机床

21."固定资产"账户按照固定资产的(　　)反映其增减变动和结存情况。
A. 原始价值　　B. 折余价值
C. 重置成本　　D. 公允价值

22. 企业销售产成品,实现了收入,应该记入(　　)账户的贷方。
A."主营业务收入"　　B."销售收入"
C."其他业务收入"　　D."营业外收入"

23. 在权责发生制下,下列款项中应作为本期收入的是(　　)。
A. 上月销售货款本月收存银行　　B. 本月销售货款本月收存银行
C. 本月预收下月货款存入银行　　D. 本月收回多付的预付货款存入银行

24."其他业务收入"账户的贷方登记(　　)。
A. 包装物的出租收入　　B. 出售股票收入
C. 销售产品收入　　D. 罚没收入

25. 工业企业对外销售多余的原材料,应贷记(　　)账户。
A."营业外收入"　　B."主营业务收入"
C."其他业务收入"　　D."投资收益"

26. 某企业对外经营租赁出租的固定资产使用权所取得的收入,应记入(　　)账户的贷方。
A.“主营业务收入”　　B.“其他业务收入”
C.“投资收益”　　D.“营业外收入”
27. 下列各项中,应计入其他业务成本的是(　　)。
A. 库存商品盘亏净损失　　B. 向灾区捐赠的商品成本
C. 经营租出固定资产折旧　　D. 火灾导致原材料毁损的净损失
28. 公司财务人员出差的差旅费,应借记(　　)账户。
A.“财务费用”　　B.“管理费用”
C.“差旅费用”　　D.“生产成本”
29. 下列项目中,不属于管理费用的有(　　)。
A. 车间管理人员的工资　　B. 管理人员的工资
C. 财务部门的折旧费　　D. 采购人员差旅费
30. 驻外销售机构固定资产的折旧费,应借记(　　)账户。
A.“财务费用”　　B.“制造费用”
C.“销售费用”　　D.“管理费用”
31. 销售费用属于期间费用,应按月归集,月末全部转入(　　)账户,以确定当期经营成果。
A.“主营业务成本”　　B.“其他业务成本”
C.“本年利润”　　D.“利润分配”
32. 年终结转后,(　　)账户应无余额。
A.“生产成本”　　B.“财务费用”
C.“库存商品”　　D.“应收账款”
33. 下列项目中,属于营业外支出的有(　　)。
A. 无法收回的应收账款　　B. 支付的广告费
C. 固定资产盘亏损失　　D. 销售多余材料的成本
34. 下列各项中,不影响企业营业利润的项目是(　　)。
A. 商品销售收入　　B. 劳务收入
C. 让渡资产使用权收入　　D. 补贴收入
35.“利润分配”账户贷方余额表示(　　)。
A. 已分配的利润额　　B. 未分配的利润额
C. 未弥补的亏损额　　D. 已实现的净利润

二、多项选择题

1. 一般纳税人企业的原材料应按取得时的实际成本入账,具体包括(　　)。
A. 买价　　B. 增值税
C. 运杂费　　D. 包装费
2. 一般纳税人企业的“在途物资”账户的借方登记包括的内容有(　　)。
A. 原材料的买价　　B. 运输途中的合理损耗
C. 入库前的挑选整理费　　D. 入库后的仓储费
3. 企业供应过程中采购业务核算应设置的主要账户有(　　)。
A.“应付账款”　　B.“在途物资”
C.“原材料”　　D.“应收账款”
4. 下列属于产品制造成本项目的有(　　)。
A. 直接材料　　B. 直接人工

C. 制造费用　　D. 管理费用

5. 下列属于制造费用的有(　　)。

A. 生产车间折旧费　　B. 行政管理人员工资

C. 厂部办公楼折旧费　　D. 车间管理人员工资

6. 下列支出直接记入"应付职工薪酬"账户的有(　　)。

A. 职工工资　　B. 职工福利费

C. 社会保险费　　D. 工会经费

7. 下列属于管理费用的有(　　)。

A. 生产车间折旧费　　B. 行政管理人员工资

C. 厂部办公楼折旧费　　D. 车间管理人员工资

8. 企业期间费用包括(　　)。

A. 制造费用　　B. 管理费用

C. 销售费用　　D. 财务费用

9. 可以作为企业收入加以确认的有(　　)。

A. 销售商品收入　　B. 提供劳务收入

C. 获得的捐赠收入　　D. 让渡资产使用权收入

10. 下列可以记入"预付账款"账户借方的有(　　)。

A. 预付报纸杂志费　　B. 预付保险费

C. 预提的借款利息　　D. 预付购货款

11. 按照权责发生制的要求,下列各项支出应当确认为本期费用的有(　　)。

A. 支付本期企业管理人员工资　　B. 支付本期生产工人工资

C. 支付广告费　　D. 计提行政部门折旧费

12. 下列各项税金中,应该在"营业税金及附加"账户中核算的有(　　)。

A. 营业税　　B. 增值税

C. 消费税　　D. 所得税

13. 下列支出中,应该在"营业外支出"账户中核算的有(　　)。

A. 支付的罚没支出　　B. 捐赠支出

C. 出售固定资产净损失　　D. 出售原材料净损失

14. 下列账户中,在期末结转时记入"本年利润"账户借方的有(　　)。

A. 主营业务收入　　B. 投资收益(净损失)

C. 主营业务成本　　D. 营业外收入

15. 下列"利润分配"明细科目中,期末无余额的有(　　)。

A."应付普通股股利"　　B."提取法定盈余公积"

C."未分配利润"　　D."提取任意盈余公积"

三、判断题

1. 某企业银行存款期初借方余额为10万元,本期借方发生额为5万元,本期贷方发生额为3万元,则期末借方余额为12万元。(　　)

2. 企业购入不需安装的设备一台,价款为100万元,支付的增值税为17万元,另支付运输费0.3万元,则该固定资产的入账价值为117.3万元。(　　)

3. 固定资产在安装的过程中,耗用材料费等属于在建工程支出,不应计入固定资产的原始价值。(　　)

4. 为了便于计算和反映固定资产的账面净值,固定资产因磨损而减少的价值应记入"固定资产"账户的贷方。(　　)

5. 增值税一般纳税人企业材料购买成本包括购买价款、运杂费、运输途中的合理损耗、入库前的挑选整理费用。（　）

6. 当企业收到供货单位提供的材料时，如果其价款大于企业已经预付的货款，表示企业债务的增加。（　）

7. 成本是指企业为生产产品、提供劳务而发生的各种耗费，是对象化的费用。（　）

8. 车间管理人员的福利费应记入“应付福利费”账户的贷方。（　）

9.“应交税费——应交增值税”账户是负债类账户，因此期末只能是贷方余额，而没有借方余额。（　）

10. 管理费用期末不计入产品成本，而是结转入“本年利润”账户的贷方。（　）

11. 企业在销售过程中，专设销售机构发生的销售人员工资费用计入销售费用。（　）

12.“本年利润”账户和“利润分配”账户在期末清算后均无余额。（　）

13.“应付账款”账户和“预付账款”账户均属于负债类账户。（　）

14. 盈利企业，年末“利润分配”账户的期末余额在借方。（　）

15. 企业对外处置固定资产获得的收益，记入“其他业务收入”账户。（　）

四、业务分析题

1. 某公司2014年7月份发生的筹资业务如下：

(1)收到A公司投资兴建的新厂房一栋，价值1 000 000元。

(2)收到B投资者投入的货币资金200 000元，其中：150 000元作为其在公司的股份，另外50 000元作为资本溢价。

(3)收到C公司投入的旧机器一台，原价200 000元，已提折旧20 000元，双方确认的价值为170 000元（公允）。

(4)将资本公积100 000元转增资本。

要求：根据上述业务，编制相关分录。

2. 某公司的短期借款业务如下：

(1)2014年1月1日借入期限为1年的50 000元生产用周转资金借款。

(2)该借款的月利率为0.08%，按月计提利息，按半年支付利息。

(3)2014年12月31日，该笔借款到期，该企业归还本息。

要求：根据上述业务，编制相关分录。

3. 某公司的长期借款业务如下：

(1)2014年1月1日借入期限为3年的100 000元生产用周转资金借款。

(2)该借款的月利率为1%，按年计提利息，利息到期一次性支付。

(3)2016年12月31日，该笔借款到期，该企业归还本息。

要求：根据上述业务，编制相关分录。

4. 某公司2014年1月发生的固定资产购建业务如下：

(1)购入一台不需要安装的机器，价款为100 000元，增值税税额为17 000元，款项已通过银行存款支付，机器已验收合格。

(2)购入一台需要安装的机器设备，价款为200 000元，增值税税额为34 000元，安装费为5 000元，以银行存款支付。安装调试合格，该机器设备投入使用。

(3)自营建设一间厂房，领用原材料150 000元，支付建设人员工资50 000元，领用低值易耗品3 000元，厂房建设完毕，竣工验收合格，投入使用。

要求：根据上述业务，编制相关分录。

5. 某公司2014年2月份发生的材料采购业务如下：

(1)购入甲材料，价款为10 000元，增值税税额为1 700元，运输费为2 000元，材料已运达企业并验收入库，款项尚未支付。

(2)购入乙材料，价款为 20 000 元，增值税税额为 3 400 元，材料尚在运输途中。

(3)预付 20 000 元购买丙材料价款。

(4)购入丁材料，材料已经运达企业并验收入库，但该材料的发票账单尚未送达企业。

(5)此前采购的乙材料运达企业，并验收入库。

(6)此前预付货款购买的丙材料运达企业，该材料的价款为 20 000 元，增值税税额为 3 400 元，材料验收入库，并补付剩余款项。

(7)月末，此前购入的丁材料发票账单仍未送达企业，以 11 000 元暂估入账。

(8)下月初，将上月末暂估入账的丁材料用红字冲回。

(9)购入丁材料的发票账单送达企业，价款为 8 000 元，增值税税额为 1 360 元。

要求：根据上述业务，编制相关分录。

6. 某企业 2014 年 2 月 1 日库存甲材料的计划成本为 50 000 元，成本差异为超支差 2 000 元。2 月份有关材料采购业务如下：

(1)购入甲材料，价款为 10 000 元，增值税税额为 1 700 元，款项已经用银行存款支付，材料尚在运输途中。

(2)购入的甲材料运达企业，材料已经验收入库，该材料的计划成本为 10 000 元，结转甲材料的计划成本和差异额。

(3)本月生产产品领用甲材料计划成本为 20 000 元。

要求：

(1)月末，计算发出甲材料应负担的差异额、发出甲材料的实际成本以及月末结存甲材料的实际成本。

(2)根据上述业务，编制相关分录。

7. 某企业生产甲产品，2014 年 7 月发生的成本费用如下：

(1)领用原材料价值 20 000 元。其中：生产甲产品领用 8 000 元，生产乙产品领用 4 000 元，车间管理领用 2 000 元，行政管理领用 3 000 元，专设销售机构领用 1 000 元，在建工程领用 2 000 元。

(2)计提职工工资共计 30 000 元。其中：生产甲产品工人工资 10 000 元，生产乙产品工人工资 10 000 元，车间管理人员工资 4 000 元，行政管理人员工资 6 000 元。

(3)按照 14%的比例计提职工福利费。

(4)发生固定资产折旧费用 10 000 元。其中：车间折旧 8 000 元，行政部门折旧 2 000 元。

(5)车间机器修理费 800 元。

(6)期末，将制造费用进行归集，按照甲、乙两种产品的材料费比例进行分配。

(7)期末，甲产品全部完工，乙产品全部未完工，结转甲产品成本。

要求：根据上述业务，编制相关分录。

8. 某企业 2014 年 7 月份发生期间费用如下：

(1)在电视台发布广告支出 5 000 元。

(2)计提本月短期借款利息费用 3 000 元。

(3)管理部门计提固定资产折旧费用 4 000 元。

(4)职工王某报销差旅费 2 000 元，以现金支付。

(5)计提专设销售机构人员工资及福利费 4 050 元。

(6)购买办公用品支出 300 元。

要求：根据上述业务，编制相关分录。

9. 某企业 2015 年 1 月发生有关销售业务如下：

(1)企业销售给海南公司一批 A 产品，售价为 80 000 元，增值税税额为 13 600 元，货款尚未收到。

(2)为了鼓励海南公司早日还款，给予购货方一定的现金折扣条件：2/10，1/20，n/30。购货方在 10 日内归还货款。

(3)企业预收 50 000 元 B 产品购货款。

(4)销售 B 产品,价款为 50 000 元,增值税税额为 8 500 元。

(5)销售 B 产品剩余货款已经收到,并送存银行。

要求:根据上述业务,编制相关分录。

10. 某企业 2014 年度会计报表上的销售收入总额为 1 000 万元,利润总额为 100 万元,已累计预缴企业所得税 20 万元。所得税税率为 25%。2014 年其他有关情况如下:

(1)营业外收入 50 万元,其中包括购买国债的利息收入 20 万元、国债转让收益 10 万元、股票转让收益 10 万元、接受捐赠收入 10 万元。

(2)管理费用 450 万元,销售费用 300 万元。

(3)支付在建办公楼工程款 50 万元,已列入当期费用。

(4)支付诉讼费 3 万元,已列入当期费用。

(5)营业外支出 300 万元,其中包括违法经营罚款 15 万元。

要求:

(1)计算应纳税所得额和所得税费用金额。

(2)编制所得税费用相关会计分录。

五、综合题

某企业为增值税一般纳税人,2014 年 12 月份发生经济业务如下:

(1)12 月 1 日,购进甲材料,价款为 100 000 元,增值税税额为 17 000 元,运杂费为 1 000 元,材料运达企业并验收入库,款项尚未支付。

(2)12 月 2 日,购进甲材料,价款为 40 000 元,增值税税额为 6 800 元;购进乙材料,价款为 60 000 元,增值税税额为10 200元。共发生装卸费 1 000 元,款项全部用银行存款支付。装卸费按照材料价款比例在甲、乙两种材料之间分配。

(3)12 月 4 日,本月发出材料采用先进先出法核算其成本。其中:生产 A 产品领用甲材料 20 000 元,领用乙材料 30 000 元;生产 B 产品领用甲材料 10 000 元,领用乙材料 20 000 元;车间管理领用甲材料 5 000 元;行政管理部门领用甲材料 1 000 元。

(4)12 月 6 日,计提本月职工工资共计 128 000 元。其中:生产 A 产品职工工资 50 000 元;生产 B 产品职工工资 60 000 元;车间管理人员工资 10 000 元;行政管理人员工资 8 000 元。

(5)12 月 7 日,支付 12 月 1 日购入甲材料所欠货款 118 000 元。

(6)12 月 8 日,摊销本月财产保险费 2 000 元,计提本月短期借款利息 1 000 元。

(7)12 月 9 日,用银行存款发放职工工资共计 128 000 元。

(8)12 月 12 日,销售 A 产品,价款为 100 000 元,增值税税额为 17 000 元,共计 117 000 元,货款收到并存入银行。

(9)12 月 14 日,销售 B 产品,价款为 80 000 元,增值税税额为 13 600 元,并以银行存款垫付运输费2 000 元,共计 95 600 元,货款尚未收到。

(10)12 月 15 日,以银行存款支付广告费 2 000 元。

(11)12 月 16 日,收到此前销售 B 产品的货款 95 600 元。

(12)12 月 20 日,收到投资单位分配的投资收益 5 000 元,已存入银行。

(13)12 月 25 日,支付希望工程捐赠款 10 000 元,款项用银行存款支付。

(14)12 月 26 日,购买行政用办公用品价款 200 元,增值税税额为 34 元,款项用现金支付。

(15)12 月 31 日,本月产品全部完工,验收入库。

(16)12 月 31 日,结转本月 A、B 产品销售成本。其中:A 产品销售成本为 60 000 元;B 产品销售成本为

45 000元。

(17)12月31日,计算本月B产品应交消费税为2 000元。

(18)12月31日,将有关损益类账户的余额转入“本年利润”账户。

(19)12月31日,计算所得税费用,所得税税率为25%,并将其转入“本年利润”账户。

(20)12月31日,将“本年利润”账户余额转入“利润分配”账户。

(21)提取盈余公积,提取比例为净利润的10%;向投资者分配利润5 000元。

(22)12月31日,将“利润分配”账户有关明细账结转。

要求:

(1)计算利润总额、所得税费用、净利润。

(2)根据上述业务,编制相关分录(要求写出有关账户的明细分类账户)。

第六章 会计凭证

学习目标

通过本章的学习，明确会计凭证是登记账簿和编制会计报告的依据，正确编制和审核会计凭证是会计核算的基本方法之一。了解会计凭证的作用和种类；熟悉原始凭证的基本内容；掌握会计凭证传递程序及保管要求；掌握原始凭证和记账凭证的填制要求与审核方法。

关键概念

会计凭证　原始凭证　记账凭证　累计凭证　汇总原始凭证　收款凭证　付款凭证　转账凭证　汇总记账凭证　汇总收款凭证　汇总付款凭证　汇总转账凭证

引导案例

2014 年 5 月，广东省广州市国税局在一次税收专项检查中发现，某企业涉嫌利用会计凭证造假，抵扣增值税税款。经过内查外调确认，该纳税人涉嫌伪造会计付款凭证，虚构支出，抵扣增值税进项税款 150 万元。

根据该纳税人 2014 年度的纳税凭证记载，购进材料金额计 1 170 万元(不含税)运用农产品收购发票抵扣税款 150 万元，货款以银行存款的形式支付，程序符合规定，一般不会引起注意。可是税务检查人员丝毫不放过每一个疑点，在核对记账凭证后所附原始单据——工商银行电汇凭证时发现：资金从该纳税人基本账户——中国建设银行某支行某某账号汇入多个“农业生产者”等个人账户。税务检查人员办理相应的手续后，到涉及的中国建设银行各网点核对，在对该纳税人的基本账户所有资金往来进行查询时，令人意外的事情发生了，该基本账户竟然没有一笔上述各项资金的付出。税务检查人员再次认真核对原始单据——中国建设银行电汇凭证，发现属于自行填开的、确实无实际的资金支出。该企业涉嫌伪造虚假会计凭证，进行虚假收购，虚抵进项税，将要受到法律的严惩！

思考：作为会计人员，为什么不能伪造虚假会计凭证？在工作中如何做到不伪造虚假会计凭证？

第一节　会计凭证的种类与内容

一、会计凭证的概念

会计凭证是记录经济业务、明确经济责任的书面证明，也是登记账簿的依据。

会计管理工作要求会计核算提供真实的会计资料，强调记录的经济业务必须有根有据。因此，任何企业、事业和行政单位，每发生一笔经济业务，都必须由执行或完成该项经济业务的有关人员取得或填制会计凭证，并在凭证上签名或盖章，以对凭证上所记载的内容负责。例如，购买商品、材料由供货方开出发票；支出款项由收款方开出收据；接收商品、材料入库要有收货单；发出商品要有发货单；发出材料要有领料单；等等。这些发票、收据、收据单、发货单、领料单都是会计凭证。

会计凭证的填制和审核，对于如实反映经济业务的内容，有效监督经济业务的合理性和合法性，保证会计核算资料的真实性、可靠性、合理性，发挥会计在经济管理中作用，具有重要意义。

填制和审核会计凭证是会计核算方法之一，也是会计核算工作的基础，在经济管理中具有重要作用。

(一)记录经济业务，提供记账依据

任何经济业务的发生都必须取得或填制会计凭证，如实地反映经济业务的发生或完成情况。会计凭证上记载了经济业务发生的时间和内容，从而为会计核算提供了原始凭据，保证了会计核算的客观性与真实性，克服了主观随意性，使会计信息的质量得到了可靠保障。

(二)监督经济活动，控制经济运行

经济业务是否合法、合理，是否客观真实，在记账前都必须经过财会部门审核。通过审核会计凭证，可以充分发挥会计的监督作用。通过检查每笔经济业务是否符合有关政策、法令、制度、计划和预算的规定，有无铺张浪费和违纪行为，从而促进各单位和经办人树立遵纪守法的观念，促使各单位建立健全各项规章制度，确保财产安全完整。

(三)明确经济责任，强化内部控制

每一笔经济业务的发生或完成都要填制和取得会计凭证，并由相关单位和人员在凭证上签名盖章，这样能促使经办人员严格按照规章制度办事。一旦出现问题，便于分清责任，及时采取措施，有利于岗位责任制的落实。

经济业务的纷繁复杂决定了会计凭证是多种多样的。为了正确地使用和填制会计凭证，必须对会计凭证进行分类。会计凭证按照编制的程序和用途不同，分为原始凭证和记账凭证。

二、原始凭证

(一)原始凭证的基本内容

原始凭证是在经济业务发生或完成时由相关人员取得或填制的，是用以记录或证明经济业务发生或完成情况并明确有关经济责任的一种原始凭据。原始凭证是证明经济业务发生的原始依据，具有较强的法律效力，是一种很重要的会计凭证。

企业发生的经济业务纷繁复杂，反映其具体内容的原始凭证也品种繁多。虽然原始凭证反映经济业务的内容不同，但无论哪一种原始凭证，都应该说明有关经济业务的执行和完成情况，都应该明确有关经办人员和经办单位的经济责任。因此，各种原始凭证，尽管名称和格式不同，但都应该具备一些共同的基本内容。这些基本内容就是每一张原始凭证所应该具备的要素，具体为：(1)原始凭证的名称；(2)填制原始凭证的日期；(3)接受原始凭证的单位名称；(4)经济业务内容，如数量、单价；(5)填制原始凭证的单位签章；(6)经办人员的签章；(7)凭证附件。

在实际工作中，各单位根据会计核算和管理的需要，除上述基本内容外，还可以增加必要的内容。对于在一个地区范围内经常发生的大量同类经济业务，应由各主管部门统一设计印制原始凭证，如银行统一印制的银行汇票、转账支票和现金支票等，由铁路部门统一印制的火车票，由税务部门统一印制的有税务登记的发票，由财政部门统一印制的收款收据等。这样，不但可以使原始凭证的内容格式统一，还便于加强监督管理。

(二)原始凭证的种类

1. 原始凭证按其来源不同分类

(1)外来原始凭证。它是指在经济业务活动发生或完成时，从其他单位或个人直接取得的原始凭证，如增值税专用发票(见表6—1)、非增值税及小规模纳税人的发票、铁路运输部门的火车票、由银行转来的结算凭证和对外支付款项时取得的收据(见表6—2)等都是外来原始凭证。

表6—1　　　　**增值税专用发票**　　　　No.

开票日期：　　　　年　　月　　日

<table>
<tr><td rowspan="2">购货单位</td><td>名　称</td><td colspan="4"></td><td colspan="2">纳税人登记号</td><td></td></tr>
<tr><td>地址、电话</td><td colspan="4"></td><td colspan="2">开户银行及账号</td><td></td></tr>
<tr><td colspan="2">商品或劳务名称</td><td>规格型号</td><td>单位</td><td>数量</td><td>单价</td><td>金额</td><td>税率(%)</td><td>税额</td></tr>
<tr><td colspan="2"></td><td></td><td></td><td></td><td></td><td></td><td></td><td></td></tr>
<tr><td colspan="2"></td><td></td><td></td><td></td><td></td><td></td><td></td><td></td></tr>
<tr><td colspan="2"></td><td></td><td></td><td></td><td></td><td></td><td></td><td></td></tr>
<tr><td colspan="2">合　计</td><td></td><td></td><td></td><td></td><td></td><td></td><td></td></tr>
<tr><td colspan="2">价税合计(大写)</td><td colspan="7">拾　万　仟　佰　拾　元　角　分¥</td></tr>
<tr><td rowspan="2">销售单位</td><td>名　称</td><td colspan="4"></td><td colspan="2">纳税人登记号</td><td></td></tr>
<tr><td>地址、电话</td><td colspan="4"></td><td colspan="2">开户银行及账号</td><td></td></tr>
</table>

销货单位(盖章)：　　　　收款人：　　　　复核：　　　　开票人：

表 6—2　　发　票　联　　No.

付款单位：________　支票号：________

编　号	商品名称	规格	单位	数量	单价	金　额								
						百	十	万	千	百	十	元	角	分
小写金额合计														
大写金额合计	拾　万　仟　佰　拾　元　角　分													

收款单位（盖章）：　　开票人：　　年　月　日

（2）自制原始凭证。它是指由本单位内部具体经办业务的部门和人员，在办理经济业务时所填制的原始凭证，如领料单（见表 6—3）、产品入库单（见表 6—4）、工资结算表等。

表 6—3　　领　料　单

领料部门：　　凭证编号：

用　　途：　　年　月　日　　收料仓库：

材料编号	材料规格及名称	计量单位	数　量		价　格	
			请领	实领	单价	金额（元）
备　注					合计	

记账：　发料人：　审批：　领料人：

表 6—4　　产品入库单

入库部门：　　凭证编号：

交库单位：　　年　月　日　　收料仓库：

产品编号	产品名称	规格	计量单位	交付数量	检验结果		实收数量	单价	金额
					合格	不合格			
备　注							合　计		

记账：　保管：　制票：

2. 原始凭证按其填制方法不同分类

（1）一次凭证。它是指一次填制完成的原始凭证，反映一笔经济业务或同时反映若干同类经济业务的内容。外来原始凭证一般均属一次凭证，自制原始凭证大多数也是一次凭证。日常的原始凭证多属此类，如现金收据、发货票、收料单等。一次凭证能够清晰地反映经济业务活动情况，使用方便灵活，但数量较多。

（2）累计凭证。它是指在一张凭证上连续登记一定时期内不断重复发生的若干同类经济业务，直到期末才能填制完毕的原始凭证。累计凭证可以连续登记相同性质的经济业务，随时计算出累计数及结余数，期末按实际发生额记账，如费用限额卡、限额领料单（见表6—5）等。限额领料单中标明了某种材料在规定期限内的领用额度，用料单位每次领料及退料，都要由经办人员在限额领料单上逐笔记录、签章，并结出限额结余。使用这种凭证，既可以做到对领用材料的事前控制，又可以减少凭证填制的手续。

表6—5　　　　**限额领料单**

领料部门：________　　　　　　　　　　　　　　　　凭证编号：________

产品名称、号码：________　　　　年　　月　　日

计划产量：________　　　单位消耗定额：________　　　编　　号：________

材料编号	材料名称	规格	计量单位	计划单位	领料限额	全月实用	
						数量	金额
领料日期	请领数量	实发数量	领料人签章	发料人签章		限额结余	
合　计							

供应部门负责人：　　　　　　　　生产部门负责人：　　　　　　　　仓库管理员：

（3）汇总凭证。也称原始凭证汇总表，是根据许多同类经济业务的原始凭证或会计核算资料定期加以汇总而重新编制的原始凭证，如发出材料汇总表（见表6—6）、差旅费报销单等。汇总凭证既可以提供经营管理所需要的总量指标，又可以大大简化核算手续。

表6—6　　　　**发出材料汇总表**

年　　月　　日

会计科目		领料部门	原材料	燃　料	合　计
生产成本	基本生产车间	一车间			
		二车间			
		小　计			
	辅助生产车间	供电车间			
		供气车间			
		小　计			
制造费用		一车间			
		二车间			
		小　计			
管理费用		行政部门			
合　计					

财会负责人：　　　　　　　　复核：　　　　　　　　制表：

3. 原始凭证按其用途不同分类

(1)通知凭证。它是指要求、指示或命令企业进行某项经济业务的原始凭证，如罚款通知书、付款通知单等。

(2)执行凭证。它是用来证明某项经济业务发生或已经完成的原始凭证，如销货发票、材料验收单、领料单等。

(3)计算凭证。它是指根据原始凭证和有关会计核算资料而编制的原始凭证。计算凭证一般是为了便于以后记账、了解各项数据来源和生产的情况而编制的，如制造费用分配表、产品成本计算单、工资结算表等。

4. 原始凭证按其格式不同分类

(1)通用凭证。它是指全国或某一地区、某一部门统一格式的原始凭证，如由银行统一印制的结算凭证、税务部门统一印制的发票等。

(2)专用凭证。它是指一些单位具有特定内容、格式和专门用途的原始凭证，如高速公路通过费收据、养路费缴款单等。

以上是按不同的标志对原始凭证进行的分类。它们之间是相互依存、密切联系的，有些原始凭证按照不同的分类标准分别属于不同的种类。例如，现金收据对出具收据的单位来说是自制原始凭证，对接收收据的单位来说则是外来原始凭证；同时，它既是一次凭证，又是执行凭证，也是专用凭证。

原始凭证的分类，如图 6－1 所示。

- 原始凭证
  - 按来源划分
    - 外来原始凭证
    - 自制原始凭证
  - 按填制方法划分
    - 一次凭证
    - 累计凭证
    - 汇总凭证
  - 按用途划分
    - 通知凭证
    - 执行凭证
    - 计算凭证
  - 按格式划分
    - 通用凭证
    - 专用凭证

图 6－1　原始凭证的分类

三、记账凭证

(一)记账凭证的基本内容

记账凭证是会计人员根据审核后的原始凭证进行归类、整理，并确定会计分录而编制的会计凭证，是登记账簿的依据。由于原始凭证只表明经济业务的内容，而且种类繁多、数量庞大、格式不一，因而不能直接记账。为了做到分类反映经济业务的内容，必须按会计核算方法的要求，将其归类、整理、编制记账凭证，标明经济业务应记入的账户名称及应借、应贷的金额，作为记账的直接依据。所以，记账凭证必须具备以下内容：(1)记账凭证的名称，如收款凭证、付款凭证、转账凭证等；(2)填制凭证的日期、凭证编号；(3)经济业务的内容摘要；(4)经济业务应记入账户的名称、记账方向和金额;(5)所附原始凭证的张数;(6)会计主管、记账、复核、出纳、制单等有关人员签章。

记账凭证和原始凭证同属于会计凭证,但两者存在以下差别:(1)原始凭证由经办人员填制,记账凭证一律由会计人员填制;(2)原始凭证根据发生或完成的经济业务填制,记账凭证根据审核后的原始凭证填制;(3)原始凭证仅用以记录、证明经济业务已经发生或完成,记账凭证要依据会计科目对已经发生或完成的经济业务进行归类、整理;(4)原始凭证是填制记账凭证的依据,记账凭证是登记账簿的依据。

(二)记账凭证的种类

1. 记账凭证按其反映的经济内容不同分类

(1)收款凭证。它是指专门用于记录现金和银行存款收款业务的会计凭证,收款凭证是出纳人员收讫款项的依据,也是登记总账、现金日记账和银行存款日记账以及有关明细账的依据,一般按现金和银行存款分别编制。收款凭证的格式如表 6—7 所示。

表 6—7 **收款凭证** 附 张

借方科目: 年 月 日 收字第________号

摘 要	贷方科目		金 额										记账符号
	一级科目	二级或明细科目	千	百	十	万	千	百	十	元	角	分	
结算方式及票号:		合 计											

会计主管: 记账: 出纳: 审核: 制单:

(2)付款凭证。它是指专门用于记录现金和银行存款付款业务的会计凭证。付款凭证是出纳人员支付款项的依据,也是登记总账、现金日记账和银行存款日记账以及有关明细账的依据,一般按现金和银行存款分别编制。付款凭证的格式如表 6—8 所示。

表 6—8 **付款凭证** 附 张

贷方科目: 年 月 日 付字第________号

摘 要	借方科目		金 额										记账符号
	一级科目	二级或明细科目	千	百	十	万	千	百	十	元	角	分	
结算方式及票号:		合 计											

会计主管: 记账: 出纳: 审核: 制单:

(3)转账凭证。它是指专门用于记录不涉及现金和银行存款收付款业务的会计凭证,是登记总账和有关明细账的依据。转账凭证的格式如表6-9所示。

表6-9 **转账凭证** 附　张

年　月　日　转字第______号

摘要	一级科目	二级或明细科目	借方金额										记账符号	贷方金额										记账符号
			千	百	十	万	千	百	十	元	角	分		千	百	十	万	千	百	十	元	角	分	
合计																								

会计主管：　记账：　出纳：　审核：　制单：

上述凭证中对收款凭证、付款凭证、转账凭证的划分，有利于区别不同的交易、事项，进行分类管理，有利于交易、事项的检查，但工作量较大，适用于规模较大、收付款业务较多的单位。对于交易和事项较单一、规模较小、收付款业务较少的单位，还可采用通用记账凭证来记录所有经济业务。通用记账凭证既可用于收、付款业务，又可用于转账业务。通用记账凭证的格式如表6-10所示。

表6-10 **记账凭证** 附　张

年　月　日　凭证编号：

摘要	总账科目	明细科目	借方金额										记账符号	贷方金额										记账符号
			千	百	十	万	千	百	十	元	角	分		千	百	十	万	千	百	十	元	角	分	
结算方式及票号：		合计																						

会计主管：　记账：　出纳：　审核：　制单：

2. 记账凭证按其填制方式不同分类

(1)单式记账凭证。它是指在每张凭证上只填列经济业务事项所涉及的一个会计科目及其金额的记账凭证。填列借方科目的称为借项记账凭证，填列贷方科目的称为贷项记账凭证。

一项经济业务涉及几个科目，就分别填制几张凭证，并采用一定的编号方法将它们联系起来。单式记账凭证的优点是内容单一，便于记账工作的分工，也便于按科目汇总，并可加速凭证的传递。其缺点是凭证张数多，内容分散，在一张凭证上不能完整地反映一笔经济业务的全貌，不便于检验会计分录的正确性，故需加强凭证的复核、装订和保管工作。单式记账凭证的一般格式如表6-11和表6-12所示。

表 6－11　　**借项记账凭证**　　附　　张

对应科目：　　年　　月　　日　　记字第　　号

摘　要	总账科目	明细科目	金　额	记　账
合　计				

会计主管：　　记账：　　出纳：　　审核：　　制单：

表 6－12　　**贷项记账凭证**　　附　　张

对应科目：　　年　　月　　日　　记字第　　号

摘　要	总账科目	明细科目	金　额	记　账
合　计				

会计主管：　　记账：　　出纳：　　审核：　　制单：

(2)复式记账凭证。它是指将每一笔经济业务事项所涉及的全部会计科目及其发生额均在同一张凭证中反映的一种记账凭证。即一张记账凭证上登记一项经济业务所涉及的两个或者两个以上的会计科目，既有“借方”，又有“贷方”。复式记账凭证的优点是可以集中反映账户的对应关系，有利于了解经济业务的全貌；同时还可以减少凭证的数量，减轻编制记账凭证的工作量，便于检验会计分录的正确性。其缺点是不便于汇总计算每一会计科目的发生额和进行分工记账。在实际工作中，普遍使用的是复式记账凭证。上述收款凭证、付款凭证和转账凭证都是复式记账凭证。

3. 记账凭证按其汇总方法不同分类

(1)分类汇总凭证。它是指定期按现金收付业务、银行存款收付业务及转账业务进行分类汇总，也可以按科目进行汇总。例如，可以将一定时期的收款凭证、付款凭证、转账凭证分别汇总，编制汇总收款凭证、汇总付款凭证、汇总转账凭证。

(2)全部汇总凭证。它是指将单位一定时期内编制的会计分录，全部汇总在一张记账凭证上。将一定时期的所有记账凭证按相同会计科目的借方和贷方分别汇总，编制记账凭证汇总表(或称科目汇总表)。

汇总凭证是将许多同类记账凭证逐日或定期(3 天、5 天、10 天等)加以汇总后编制的记账凭证，它简化了总分类账的登记工作。

记账凭证的分类，如图 6－2 所示。

- 记账凭证
  - 按经济内容不同划分
    - 收款凭证
    - 付款凭证
    - 转账凭证
  - 按填制方式不同划分
    - 单式记账凭证
    - 复式记账凭证
  - 按汇总方法不同划分
    - 分类汇总凭证
    - 全部汇总凭证

图 6－2　记账凭证的分类

第二节　会计凭证填制与审核的方法

一、原始凭证的填制与审核

(一)原始凭证的填制

为了如实反映经济业务的发生和完成情况,充分发挥会计的监督核算职能,保证会计信息的真实性、可靠性和正确性,应该按照正规方法填制原始凭证,并由有关人员严格审核。

由于各种凭证的内容和格式千差万别,因此,原始凭证的具体填制方法也不同。一般来说,自制原始凭证通常有三种形式。一是根据经济业务的执行和完成的实际情况直接填列,如根据实际领用的材料品名和数量填制领料单等;二是根据账簿记录对某项经济业务进行加工整理填列,如月末计算产品成本时,先要根据"制造费用"账户本月借方发生额填制"制造费用分配表",将本月发生的制造费用按照一定的分配标准分配到有关产品成本中,然后再计算出某种产品的生产成本;三是根据若干张反映同类业务的原始凭证定期汇总填列,如发出材料汇总表。外来原始凭证是由其他单位或个人填制的。它同自制原始凭证一样,也要具备能证明经济业务完成情况和明确经济责任所必需的内容。

原始凭证是具有法律效力的证明文件,是进行会计核算的依据,必须认真填制。为了保证原始凭证能清晰地反映各项经济业务的真实情况,原始凭证的填制必须符合以下要求:

(1)记录要真实。原始凭证上填制的日期、经济业务内容和数字必须是经济业务发生或完成的实际情况,不得弄虚作假,不得以估计数填入,不得涂改、挖补。

(2)内容要完整。原始凭证中应该填写的项目要逐项填写,不可缺漏;名称要完整,不要简化;品名和用途要填写明确,不能含糊不清;有关部门和人员的签名和盖章必须齐全。

(3)手续要完备。单位自制的原始凭证必须有经办业务的部门和人员签名盖章;对外开出的凭证必须加盖本单位的公章或财务专用章;从外部取得的原始凭证必须有填制单位公章或财务专用章。总之,取得的原始凭证必须符合手续完备的要求,以明确经济责任,确保凭证的合法性、真实性。

(4)填制要及时。所有与业务有关的部门和人员,在经济业务实际发生或完成时,必须及时填写原始凭证,做到不拖延、不积压、不事后补填,并按规定的程序审核。

(5)编号要连续。原始凭证要按顺序连续或分类编号,在填制时要按照编号的顺序使用,跳号的凭证要加盖"作废"戳记,连同存根一起保管,不得撕毁。

(6)书写要规范。原始凭证中的文字、数字的书写都要清晰、工整、规范,做到字迹端正、易于辨认,不草、不乱、不造字。大小写金额要一致。复写的凭证要不串行、不串格、不模糊,一式几联的原始凭证,应当注明各联的用途。数字和货币符号的书写要符合下列要求:

第一,数字要一个一个地写,不得连笔写。特别是在连写几个"0"时,一定要单个地写,不能将几个"0"连在一起一笔写完。数字排列要整齐,数字之间的空格要均匀,不宜过大。此外,阿拉伯数字的书写还应有高度的标准,一般要求数字的高度占凭证横格的1/2为宜。书写时还要注意紧靠横格底线,使上方能有一定的空位,以便需要进行更正时可以再次书写。

第二,阿拉伯数字前面应该书写货币币种或者货币名称简写或币种符号。币种符号与阿拉伯数字之间不得留有空白。凡阿拉伯金额数字前写有货币币种符号的,数字后面不再写货币单位。所有以元为单位(其他货币种类为货币基本单位,下同)的阿拉伯数字,除表示单价等情况外,一律填写到角分;无角分的,角位和分位写“00”或者符号“—”;有角无分的,分位应当写“0”,不得用符号“—”代替。在发货票等须填写大写金额数字的原始凭证上,如果大写金额数字前未印有货币名称,应当加填货币名称,然后在其后紧接着填写大写金额数字,货币名称和金额数字之间不得留有空白。

第三,汉字填写金额如零、壹、贰、叁、肆、伍、陆、柒、捌、玖、拾、佰、仟、万、亿等,应一律用正楷或行书体填写。不得自造简化字。大写金额数字到元或角为止的,在“元”或“角”之后应当写“整”或“正”字。阿拉伯金额数字之间有“0”时,汉字大写金额应写“零”字;阿拉伯金额数字中间连续有几个“0”时,大写金额中只写一个“零”;阿拉伯金额数字元位为“0”或者数字中间连续有几个“0”,元位也是“0”,但角位不是“0”时,汉字大写金额可以只写一个“零”字,也可以不写“零”字。

(二)原始凭证的审核

为了正确反映和监督各项经济业务,财务部门对取得的原始凭证,必须进行严格审核和核对,保证核算资料的真实、合法、完整。只有审查无误的凭证,才可作为编制记账凭证和登记账簿的依据。原始凭证的审核,是会计监督工作的一个重要环节,一般应从以下两方面进行:

(1)审查原始凭证所反映的经济业务的合理性、合法性和真实性。这种审查是以有关政策、法规、制度和计划合同等为依据,审查凭证所记录的经济业务是否符合有关规定;有无贪污盗窃、虚报冒领、伪造凭证等违法乱纪现象;有无不讲经济效益、违反计划和标准的现象;等等。对于不合理、不合法及不真实的原始凭证,财会人员应拒绝受理。如发现伪造或变造凭证、弄虚作假、虚报冒领等不法行为,除拒绝办理外,还应立即报告有关部门,提请严肃处理。

(2)审核原始凭证的填制是否符合规定的要求。首先审查所用的凭证格式是否符合规定,凭证的要素是否齐全,是否有经办单位和经办人员签章;其次审查凭证上的数字是否完整,大、小写是否一致;最后审查凭证上的数字和文字是否有涂改、污损等不符合规定之处。如果通过审查发现凭证不符合上述要求,那么凭证本身就失去作为记账依据的资格,会计部门应把那些不符合规定的凭证退还给原编制凭证的单位或个人,要求重新补办手续。

原始凭证的审核,是一项很细致而且十分严肃的工作。要做好原始凭证的审核,充分发挥会计监督的作用,会计人员应该做到精通会计业务,熟悉有关的政策、法令和各项财务规章制度,对本单位的生产经营活动有深入的了解,同时还要求会计人员具有维护国家法令、制度和本单位财务管理的高度责任感,敢于坚持原则,才能在审核原始凭证时正确掌握标准,及时发现问题。

原始凭证经过审核后,对于符合要求的原始凭证,及时编制记账凭证并登记账簿;对于手续不完备、内容记载不全或数字计算不正确的原始凭证,应退回有关经办部门或人员补办手续或更正;对于伪造、涂改或经济业务不合法的凭证,应拒绝受理,并向本单位领导汇报,提出拒绝执行的意见;对于弄虚作假、营私舞弊、伪造涂改凭证等违法乱纪行为,必须及时揭露并严肃处理。

二、记账凭证的填制与审核

(一)记账凭证的填制要求

填制记账凭证是一项重要的会计工作,为了便于登记账簿,保证账簿记录的正确性,填制记账凭证应符合以下要求:

(1)依据真实。除结账和更正错误外,记账凭证应根据审核无误的原始凭证及有关资料填制,记账凭证必须附有原始凭证并如实填写所附原始凭证的张数。记账凭证所附原始凭证张数的计算一般应以原始凭证的自然张数为准。如果记账凭证中附有原始凭证汇总表,则应该把所附的原始凭证和原始凭证汇总表的张数一起记入附件的张数之内。但报销差旅费等零散票券,可以粘贴在一张纸上,作为一张原始凭证。一张原始凭证如果涉及几张记账凭证的,可以将原始凭证附在一张主要的记账凭证后面,在该主要记账凭证摘要栏注明"本凭证附件包括××号记账凭证业务"字样,并在其他记账凭证上注明该主要记账凭证的编号或者附上该原始凭证的复印件,以便复核查阅。如果一张原始凭证所列的支出需要由几个单位共同负担,应将其他单位分担的部分,开给对方原始凭证分割单,进行结算。原始凭证分割必须具备原始内容,并可作为填制记账凭证的依据,计算在所附原始凭证张数之内。

(2)内容完整。记账凭证应具备的内容都要具备,要按照记账凭证上所列项目逐一填写清楚,有关人员的签名或者盖章要齐全不可缺漏。如有以自制的原始凭证或者原始凭证汇总表代替记账凭证使用的,也必须具备记账凭证应有的内容。金额栏数字的填写必须规范、准确,与所附原始凭证的金额相符。金额登记方向、数字必须正确,角、分位不留空格。

(3)分类正确。填制记账凭证,要根据经济业务的内容,区别不同类型的原始凭证,正确应用会计科目和记账凭证。记账凭证可以根据每一张原始凭证填制,或者根据若干张同类原始凭证汇总填制,也可以根据原始凭证汇总表填制,但不得将不同内容或类别的原始凭证汇总填制在一张记账凭证上,会计科目要保持正确的对应关系。对于现金、银行存款和其他货币资金之间的收付业务(亦称相互划转业务),如从银行提取现金、把现金送存银行、开设外埠存款账户等,为避免重复记账,一般只编制付款凭证,而不再编制收款凭证。在一笔经济业务中,如果既涉及现金或银行存款收、付业务,又涉及转账业务,则应分别填制收款或付款凭证和转账凭证。例如,单位职工出差归来报销差旅费并交回剩余现金时,就应根据有关原始凭证按实际报销的金额填制一张转账凭证,同时按收回的现金数额填制一张收款凭证。各种记账凭证的使用格式应相对稳定,特别是在同一会计年度内,不宜随意更换,以免引起编号、装订、保管方面的不便与混乱。

(4)日期正确。记账凭证的填制日期一般是填制记账凭证当天的日期,不能提前或拖后;按权责发生制原则计算收益、分配费用、结转成本利润等调整分录和结账分录的记账凭证,虽然需要到下月才能填制,但为了便于在当月的账内进行登记,仍应填写当月月末的日期。

(5)连续编号。为了分清会计事项处理的先后顺序,以便记账凭证与会计账簿之间的核对,确保记账凭证完整无缺,填制记账凭证时,应当对记账凭证连续编号。记账凭证编号的方法有多种:一是将全部记账凭证作为一类统一编号;二是分别按现金和银行存款收入业务、现金和银行存款支出业务、转账业务三类进行编号,这样记账凭证的编号应分为收字第×号、付字第×号、转字第×号;三是分别按现金收入、现金支出、银行存款收入、银行存款支出和转账业务五类进行编号,这种情况下,记账凭证的编号应分为现收字第×号、现付字第×号、银收字第×号、银付字第×号和转字第×号，或者将转账业务按照具体内容再分成几类编号。各单位应当根据本单位业务繁简程度、会计人员多少和分工情况来选择便于记账、查账、内部稽核、简单严密的编号方法。无论采用哪一种编号方法，都应该按月顺序编号，即每月都从 1 号编起，按自然数 1、2、3、4、5……顺序编至月末，不得跳号、重号。一笔经济业务需要填制两张或两张以上记账凭证的，可以采用分数编号法进行编号。例如，有一笔经济业务需要填制三张记账凭证，凭证顺序号为 6，就可以编成 6 1/3、6 2/3、6 3/3，前面的数表示凭证顺序，后面分数的分母表示该号凭证共有三张，分子表示三张凭证中的第一张、第二张、第三张。

(6)简明扼要。记账凭证的摘要栏是填写经济业务简要说明的，摘要应与原始凭证内容一致，能正确反映经济业务的主要内容，既要防止简而不明，又要防止过于烦琐。应使阅读者通过摘要就能了解该项经济业务的性质、特征，判断出会计分录的正确与否，一般不需要再去翻阅原始凭证或询问有关人员。

(7)分录正确。会计分录是记账凭证中重要的组成部分，在记账凭证中，要正确编制会计分录并保持借贷平衡，就必须根据国家统一会计制度的规定和经济业务的内容，正确使用会计科目，不得任意简化或改动。应填写会计科目的名称，或者同时填写会计科目的名称和会计科目编号，不应只填编号，不填会计名称。应填明总账科目和明细科目，以便于登记总账和明细分类账。会计科目的对应关系要填写清楚，应先借后贷，一般填制一借一贷、一借多贷或者多借一贷的会计分录。但如果某项经济业务本身就需要编制一个多借多贷的会计分录，也可以填制多借多贷的会计分录，以集中反映该项经济业务的全过程。填入金额数字后，要在记账凭证的合计行计算填写合计金额。记账凭证中借、贷方的金额必须相等，合计数必须计算正确。

(8)空行注销。填制记账凭证时，应按行次逐行填写，不得跳行或留有空行。记账凭证填完经济业务后，如有空行，应当在金额栏自最后一笔金额数字下的空行至合计数上的空行处划斜线注销。

(9)填错更改。填制记账凭证时如果发生错误，应当重新填制。已经登记入账的记账凭证在当年内发生错误的，如果是使用的会计科目或记账凭证方向有错误，可以用红字金额填制一张与原始凭证内容相同的记账凭证，在摘要栏注明“注销某月某日某号凭证”字样，同时再用蓝字重新填制一张正确的记账凭证，在摘要栏注明“更正某月某日某号凭证”字样；如果会计科目和记账方向都没有错误，只是金额错误，可以按正确数字和错误数字之间的差额，另编一张调整的记账凭证，调增金额用蓝数字，调减金额用红数字。发现以前年度的金额有错误时，应当用蓝字填制一张更正的记账凭证。

记账凭证中，文字、数字和货币符号的书写要求，与原始凭证相同。实行会计电算化的单位，其机制记账凭证应当符合对记账凭证的基本要求，打印出来的机制凭证上，要加盖制单人员、审核人员、记账人员和会计主管人员印章或者签字，以明确责任。

(二)记账凭证的填制方法

1. 单式记账凭证的填制

单式记账凭证，就是在一张凭证上只填列一个会计科目。一项经济业务的会计分录涉及几个会计科目，就填几张记账凭证。为了保持会计科目间的对应关系，便于核对，在填制一个会计分录时编一个总号，再按凭证张数编几个分号，如第 4 笔经济业务涉及三个会计科目，则编号为 4 1/3、4 2/3、4 3/3。

单式记账凭证中，填列借方账户名称的称为借项记账凭证，填列贷方账户名称的称为贷项记账凭证。为了便于区别，两者常用不同的颜色印制。

2. 复式记账凭证的填制

复式记账凭证就是在一张记账凭证上记载一笔完整的经济业务所涉及的全部会计科目。为了清晰地反映经济业务的来龙去脉，不应将不同的经济业务合并填制。

收款凭证是根据审核无误的现金和银行存款收款业务的原始凭证编制的。收款凭证左上角的“借方科目”，按收款的性质填写“库存现金”或者“银行存款”；日期填写的是编制本凭证的日期；右上角填写编制收款凭证顺序号；“摘要”栏简明扼要地填写经济业务的内容梗概；“贷方科目”栏内填写与收入“库存现金”或“银行存款”科目相对应的总账科目及所属明细科目；“金额”栏内填写实际收到的现金或银行存款的数额，各总账科目与所属明细科目的应贷金额，应分别填写在与总账科目或明细科目同一行的“总账科目”或“明细科目”“金额”栏内；“金额”栏的合计数，只合计“总账科目”“金额”，表示借方科目“库存现金”或“银行存款”的金额；“记账”栏供记账人员在根据收款凭证登记有关账簿后做记号用，表示已经记账，防止经济业务的事项的重记或漏记；该凭证右边“附件　张”根据所附原始凭证的张数填写；凭证最下方有关人员签章处，供有关人员在履行了责任后签名或签章，以明确经济责任。

付款凭证是根据审核无误的现金和银行存款付款业务的原始凭证编制的。付款凭证的左上角“贷方科目”，应填列“库存现金”或者“银行存款”；“借方科目”栏应填写与“库存现金”或“银行存款”科目相对应的总账科目及所属的明细科目；其余各部分的填制方法与收款凭证基本相同，不再述及。

转账凭证是根据审核无误的不涉及现金和银行存款收付的转账业务的原始凭证编制的。转账凭证的“会计科目”栏应按照先借后贷的顺序分别填写应借、应贷的总账科目及所属的明细科目；借方总账科目及所属明细科目的应记金额，应在与科目同一行的“借方金额”栏内相应栏次填写，贷方总账科目及所属明细科目的应记金额，应在与科目同一行的“贷方金额”栏内相应栏次填写；“合计”行只合计借方总账科目金额和贷方总账科目金额，借方总账科目金额合计数与贷方总账金额合计数应相等。

下面分别举例说明收款凭证、付款凭证和转账凭证的填制。

例 6—1　某企业 2014 年 6 月 12 日收到蓝天公司偿还所欠货款 20 000 元，存入银行。根据经济业务的原始凭证填制的收款凭证如表 6—13 所示。

表 6—13　　**收款凭证**

借方科目：银行存款　　2014 年 6 月 12 日　　收字第 9 号

摘要	贷方科目		金额										记账符号
	一级科目	二级或明细科目	千	百	十	万	千	百	十	元	角	分	
收回货款	应收账款	蓝天公司				2	0	0	0	0	0	0	
结算方式及票号：		合计			¥	2	0	0	0	0	0	0	

会计主管：　　记账：　　出纳：　　审核：　　制单：

例 6—2 某企业 2014 年 8 月 17 日以现金支付采购员郭亮预借差旅费 3 000 元。根据这项经济业务的原始凭证填制的付款凭证如表 6—14 所示。

表 6—14 **付款凭证** 出纳编号:024—3

贷方科目:库存现金 2014 年 8 月 17 日 付字第 2 号

摘 要	借方科目		金 额										记账符号
	一级科目	二级或明细科目	千	百	十	万	千	百	十	元	角	分	
预支差旅费	其他应收款	郭 亮					3	0	0	0	0	0	
结算方式及票号:		合 计				¥	3	0	0	0	0	0	

会计主管: 记账: 出纳: 审核: 制单:

例 6—3 某企业 2014 年 10 月 28 日销售产品 40 000 元(暂不考虑增值税)冲减美华公司的预收款。根据该项经济业务的原始凭证填制的转账凭证如表 6—15 所示。

表 6—15 **转账凭证**

2014 年 10 月 28 日 转字第 3 号

摘 要	一级科目	二级或明细科目	借 方 金 额										记账符号	贷 方 金 额										记账符号
			千	百	十	万	千	百	十	元	角	分		千	百	十	万	千	百	十	元	角	分	
冲预收款	预收账款	美华公司				4	0	0	0	0	0	0												
	主营业务收入																4	0	0	0	0	0	0	
合 计					¥	4	0	0	0	0	0	0				¥	4	0	0	0	0	0	0	

会计主管: 记账: 出纳: 审核: 制单:

(三)记账凭证的审核

记账凭证编制以后,必须由专人进行审核,借以监督经济业务的真实性、合法性和合理性,并检查记账凭证的编制是否符合要求。特别要审核最初证明经济业务实际发生、完成的原始凭证。因此,对记账凭证的审核是一项严肃细致、政策性很强的工作。只有做好这项工作,才能正确地发挥会计反映和监督的作用。记账凭证审核的基本内容包括以下几项:

(1)内容是否真实。审核记账凭证是否有原始凭证为依据,所附原始凭证的内容是否与记账凭证的内容一致,记账凭证汇总表的内容与其所依据的记账凭证的内容是否一致等。

(2)项目是否齐全。审核记账凭证各项目的填写是否齐全,如日期、凭证编号、摘要、金额、所附原始凭证张数及有关人员签章等。

(3)科目是否准确。审核记账凭证的应借、应贷科目是否正确,是否有明确的账户对应关系,所使用的会计科目是否符合国家统一的会计制度的规定等。

(4)金额是否正确。审核记账凭证所记录的金额与原始凭证的有关金额是否一致、计算是否正确,记账凭证汇总表的金额与记账凭证的金额合计是否相符等。

(5)书写是否规范。审核记账凭证中的记录是否文字工整、数字清晰,是否按规定进行更正等。

在审核过程中,如果发现不符合要求的地方,应查明原因予以重填或更正,并由更正人员在更正处签章。只有经过审核无误的记账凭证,才能作为登记账簿的依据。

第三节　会计凭证的传递与保管

一、会计凭证的传递

会计凭证的传递,是指从会计凭证取得或填制起至归档保管时止,在单位内部有关部门和人员之间按照规定的时间、程序进行处理的过程。各种会计凭证,所记载的经济业务不同,涉及的部门和人员不同,办理的业务手续也不同,因此,应当为各种会计凭证规定一个合理的传递程序,即一张会计凭证填制后应交到哪个部门、哪个岗位,由谁办理业务手续等,直到归档保管为止。

(一)会计凭证传递的作用

正确组织会计凭证的传递,对于提高会计核算资料的及时性、正确组织经济活动、加强经济责任、实行会计监督具有重要作用。

1. 正确组织会计凭证的传递,有利于提高工作效率

正确组织会计凭证的传递,能够及时、真实反映和监督各项经济业务的发生和完成情况,为经济管理提供可靠的经济信息。例如,材料运到企业后,仓库保管员应在规定的时间内将材料验收入库,填制"收料单",注明实收数量等情况,并将"收料单"及时送到财会部门及其他有关部门。财会部门接到"收料单",经审核无误,就应及时编制记账凭证和登记账簿,生产部门得到该批材料已验收入库凭证后,便可办理有关领料手续,用于产品生产等。如果仓库保管员未按时填写"收料单",或虽填写"收料单"但没有及时送到有关部门,就会给人以材料尚未入库的假象,影响企业生产正常进行。

2. 正确组织会计凭证的传递,能更好地发挥会计监督作用

正确组织会计凭证的传递,便于有关部门和个人分工协作,相互牵制,加强岗位责任制,更好地发挥会计监督作用。例如,从材料运到企业验收入库,需要多少时间,由谁填制"收料单",何时将"收料单"送到供应部门和财会部门,会计部门收到"收料单"后由谁进行审核,并同供应部门的发货票进行核对,由谁何时编制记账凭证和登记账簿,由谁负责整理保管凭证等。这样,就把材料收入业务从验收入库到登记入账的全部工作,在本单位内部进行分工合作,共同完成。同时可以考核经办业务的有关部门和人员是否按规定的会计手续办理,从而加强经营管理,提高工作质量。

(二)会计凭证传递的基本要求

各单位的经营业务性质是多种多样的,各种经营业务又有各自的特点,所以,办理各项经济业务的部门和人员以及办理凭证所需要的时间、传递程序也必然各不相同。这就要求每个

单位都必须根据自己的业务特点和管理特点，由单位领导会同会计部门及有关部门共同设计制定出一套会计凭证的传递程序，使各个部门保证有序、及时地按规定的程序处理凭证传递。各单位在设计制定会计凭证传递时，应注意以下几个问题：

1. 根据经济业务的特点、机构设置和人员分工情况，明确会计凭证的传递程序

由于企业生产经营业务的内容不同，企业管理的要求也不尽相同。在会计凭证的传递过程中，要根据具体情况，确定每一种凭证的传递程序和方法。合理制定会计凭证所经过的环节，规定每个环节负责传递的相关责任人员，规定会计凭证的联数以及每一联凭证的用途。做到既可使各有关部门和人员了解经济活动情况、及时办理手续，又可避免凭证经过不必要的环节，以提高工作效率。

2. 规定会计凭证经过每个环节所需要的时间，以保证凭证传递的及时性

会计凭证的传递时间，应考虑各部门和有关人员的工作内容和工作量在正常情况下完成的时间，明确规定各种凭证在各个环节上停留的最长时间，不能拖延和积压会计凭证，以免影响会计工作的正常程序。一切会计凭证的传递和处理，都应在报告期内完成，不允许跨期，否则将影响会计核算的准确性和及时性。

会计凭证在传递过程中的衔接手续，应该做到既完备、严密，又简单易行。凭证的收发、交接都应当按一定的手续制度办理，以保证会计凭证的安全和完整。会计凭证的传递程序、传递时间和衔接手续明确后，制定凭证传递程序，规定凭证传递路线、环节及在各个环节上的时间、处理内容及交接手续，使凭证传递工作有效进行。

二、会计凭证的保管

会计凭证的保管是指会计凭证记账后的整理、装订、归档和存查工作。

会计凭证既是记录经济业务、明确经济责任、具有法律效力的证明文件，又是登记账簿的依据，所以，它是重要的经济档案和历史资料。任何企业在完成经济业务手续和记账之后，必须按规定立卷归档，形成会计档案资料，妥善保管，以便日后随时查阅。

会计凭证整理保管的要求有：

(1)各种记账凭证，连同所附原始凭证和原始凭证汇总表，要分类按顺序编号，定期(1 天、5 天、10 天或一个月)装订成册，并加具封面、封底，注明单位名称、凭证种类、所属年月和起讫日期、起止号码、凭证张数等。为防止任意拆装，应在装订处贴上封签，并由经办人员在封签处签名或盖章。

(2)对一些性质相同、数量很多或各种随时需要查阅的原始凭证，可以单独装订保管，在封面上写明记账凭证的时间、编号、种类，同时在记账凭证上注明“附件另订”。

(3)各种经济合同和重要的涉外文件等凭证，应另编目录，单独登记保管，并在有关原始凭证和记账凭证上注明。

(4)其他单位因有特殊原因需要使用原始凭证时，经本单位领导批准，可以复制，但应在专门的登记簿上进行登记，并由提供人员和收取人员共同签章。

(5)会计凭证装订成册后，应由专人负责分类保管，年终应登记归档。当年的会计凭证，在会计年度终了后，可暂由会计部门保管 1 年，期满后，原则上应由会计部门编造清册移交本单位档案部门保管。会计凭证的保管期限，一般为 15 年。保管期未满，任何人都不得随意销毁

会计凭证。按规定销毁会计凭证时，必须开列清单，报经批准后，由档案部门和会计部门共同派人员监销。会计凭证的保管期限和销毁手续，应严格按照《会计档案管理办法》进行管理。

(6)会计凭证在归档后，应按年、月、日顺序排列，以便查阅。对已归档凭证的查阅、调用和复制，都应得到批准，并办理一定的手续。会计凭证在保管中应防止霉烂破损和鼠咬虫蛀，以确保其安全和完整。

本章小结

会计凭证是记录经济业务、明确经济责任的书面证明，也是登记账簿的依据。在手工会计条件下，会计凭证一般以书面形式表现出来；在网络会计环境下，会计凭证将主要以电子凭证方式出现。

会计凭证按照编制的程序和用途不同可以分为原始凭证和记账凭证。

原始凭证按不同的分类标准有不同的分类方法。按其来源不同，可分为外来原始凭证和自制原始凭证；按其填制方法不同，可分为一次凭证、累计凭证和汇总凭证；按其用途不同，可分为通知凭证、执行凭证和计算凭证；按其格式不同，可分为通用凭证和专用凭证。

原始凭证必须具备以下基本内容：(1)原始凭证的名称；(2)填制原始凭证的日期；(3)接受原始凭证的单位名称；(4)经济业务内容，如数量、单价等；(5)填制原始凭证的单位签章；(6)经办人员的签章；(7)凭证附件。

原始凭证的填制要求是：记录真实、手续完备、内容齐全、书写规范及填制及时。审核原始凭证时要审查它的合法性、合理性和合规性，审查其填制是否符合要求等。

记账凭证按不同的分类标准有不同的分类方法。按其经济内容不同，可分为收款凭证、付款凭证和转账凭证；按其填制方法不同，可分为单式记账凭证和复式记账凭证；按其汇总方法不同，可分为分类汇总凭证和全部汇总凭证。

记账凭证必须具备以下基本内容：(1)记账凭证的名称，如收款凭证、付款凭证、转账凭证等；(2)填制凭证的日期、凭证编号；(3)经济业务的内容摘要；(4)经济业务应记入账户的名称、记账方向和金额；(5)所附原始凭证的张数；(6)会计主管、记账、复核、出纳、制单等有关人员签章。

记账凭证在填制时，摘要要简明扼要，科目运用要恰当，金额计量要正确，应连续编号，附件要齐全，有关项目的填列要完整。

会计凭证在平时应合理传递，以提高会计信息的加工速度和质量。期末要及时装订成册并妥善保管，借阅会计凭证要按相关手续办理，保管期满要按有关规定销毁。

本章习题

一、单项选择题

1. 原始凭证的基本内容中，不包括(　　)。

A. 日期及编号　　B. 内容摘要

C. 实物数量及金额　　D. 会计科目

2. 原始凭证和记账凭证的相同点是(　　)。
A. 反映经济业务的内容相同　　B. 编制时间相同
C. 所起作用相同　　D. 经济责任的当事人相同
3. 下列业务中,应编制转账凭证的是(　　)。
A. 支付购买材料价款　　B. 支付材料运杂费
C. 收回出售材料款　　D. 车间领用材料
4. 下列科目可能是收款凭证借方科目的是(　　)。
A.“材料采购”　　B.“应收账款”
C.“银行存款”　　D.“长期待摊费用”
5. 将记账凭证分为收款凭证、付款凭证、转账凭证的依据是(　　)。
A. 凭证填制的手续　　B. 凭证的来源
C. 凭证所反映的经济业务内容　　D. 所包括的会计科目是否单一
6. 填制原始凭证时应做到大小写数字符合规范,填写正确。如大写金额“壹仟零壹元伍角整”,其小写应为(　　)。
A. 1 001.50 元　　B. ¥1 001.50
C. ¥1 001.50 元　　D. ¥1 001.5
7. 企业记账凭证的编制人员是(　　)。
A. 出纳人员　　B. 会计人员
C. 经办人员　　D. 主管人员
8. 下列各项中,作为出纳人员付出货币资金依据的是(　　)。
A. 收款凭证　　B. 付款凭证
C. 转账凭证　　D. 原始凭证
9. 以银行存款归还银行借款的业务,应编制(　　)。
A. 转账凭证　　B. 收款凭证
C. 付款凭证　　D. 以上均可
10. 借记“应收账款”科目,贷记“应收票据”科目的会计分录,应编制的专用记账凭证是(　　)。
A. 收款凭证　　B. 付款凭证
C. 转账凭证　　D. 汇总记账凭证

二、多项选择题

1. 记账凭证的编号方法有(　　)。
A. 顺序编号法　　B. 分类编号法
C. 奇偶数编号法　　D. 任意编号法
E. 分数编号法
2. 正确地组织会计凭证的传递的意义在于(　　)。
A. 有利于研究会计发展历史　　B. 合理有效地组织经济活动
C. 有利于原始凭证的编制　　D. 可以加强经济管理责任制
E. 可以及时地反映和监督经济业务的发生和完成情况
3. 外来原始凭证应该是(　　)。
A. 从企业外部取得的　　B. 由企业会计人员填制的
C. 一次凭证　　D. 盖有填制单位公章的
E. 累计凭证
4. 记账凭证应该是(　　)。

A. 由经办业务人员填制的
B. 由会计人员填制的
C. 在经济业务发生时填制的
D. 登记账簿的直接依据
E. 根据审核无误的原始凭证填制的

5. "限额领料单"按照不同的标志分类可能属于(　　)。
A. 外来原始凭证
B. 自制原始凭证
C. 一次凭证
D. 累计凭证
E. 汇总原始凭证

6. 下列交易或者事项中,应填制转账凭证的有(　　)。
A. 国家以厂房对企业投资
B. 外商以货币资金对企业投资
C. 购买材料未付款
D. 销售商品收到商业汇票一张
E. 收回前欠货款

7. 下列交易或者事项中,应填制付款凭证的有(　　)。
A. 从银行提现金备用
B. 购买材料预付定金
C. 将现金存入银行
D. 以银行存款支付前某单位贷款
E. 销售商品未收款

8. 购买材料时收到的"增值税专用发票"(　　)。
A. 属于自制原始凭证
B. 属于外来原始凭证
C. 是由税务部门统一印制的
D. 必须有开票单位的盖章才能生效
E. 增值税金额为进项税额

三、判断题

1. 一次凭证是指反映一项经济业务的凭证,如"领料单"。(　　)

2. 累计凭证是指在一定时期内连续记载若干项同类经济业务,其填制手续是随着经济业务发生而分次完成的凭证,如"限额领料单"。(　　)

3. 汇总原始凭证是指在会计核算工作中,为简化记账凭证编制工作,将一定时期内若干份记录同类经济业务的记账凭证加以汇总,用以集中反映某项经济业务总括发生情况的会计凭证。(　　)

4. 会计凭证登账后的整理、装订和归档 2 年后可销毁。(　　)

5. 根据一定期间的记账凭证全部汇总填制的凭证如"科目汇总表"是一种累计凭证。(　　)

6. 所有的会计凭证都是登记账簿的直接依据。(　　)

7. 各种原始凭证的填制,都应由会计人员填写,非会计人员不得填写,以保证原始凭证填制的正确性。(　　)

四、业务分析题

某公司 2014 年 11 月份发生下列经济业务:

(1)11 月 2 日,财务科长张建出差预借差旅费 6 000 元,付给现金。

(2)11 月 5 日,收到阳光公司的投资 600 000 元,已办理银行进账手续。

(3)11 月 8 日,从 M 商店购入甲材料 3 000 千克,单价 10 元/千克,增值税税率为 17%,款项上个月已经预付,材料验收入库。

(4)11 月 10 日,从银行提取现金 6 000 元备用。

(5)11 月 12 日,开出转账支票预付明、后两年的房租 24 000 元。

(6)11 月 18 日,从 K 工厂购入乙材料 4 000 千克,单价 20 元/千克,增值税税率为 17%,款项未付,材料未到。

(7)11 月 22 日,销售 A 产品 200 件,单位售价 5 000 元/件,增值税税率为 17%,款项收到一张已承兑商业汇票。

(8)11 月 30 日,结转本月销售 A 产品的成本 600 000 元。

(9)11 月 30 日,计算本月固定资产折旧费,其中,生产车间设备折旧费 10 000 元,管理用固定资产折旧费 6 000 元。

(10)11 月 30 日,计算本月应纳所得税 75 000 元。

要求:根据上述经济业务内容,编制通用记账凭证。

第七章　会计账簿

学习目标

通过本章的学习，了解会计账簿的含义、会计账簿的种类和会计账簿的基本结构；熟练掌握日记账与分类账的格式及登记方法、账簿的启用与登记规则、错账的更正方法和结账与对账的方法等。

关键概念

会计账簿　序时账簿　分类账簿　备查账簿　特种日记账　划线更正法　红字更正法　补充登记法　结账　对账

引导案例

“帐”字本身与会计核算无关，在商代，人们把账簿叫“册”；从西周开始又把它更名为“籍”或“籍书”；战国时代有了“籍书”这个称号；西汉时，人们把登记会计事项的账册称为“簿”。据现有史料考察，“帐”字引申到会计方面起源于南北朝。

南北朝时，皇帝和高官显赫都习惯到外地巡游作乐。每次出游前，沿路派人张记祎帐，帐内备有各种生活必需品及装饰品，奢侈豪华，供其享有，此种帏帐称为“供帐”。供帐内所用之物价值均相当昂贵，薪费数额巨大，为了维护这些财产的安全，朝廷指派专门显史掌管并实行专门核算，在核算过程中，逐渐把登记这部分财产及供应之费的簿书称为“簿帐”或“帐”，把登记供账内的经济事项称为“记帐”。

以后“簿帐”或“帐”之称又逐渐扩展到整个会计核算领域，后来的财计官员便把登记日用款目的簿书通称为“簿帐”或“账”，又写为“帐簿”或“账”。

从此，“帐”“账”就取代了一切传统的名称，现在又统一改为“账”。

思考：企业应如何设置和使用账簿？

第一节 会计账簿的种类

一、会计账簿的含义

会计账簿，简称账簿，是指由一定格式账页组成的，以经过审核的会计凭证为依据，全面、系统、连续地记录各项经济业务的簿记。从外表形式上看，会计账簿是若干账页的组合。在会计实务中，将会计科目填入某个账页后，该账页就成为记录、反映该会计科目所规定的核算内容的账户，各账户之间的相互关系通过对账户对应关系来体现。实质上，会计账簿是会计信息形成的重要环节，是会计资料的主要载体之一，也是会计资料的重要组成部分。

会计账簿是账户的表现形式，两者既有区别又有联系。账户是在账簿中以规定的会计科目开设户头，用以规定不同的账簿所记录的内容，账户存在于账簿之中，账簿中的每一账页就是账户的存在形式和信息载体。如果没有账户，也就没有所谓的账簿；如果没有账簿，账户也成了一种抽象的东西，无法存在。但账簿只是一种外在形式，账户才是它的真实内容。账簿序时分类地记载经济业务，是在个别账户中完成的，也可以说，账簿是由若干张账页组成的一个整体，而开设于账页上的账户则是这个整体上的个别部分。因此，账簿和账户的关系，是形式和内容的关系。

各单位每发生一项经济业务，都必须取得或填制原始凭证，并根据审核无误的原始凭证及有关资料填制记账凭证。通过记账凭证的填制和审核，可以反映和监督单位每一项经济业务的发生和完成情况。但是由于会计凭证数量多，格式不一，所提供的资料比较分散，缺乏系统性，每张凭证一般只能反映个别经济业务的内容。为了连续、系统、全面地反映单位在一定时期内的某一类和全部经济业务及其引起的资产与权益的增减变化情况，给经济管理提供完整而系统的会计核算资料，并为编制会计报表提供依据，就需要设置会计账簿，把分散在会计凭证中的大量核算资料加以集中和归类整理，分门别类地记录在账簿中。因此，各个单位都应按照国家统一的会计制度和会计业务的需要设置和登记会计账簿。通过账簿记录，既能对经济活动进行序时核算，又能进行分类核算；既可提供各项总括的核算资料，又可提供明细核算资料。

二、账簿的种类

(一)账簿按其用途分类

1. 序时账簿

序时账簿，又称日记账，是按经济业务发生时间的先后顺序，逐日逐笔连续进行登记的账簿。按其记录的内容不同，序时账簿又分为普通日记账和特种日记账。

普通日记账是指用来逐笔记录全部经济业务的日记账。即把每天发生的各项经济业务逐日逐笔地登记在日记账中，并确定会计分录，然后据以登记分类账。

特种日记账是用来逐笔记录某一类经济业务的日记账。通常把有一类比较重要的经济业务，按照业务发生的先后顺序记入账簿中。例如，为了加强货币资金的管理，单设现金日记账和银行存款日记账，就是为提供现金和银行存款收付情况的详细资料而设置的特种日记账。

2. 分类账簿

分类账簿，又称分类账，是对全部经济业务按照总分类账户和明细分类账户进行分类登记的账簿。按照总分类账户分类登记经济业务事项的是总分类账簿，简称总账；按照明细分类账户分类登记经济业务事项的是明细分类账簿，简称明细账。两者相辅相成，互为补充。分类账簿提供的核算信息是编制会计报表的主要依据。

3. 备查账簿

备查账簿，简称备查账，是对某些不能在序时账簿和分类账簿等主要账簿中进行登记或者登记不够详细的经济业务事项进行补充登记时使用的账簿，又称为辅助账簿。这些账簿可以对某些经济业务的内容提供必需的参考资料，但是它记录的信息不许编入会计报表中，所以也称表外记录。备查账簿没有固定格式，可由各单位根据管理的需要自行设置与设计，如租入固定资产登记簿、应收票据备查簿、受托加工来料登记簿。

(二)账簿按其格式分类

1. 三栏式账簿

三栏式账簿，是指其账页的格式主要部分为“借方”“贷方”和“余额”三栏的账簿。它主要适用于各种日记账、总分类账等。

2. 多栏式账簿

多栏式账簿，是指采用一个贷方栏目、多个借方栏目，或一个借方栏目、多个贷方栏目，或多个借方栏目、多个贷方栏目的账簿。集合分配账户、成本计算账户、收入账户、费用账户、财务成果账户、部分调整账户等一般采用多栏式格式。

3. 数量金额式账簿

数量金额式，是指在账页中分设“借方”“贷方”和“余额”或者“收入”“发出”和“结存”三大栏，并在每一大栏内分设“数量”“单价”和“金额”三小栏的账簿。数量金额式账簿能够反映财产物资的实物数量和价值量。原材料和库存商品、产成品等明细账一般采用数量金额式账簿。

(三)账簿按其外形分类

1. 订本式账簿

订本式账簿，也称订本账，是指在账簿启用前按照顺序编号，将特定数量的账页装订成册的账簿。这种账簿的优点是：可以避免账页散失，防止账页被随意抽换，比较安全。缺点是：由于账页固定，不能根据需要增加或减少，不便于按需要调整各账户的账页，不便于分工记账。这种账簿一般用于总分类账、现金日记账和银行存款日记账。

2. 活页式账簿

活页式账簿，也称活页账，是指年度内账页不固定装订成册，而是将其放置在活页账夹中的账簿。当账簿登记完毕之后(通常是一个会计年度结束之后)，才能将账页予以装订，加具封面，并给各账页连续编号。这种账簿的优点是：随时取放，便于账页的增加和重新排列，便于分工记账和记账工作电算化。缺点是：账页容易散失和被随意抽换。活页账在年度终了时，应及时装订成册，妥善保管。各种明细分类账一般采用活页账。

3. 卡片式账簿

卡片式账簿，又称卡片账，是指由许多具有一定格式的卡片组成，存放在一定卡片箱内的账簿。卡片账的卡片一般装在卡片箱内，不用装订成册，随时可存放，也可跨年度长期使用。这种账簿的优点是：便于随时查阅，也便于按不同要求归类整理，不易损坏。缺点是：账页容易散失和随意抽换。在我国，固定资产明细账一般采用卡片账形式。

第二节　账簿的设置

一、账簿设置的原则

会计账簿的设置和登记，包括确定账簿的种类，设计账页的格式、内容和规定账簿登记的方法等。各单位应根据经济业务的特点和管理要求，科学、合理地设置账簿。具体原则为：

(1)账簿的设置必须保证能够全面、系统地核算和监督各项经济活动，为经济管理提供必要的考核指标。

(2)账簿的设置要从各单位经济活动和业务工作特点出发进行设置，以利于会计分工和加强岗位责任制。

(3)账簿结构要求科学严密，有关账簿之间要有统驭关系或平行制约关系，并应避免重复记账或遗漏。

(4)账簿的格式，要力求简明实用，既要保证会计记录的系统和完整，又要避免过于烦琐，以便于日常使用和保存。

账簿的设置要组织严密、层次分明。账簿之间要互相衔接、互相补充、互相制约，能清晰地反映账户间的对应关系，以便能提供完整、系统的资料。

二、账簿的基本要素

各种账簿所记录的经济内容不同，账簿的格式又多种多样，不同账簿的格式所包括的具体内容也不尽一致，但各种账簿应具备一些基本要素，主要包括以下三项内容：

(一)封面

封面主要用于表明账簿的名称和记账单位的名称，如现金日记账、银行日记账、总分类账、应收账款明细账等。

(二)扉页

扉页主要用于填明启用的日期和截止的日期、页数、册次、经管账簿人员一览表和签章、会计主管签章、账户目录等。

(三)账页

账页是用来记录具体经济业务的载体,其格式因记录经济业务的内容的不同而有所不同,但每张账页上应载明的主要内容有:账户的名称(即会计科目)、记账日期栏、记账凭证种类和号数栏、摘要栏(经济业务内容的简要说明)、金额栏、总页次和分页次等。

三、日记账的设置及账户结构

(一)普通日记账

普通日记账是逐日序时登记特种日记账以外的经济业务的账簿。在不设特种日记账的企业,则要序时地逐笔登记企业的全部经济业务,因此普通日记账也称分录簿。

普通日记账一般分为"借方金额"和"贷方金额"两栏,登记每一分录的借方账户、贷方账户及金额。其格式如表 7—1 所示。

表 7—1 **普通日记账** 单位:元

年		凭证号数	摘　要	对应账户	金　额		过　账
月	日				借方金额	贷方金额	

(二)特种日记账

常用的特种日记账是"库存现金日记账"和"银行存款日记账"。在企业以及行政、事业单位,库存现金日记账和银行存款日记账的登记,有利于加强货币资金的日常核算和监督,有利于贯彻执行国家规定的货币资金管理制度。

1. 库存现金日记账

库存现金日记账是用来核算和监督库存现金每日的收入、支出和结存状况的账簿。它由出纳人员根据审核无误的有关收款凭证和付款凭证,按经济业务发生时间的先后顺序,逐日逐笔进行登记。

库存现金日记账的结构一般采用"收入""付出"和"结余"三栏式。现金日记账中的"年""月""日""凭证号数""摘要"和"对方账户"等栏,根据有关记账凭证登记;"收入"栏根据现金收款凭证和引起现金增加的银行存款付款凭证登记(从银行提取现金,只编制银行存款付款凭证);"支出"栏根据现金付款凭证登记。每日终了应计算全日的现金收入、支出合计数,并逐日结出现金余额,与库存现金实存数核对,以检查每日现金收付是否有误。每月期末,应结出当期"收入"栏和"支出"栏的发生额和期末余额,并与"现金"总分类账户核对一致,做到日清月结,账实相符。如账实不符,应查明原因。库存现金日记账的格式如表 7—2 所示。

表 7—2　　库存现金日记账　　单位：元

年		凭证号数	摘　要	对方账户	收　入	付　出	结　余
月	日						

2. 银行存款日记账

银行存款日记账是用来核算和监督银行存款每日的收入、支出和结存情况的账簿。它由出纳人员根据银行存款收款凭证和付款凭证逐日逐笔进行登记。银行存款日记账按企业在银行开立的账户和币种分别设置，每个银行存款账户设置一本银行存款日记账。

银行存款日记账的结构一般也采用“收入”“付出”和“结余”三栏式，由出纳人员根据银行存款的收、付款凭证，逐日逐笔按顺序登记。对于将现金存入银行的业务，因习惯上只填制现金付款凭证，不填制银行存款收款凭证，所以此时的银行存款收入数，应根据相关的现金付款凭证登记。银行存款日记账和现金日记账一样，每日终了时要结出余额，做到日清，以便检查监督各项收支款项，避免出现透支现象，同时也便于同银行对账单进行核对。银行存款日记账的格式与现金日记账的格式相似。

四、分类账的设置及账户结构

(一)总分类账

总分类账是按一级会计科目设置，提供总括资料的账簿。由于总分类账能全面、总括地反映和记录经济业务引起的资金运动和财务收支情况，并为编制会计报表提供数据，因此，任何单位都必须设置总分类账。

总分类账一般采用订本式账，按照会计科目的编码顺序分别开设账户，并为每个账户预留若干账页。由于总分类账只进行货币度量的核算，因此最常用的格式是三栏式，在账页中设置“借方”“贷方”和“余额”三个基本金额栏。

总分类账的登记，可以根据记账凭证逐笔登记，也可以通过一定的方式分次或按月一次汇总成汇总记账凭证或科目汇总表，然后据以登记，还可以根据多栏式现金、银行存款日记账在月末时汇总登记。总分类账登记的依据和方法，取决于企业采用的账务处理程序。总分类账的格式如表 7—3 所示。

表 7—3　　总分类账　　单位：元

年		凭　证		摘　要	借　方	贷　方	借或贷	余　额
月	日	种类	号数					

(二)明细分类账

明细分类账是根据明细账户开设账页,分类、连续地登记经济业务以提供明细核算资料的账簿。根据实际需要,各种明细账分别按二级科目或明细科目开设账户,并为每个账户预留若干账页,用来分类、连续记录有关资产、负债、所有者权益、收入、费用、利润等详细资料。设置和运用明细分类账,有利于加强资金的管理和使用,并可为编制会计报表提供必要的资料。因此,各单位在设置总分类账的基础上,还要根据经营管理的需要,按照总账科目设置若干必要的明细账,以形成既能提供经济活动总括情况,又能提供具体详细情况的账簿体系。明细账的格式有以下三种:

1. 三栏式明细分类账

三栏式明细分类账账页的格式同总分类账的格式基本相同,设置"借方""贷方"和"余额"三个金额栏。所不同的是,总分类账簿为订本账,而三栏式明细分类账簿多为活页账。这种账页适用于采用金额核算的应收账款、应付账款、应交税费、长期待摊费用等。

2. 数量金额式明细分类账

数量金额式明细分类账在"收入""发出""结存"三栏内,再分别设置"数量""单价"和"金额"等栏目,以分别登记实物的数量和金额。它适用于既要进行金额明细核算,又要进行数量明细核算的科目,如"原材料""库存商品"等科目的明细核算。它能提供各种财产物资收入、发出、结存等的数量和金额资料,便于开展业务和加强管理的需要。数量金额式明细账的格式如表 7—4所示。

表 7—4 **明细账**

二级科目: 计量单位:

材料名称: 最高储备:

材料规格: 最低储备:

年		摘要	收入			发出			结存		
月	日		数量	单价	金额	数量	单价	金额	数量	单价	金额

3. 多栏式明细分类账

多栏式明细分类账是根据经济业务的特点和经营管理的需要,在一张账页的"借方"栏或"贷方"栏设置若干专栏,集中反映有关明细项目的核算资料。它主要适用于费用、成本、收入和利润等科目的明细核算。

由于各种多栏式明细账所记录的经济业务内容不同,所需要核算的指标也不同,因此,栏目的设置也不尽相同。多栏式明细账的格式如表 7—5 所示。

表 7-5 生产成本明细账

产品名称： 单位：元

年		凭证号数	摘要	成本项目			
月	日			直接材料	直接人工	制造费用	合计
			期初余额				
			直接材料				
			应付职工薪酬				
			制造费用				
			本期发生额				
			完工产品成本				

第三节 账簿的启用与登记规则

一、账簿的启用规则

账簿是重要的会计档案。为了确保账簿记录的合法性和会计资料的真实性、完善性，明确记账责任，在启用会计账簿时应遵守以下规则：

（一）认真填写封面及账簿启用和经管人员一览表

启用会计账簿时应在账簿封面上写明单位名称和账簿名称，并在账簿扉页附账簿启用和经管人员一览表。启用表内容主要包括账簿名称，启用日期，账簿页数，记账人员和会计机构负责人、会计主管人员姓名，并加盖名章和单位公章。

启用订本式账簿，应当从第一页到最后一页顺序编定页数，不得跳页、缺页。使用活页式账簿，应当按账户顺序编号，并要定期装订成册，装订后再按实际使用的账页顺序编定页码，另加目录，记明每个账户的名称和页次。卡片式账簿在使用前应当登记卡片登记簿。

（二）严格交接手续

记账人员或者会计机构负责人、会计主管人员调动工作时，必须办理账簿交接手续，在账簿启用和经管人员一览表中注明交接日期、交接人员和监交人员姓名，并由双方交接人员签名，以明确有关人员的责任，增强有关人员的责任感，维护会计记录的严肃性。

（三）及时结转旧账

每年年初更换新账时，应将旧账的各账户余额过入新账的余额栏，并在摘要栏中注明“上年结转”字样。

二、账簿的登记规则

账簿作为重要的会计档案资料和会计信息的主要储存工具，必须按规定的方法，依据审核无误的记账凭证进行登记。进行账簿登记，一般应遵循下列八项规则：

(一)根据审核无误的会计凭证登记账簿

记账的依据是会计凭证，记账人员在登记账簿之前，应当首先审核会计凭证的合法性、完整性和真实性，这是确保会计信息的重要措施。

(二)记账时要做到准确完整

记账人员记账时，应当将会计凭证的日期、编号、摘要、金额和其他有关资料记入账内。每一会计事项，要按平行登记方法，一方面记入有关总账，另一方面记入总账所属的明细账，做到数字准确、摘要清楚、登记及时、字迹清晰工整。记账后，要在记账凭证上签章并注明所记账簿的页数，或划“√”表示已经登记入账，避免重记、漏记。

(三)书写不能占满格

为了便于更正记账和方便查账，登记账簿时，书写的文字和数字上面要留有适当的空格，不要写满格，一般应占格距的1/2，最多不能超过2/3。

(四)顺序连续登记

会计账簿应当按照页次顺序连续登记，不得跳行、隔页。如果发生跳行、隔页的，应当将空行、空页用红色墨水在对角划线注销，并注明“作废”字样，或者注明“此行空白”“此页空白”字样，并由经办人员盖章，以明确经济责任。

(五)正确使用蓝黑墨水和红墨水

登记账簿要用蓝黑墨水或碳素墨水书写，不得使用圆珠笔或者铅笔书写。这是因为，各种账簿归档保管年限，国家规定一般都在10年以上，有些关系到重要经济资料的账簿，则要长期保管，因此要求账簿记录保持清晰、耐久，以便长期查核使用，防止涂改。红色墨水只能在以下情况下使用：冲销错账；在未设借、贷等栏的多栏式账页中，登记减少数；在三栏式账户的余额栏前，如未印明余额方向的，在余额栏内登记负数余额；根据国家统一会计制度的规定可以使用红字登记的其他会计记录。在会计上，书写墨水的颜色用错了，会传递错误的信息，红色表示对正常记录的冲减。因此，红色墨水不能随意使用。

(六)结出余额

凡需要结出余额的账户，应按时结出余额，现金日记账和银行存款日记账必须逐日结出余额；债权债务明细账和各项财产物资明细账，每次记账后，都要随时结出余额；总账账户平时每月需要结出月末余额。结出余额后，应当在“借或贷”栏内写明“借”或者“贷”字样以说明余额的方向。没有余额的账户，应当在“借或贷”栏内写“平”字，并在余额栏内用“0”表示，一般来说，“0”应放在“元”位。

（七）过次承前

各账户在一张账页记满时，要在该账页的最末一行加计发生额合计数和结出余额，并在该行摘要栏注明“过次页”字样。然后，再把这个发生额合计数和余额填列在下一页的第一行内，并在摘要栏注明“承前页”，以保证账簿记录的连续性。

（八）账簿记录错误应按规定的办法更正

账簿记录发生错误时，不得刮、擦、挖、补，随意涂改或用褪色药水更改字迹，应根据错误的情况，按规定的方法进行更正。

第四节　错账更正的方法

一、错账查找的方法

（一）个别检查法

所谓个别检查法，就是针对错账的数字进行检查的方法。这种方法适用于检查方向记反、数字错位和数字颠倒等造成的记账错误。个别检查法又可以分为差数法、倍数法和除 9 法三种。

差数法就是记账人员首先确定错账的差数，再根据差数去查找错误的方法。这种方法对于发现漏记账目比较有效，也很简便。

倍数法也叫除 2 法，是指首先算出借方和贷方的差额，再根据差额来查找错误的方法。这种方法适用于会计账簿因栏次错写而造成的方向错误。

除 9 法，就是先算出借方和贷方的差，再除以 9 来查找错误的方法，适用于数字错位和数字颠倒两种情况。

（二）全面检查法

全面检查法就是对一定时期的账目进行全面核对的检查方法，具体又分为顺查法和逆查法两种方法。

顺查法就是按照记账的顺序，从头到尾依次检查原始凭证、记账凭证、总账、明细账以及会计科目余额表等。

逆查法是按照与记账顺序相反的顺序，也就是先检查科目余额表中数字的计算是否正确，再检查各账户的计算是否正确，然后核对各账簿与记账凭证是否相符，最后检查记账凭证与原始凭证是否相符。

二、错账更正的方法

在发现错账之后，要根据产生错误的不同原因，使用不同的更正方法。

(一)划线更正法

划线更正法是先将错误数字或文字全部划一条红线予以注销，并使原来的字迹仍然清晰可见，然后在红线上方空白处，做出正确的记录，并由记账人员在更正处盖章。这种方法适用于记账凭证填制正确，在记账或结账过程中发现账簿记录中文字或数字有错误的情况。例如，把"3 457"元误记为"8 457"元时，应将错误数字"8 457"全部用红线注销后，再写上正确的数字"3 457"，而不是只删改一个"8"字。如记账凭证中的文字或数字发生错误，在尚未过账前，也可用划线更正法更正。

(二)红字更正法

在记账以后，如果发现记账凭证中科目或金额有错误时，可以用红字更正法进行更正。具体做法是：先用红字金额，填写一张与错误记账凭证内容完全相同的记账凭证，且在摘要栏注明"更正某月某日第×号凭证的错误"，并据以用红字金额登记入账，以冲销账簿中原有的错误记录，然后再用蓝字重新填制一张正确的记账凭证，登记入账。

红字更正法一般适用于以下两种错账更正：

(1)记账后，如果发现记账凭证中的应借、应贷的账户有错误，那么可以用红字更正法予以更正。

例 7—1 A 车间领用甲材料 2 000 元用于一般消耗。

填制记账凭证时，误将借方科目写成"生产成本"，并已登记入账。

借：生产成本	2 000	
贷：原材料		2 000

发现错误后，用红字填制一张与原错误记账凭证内容完全相同的记账凭证。

借：生产成本	2 000	
贷：原材料		2 000

用蓝字填制一张正确的记账凭证。

借：制造费用	2 000	
贷：原材料		2 000

(2)记账后，如果发现记账凭证和账簿记录中应借、应贷的账户没有错误，只是所记金额大于应记金额。对于这种账簿记录的错误，更正的方法是：将多记的金额用红字填制一张与原错误记账凭证会计科目相同的记账凭证，且在摘要栏注明"更正某月某日第×号凭证的错误"，并据以登记入账，以冲销多记的金额，使错账得以更正。

例 7—2 承例 7—1，假设在编制记账凭证时应借、应贷的账户没有错误，只是金额由 2 000元写成了 20 000 元，并已登记入账。

该笔业务只需用红字更正法编制一张记账凭证，将多记的金额 18 000 元用红字冲销即可。编制的记账凭证为：

借:制造费用　　　　18 000

　　贷:原材料　　　　18 000

(三)补充登记法

在记账之后,如果发现记账凭证中应借、应贷的账户没有错误,但所记金额小于应记金额,造成账簿中所记金额也小于应记金额,这种错账应采用补充登记法进行更正。更正的方法是:将少记金额用蓝笔填制一张与原错误记账凭证会计科目相同的记账凭证,且在摘要栏内注明"补记某月某日第×号凭证",并予以登记入账,补足原少记金额,使错账得以更正。

例 7—3　承例 7—1,假设在编制记账凭证时应借、应贷的账户没有错误,只是金额由 2 000元写成了 200 元,并已登记入账。

该笔业务只需用补充登记法编制一张记账凭证,将少记的金额 1 800 元补足便可。其记账凭证为:

借:制造费用　　　　1 800

　　贷:原材料　　　　1 800

错账更正的三种方法中,红字更正法和补充登记法都是用来更正因记账凭证错误而产生的记账错误,如果非因记账凭证的差错而产生的记账错误,只能用划线更正法更正。

以上三种方法是对当年内发现的、关于填写记账凭证或者登记账簿错误而采用的更正方法,如果发现以前年度记账凭证中有错误(指会计科目和金额)并导致账簿登记出现差错,应当用蓝字或黑字填制一张更正的记账凭证。因错误的账簿记录已经在以前会计年度终了进行结账或决算,不可能将已经决算的数字进行红字冲销,只能用蓝字或黑字凭证对除文字外的一切错误进行更正,并在更正凭证上特别注明"更正××年度错账"的字样。

第五节　结账与对账方法

一、结账

(一)结账的含义

结账,是指在一定时期内发生的全部经济业务登记入账的基础上,按规定的方法将各种账簿的记录进行小结,计算并记录本期发生额和期末余额,并将期末余额转入下期或下年新账(期末余额结转到下期为下期的期初余额)。

为了正确反映一定时期内在账簿中已经记录的经济业务,总结有关经济活动和财务状况,为编制会计报表提供资料,各单位应在会计期末进行结账。会计期间一般按日历时间划分为月、季、年,结账于各会计期末进行,所以分为月结、季结、年结。

(二)结账的步骤

(1)将本期发生的经济业务全部登记入账,并保证其正确性。不得把将要发生的经济业务提前入账,也不得把已经在本期发生的经济业务延至下期(甚至以后期)入账。

(2)根据权责发生制的要求,调整有关账项,合理确定本期应计的收入和应计的费用。

①应计收入和应计费用的调整

应计收入是指那些已在本期实现、因款项未收而未登记入账的收入。企业发生的应计收入,主要是本期已经发生且符合收入确认标准,但尚未收到相应款项的商品或劳务。对于这类调整事项,应确认为本期收入,借记"应收账款"等科目,贷记"主营业务收入"等科目;待以后收妥款项时,再借记"银行存款"科目,贷记"应收账款"等科目。

应计费用是指那些已经在本期发生,因款项未支付尚未登记入账的费用。企业发生的应计费用,本期已经受益,如租用房屋但尚未支付租金、应付未付的借款利息等。由于这些费用已经发生,应当在本期确认为费用,借记"管理费用""财务费用"等科目,贷记"其他应付款"等科目;待以后实际支付时,借记"其他应付款"科目,贷记"银行存款"等科目。

②收入分摊和成本分摊的调整

收入分摊是指企业已经收取有关款项,但未完成或未全部完成销售商品或提供劳务,需在期末按本期已完成的比例,分摊确认本期已实现收入的金额,并调整以前预收款项时形成的负债,如企业销售商品预收定金、提供劳务预收佣金。在收到预收款项时,应借记"银行存款"等科目,贷记"预收账款"等科目;在以后提供商品或劳务、确认本期收入时,借记"预收账款"等科目,贷记"主营业务收入"等科目。

成本分摊是指企业的支出已经发生、能使若干个会计期间受益,为正确计算各个会计期间的盈亏,将这些支出在其受益期间进行分配,如企业已经支出,但应由本期或以后各期负担的待摊费用,购建固定资产和无形资产的支出等。企业在发生这类支出时,应借记"固定资产"等科目,贷记"银行存款"等科目。在会计期末进行摊销时,应借记"制造费用""管理费用""销售费用"等科目,贷记"累计折旧"等科目。

(3)将损益类账户转入"本年利润"账户,结平所有损益类账户。

(4)结算出资产、负债和所有者权益账户的本期发生额和余额,并结转下期。

(三)结账的方法

结账时,应当结出每个账户的期末余额。需要结出当月(季、年)发生额的账户,如各项收入、费用账户等,应单列一行登记发生额,在摘要栏内注明"本月(季)合计"或"本年累计"。结出余额后,应在余额前的"借或贷"栏内写"借"或"贷"字样,没有余额的账户,应在余额栏前的"借或贷"栏内写"平"字,并在余额栏内用"0"表示。为了突出本期发生额及期末余额,表示本会计期间的会计记录已经截止或者结束,应将本期与下期的会计记录明显分开,结账一般都划"结账线"。划线时,月结、季结用单线,年结划双线。

二、对账

对账,就是核对账目,是保证会计账簿记录质量的重要程序。在会计工作中,由于种种原因,难免会发生记账、算账等差错,也难免会出现账实不符的现象。为了保证各账簿记录和会计报表的真实、完整和正确,如实地反映和监督经济活动,各单位必须做好对账工作。

账簿记录的准确与真实可靠,不仅取决于账簿的本身,还涉及账簿与凭证的关系、账簿记录与实际情况是否相符的问题等。所以,对账应包括账簿与凭证的核对、账簿与账簿的核对、账簿与实物的核对。把账簿记录的数字核对清楚，做到账证相符、账账相符和账实相符。对账工作至少每年进行一次。对账的主要内容有：

（一）账证核对

账证核对是指将会计账簿记录与会计凭证包括记账凭证和原始凭证有关内容进行核对。由于会计账簿是根据会计凭证登记的，两者之间存在勾稽关系，因此，通过账证核对，可以检查、验证会计账簿记录与会计凭证的内容是否正确无误，以保证账证相符。各单位应当定期将会计账簿记录与其相应的会计凭证记录（包括时间、内容、金额、记录方向等）逐项核对，检查是否一致。如有不符之处，应当及时查明原因，予以更正。保证账证相符，是会计核算的基本要求之一，也是账账相符和账实相符的基础。

（二）账账核对

账账核对是指将各种会计账簿之间相对应的记录进行核对。由于会计账簿之间相对应的记录存在着内在联系，因此，通过账账相对，可以检查、验证会计账簿记录的正确性，以便及时发现错账，予以更正，保证账账相符。账账核对的内容主要包括：总分类账各账户借方余额合计数与贷方余额合计数核对相符；总分类账各账户余额与其所属明细分类账各账户余额之和核对相符；现金日记账和银行存款日记账余额与总分类账中“库存现金”和“银行存款”账户余额核对相符；会计部门有关财产物资的明细分类账余额与财产物资保管或使用部门登记的明细账核对相符。

（三）账实核对

账实核对是将各种财产物资的账面余额与实存数额进行核对。由于实物的增减变化、款项的收付都要在有关账簿中如实反映，因此，通过会计账簿记录与实物、款项的实有数进行核对，可以检查会计账簿记录的款项、实物的正确性，以便于及时发现财产物资和货币资金管理中存在的问题，查明原因，分清责任，改善管理，保证账实相符。账实核对的主要内容包括：现金日记账账面余额与现金实际库存数核对相符；银行存款日记账账面余额与开户银行对账单核对相符；各种材料、物资明细分类账账面余额与实存数核对相符；各种债权、债务明细账账面余额与有关债权、债务单位或个人的账面记录核对相符。

第六节 账簿的更换与保管

一、账簿的更换

为了使每个会计年度的账簿资料明晰和便于保管，一般来说，总账、日记账和多数明细账要每年更换一次，这些账簿在每年年终按规定办理完毕结账手续后，就应更换、启用新的账簿，并将余额结转记入新账簿。但有些财产物资明细账和债权、债务明细账，由于材料等财产物资的品种、规格繁多，债权、债务单位也较多，如果更换新账，重抄一遍的工作量相当大，因此，可以跨年度使用,不必每年更换一次。卡片式账簿,如固定资产卡片,以及各种备查账簿,也都可以连续使用。

更换账簿时,应将上年度各账户的余额直接记入新年度相应的账簿,并在旧账簿中各账户年终余额的摘要栏内加盖"结转下年"戳记。同时,在新账簿中相关账户的第一行摘要栏内加盖"上年结转"戳记,并在余额栏内记入上年余额。

二、账簿的保管

会计账簿同会计凭证和会计报表一样,是重要的经济档案,各单位必须按规定妥善保管,确保其安全与完整。

(一)会计账簿的装订整理

在年度终了更换新账簿后,应将使用过的各种账簿(跨年度使用的账簿除外)按时装订整理立卷。

(1)装订前,首先要按账簿启用和经管人员一览表的使用页数核对各个账户是否相符,账页数是否齐全,序号排列是否连续,然后按会计账簿封面、账簿启用表、账户目录、该账簿按页数顺序排列的账页、装订封底的顺序装订。

(2)对活页账簿,要保留已使用过的账页,将账页数填写齐全,除去空白页并撤掉账夹,用质地好的牛皮纸做封面和封底,装订成册。多栏式、三栏式、数量金额式等活页账不得混装,应按同类业务、同类账页装订在一起。装订好后,应在封面上填明账目的种类,编制卷号,并由会计主管人员和装订人员签章。

(3)装订后会计账簿的封口要严密,封口处要加盖有关印章。封面要齐全、平整,并注明所属年度和账簿名称和编号。不得有折角、缺角、错页、掉页、加空白纸的现象。会计账簿要按保管期限分别编制卷号。

(二)按期移交档案部门进行保管

年度结账后,更换下来的账簿,可暂由本单位财务会计部门保管 1 年,期满后原则上应由财务会计部门移交本单位档案部门保管。移交时需要编制移交清册,填写交接清单,交接人员按移交清册和交接清单项目核查无误后签章,并在账簿使用日期栏内填写移交日期。

已归档的会计账簿作为会计档案为本单位提供利用,原件不得借出,如有特殊需要,须经上级主管单位或本单位领导、会计主管人员批准,在不拆散原卷册的前提下,可以提供查阅或者复制,并要办理登记手续。

会计账簿是重要的会计档案之一,必须严格按《会计档案管理办法》规定的保管年限妥善保管,不得丢失和任意销毁。通常总账(包括日记总账)和明细账保管期限为 15 年;日记账保管期限为 15 年,但现金和银行存款日记账保管期限为 25 年;固定资产卡片账在固定资产报废清理后保管 5 年;辅助账簿保管期限为 15 年。在实际工作中,各单位可以根据实际利用的经验、规律和特点,适当延长有关会计档案的保管期限,但必须有较充分的理由。

本章小结

本章主要阐述会计账簿的意义及种类、账簿的基本要素、账簿的设置与登记、启用与登记规则、错账的更正以及结账和对账等问题。

会计账簿,是指由一定格式账页组成的,以经过审核的会计凭证为依据,全面、系统、连续地记录各项经济业务的簿记。账簿按其用途分类,可分为序时账簿、分类账簿、备查账簿;账簿按其格式分类,可分为三栏式账簿、多栏式账簿、数量金额式账簿;账簿按其外形分类,可分为订本式账簿、活页式账簿、卡片式账簿。

账簿的基本要素主要包括三个方面:封面、扉页和账页。

普通日记账是逐日序时登记特种日记账以外的经济业务的账簿。一般分为"借方金额"和"贷方金额"两栏,登记每一分录的借方账户、贷方账户及金额。

特种日记账包括库存现金日记账和银行存款日记账。库存现金日记账是用来核算和监督库存现金每日的收入、支出和结存状况的账簿。它由出纳人员根据审核无误的有关收款凭证和付款凭证,按经济业务发生时间的先后顺序,逐日逐笔进行登记,每日终了应计算全日的现金收入、支出合计数,并逐日结出现金余额,与库存现金实存数核对,以检查每日现金收付是否有误。每月期末,应结出当期"收入"栏和"支出"栏的发生额和期末余额,并与"库存现金"总分类账户核对,做到日清月结,账实相符。银行存款日记账是用来核算和监督银行存款每日的收入、支出和结存情况的账簿,由出纳人员根据银行存款收款凭证和付款凭证逐日逐笔进行登记,每日终了要结出余额,做到日清,以便检查监督各项收支款项,避免出现透支现象,同时也便于同银行对账单进行核对。

总分类账是按一级会计科目设置,提供总括资料的账簿。它能够全面、总括地反映和记录经济业务引起的资金运动和财务收支情况,并为编制会计报表提供数据。一般采用订本式账,按照会计科目的编码顺序分别开设账户,并为每个账户预留若干账页。由于总分类账只进行货币度量的核算,因此最常用的格式是三栏式。

明细分类账是根据明细账户开设账页,分类、连续地登记经济业务以提供明细核算资料的账簿。各单位在设置总分类账的基础上,可以根据经营管理的需要,设置若干必要的明细账,以形成既能提供经济活动总括情况,又能提供具体详细情况的账簿体系。明细账的格式按所反映的经济业务内容不同,有三栏式、数量金额式和多栏式。

为了保证账簿记录的质量,会计应遵循账簿企业规则、账簿交接规则和账簿登记规则。

账簿记录发生错误时要加以更正。一是会计凭证没有错误,在登记账簿时发生错误,可以用划线更正法更正;二是记账后,发现记账凭证中会计科目发生错误,可以用红字更正法进行更正;三是记账后,发现记账凭证所记金额大于应记金额,可以用红字更正法进行更正;四是记账后,发现记账凭证所记金额小于应记金额,可以用补充登记法进行更正。错账更正的三种方法中,红字更正法和补充登记法都是用来更正因记账凭证错误而产生的记账错误,如果非因记账凭证的差错而产生的记账错误,只能用划线更正法更正。

在每个会计期末，为了保证会计账簿记录的真实性，及时总结企业的经营状况和财务状况，企业要进行对账和结账。对账主要包括账证核对、账账核对、账实核对等内容。在对账之后，在账簿记录正确的基础上，进行结账。结账是指在一定时期内发生的全部经济业务登记入账的基础上，按规定的方法将各种账簿的记录进行小结，计算并记录本期发生额和期末余额，并将期末余额转入下期或下年新账的会计方法。按结账的时间不同，分为月结、季结、年结三种。

年度终了时要将主要会计账簿更换为新账簿。旧账簿应妥善保管，定期归档。保管期满的会计账簿，应按规定的手续销毁。

本章习题

一、单项选择题

1. 总分类账的外表形式适用于（　　）。
A. 订本式　　B. 活页式
C. 多栏式　　D. 数量金额式

2. 不可以采用三栏式账页的是（　　）。
A. 总账　　B. 应付账款明细账
C. 库存现金日记账　　D. 原材料明细账

3. 可以采用数量金额式账页的是（　　）。
A. 生产成本明细账　　B. 库存商品明细账
C. 材料采购明细账　　D. 产品销售成本明细账

4. 必须逐日逐笔登记的账簿是（　　）。
A. 明细账　　B. 总账
C. 日记账　　D. 备查账

5. 记账凭证上记账栏中的"√"记号表示（　　）。
A. 已经登记入账　　B. 不需要登记入账
C. 此凭证作废　　D. 此凭证编制正确

6. 总分类账与特种日记账的外表形式应该采用（　　）。
A. 活页式　　B. 卡片式
C. 订本式　　D. 任意外表形式

7. 期末根据账簿记录，计算并记录各账户的本期发生额和期末余额，在会计上称为（　　）。
A. 对账　　B. 结账
C. 调账　　D. 查账

8. 可以作为编制会计报表直接依据的账簿是（　　）。
A. 序时账簿　　B. 备查账簿
C. 分类账簿　　D. 特种日记账

9. 序时账簿按其记录内容的不同可以分为（　　）。
A. 库存现金日记账和普通日记账　　B. 普通日记账和日记总账
C. 普通日记账和特种日记账　　D. 三栏式日记账和多栏式日记账

10. 将账簿划分为序时账、分类账、备查账的依据是（　　）。

A. 账簿的登记方式
B. 账簿的用途
C. 账簿的登记内容
D. 账簿的外表形式

二、多项选择题

1. 红字更正法的方法要点是(　　)。
A. 用红字金额填写一张与错误记账凭证完全相同的记账凭证并用红字记账
B. 用红字金额填写一张与错误原始凭证完全相同的记账凭证并用红字记账
C. 用蓝字金额填写一张与错误原始凭证完全相同的记账凭证并用蓝字记账
D. 再用红字重填一张正确的记账凭证,登记入账
E. 再用蓝字重填一张正确的记账凭证,登记入账
2. 登记账簿的要求有(　　)。
A. 账簿书写的文字和数字上面要留适当空距,一般应占格长的1/2
B. 登记账簿要用圆珠笔、蓝黑或黑色墨水书写
C. 不得用铅笔
D. 各种账簿按页次顺序连续登记,不得跳行、隔页
E. 登记后,要在记账凭证上签名或盖章,并注明已登账的符号,表示已记账
3. 采用划线更正法,其要点是(　　)。
A. 在错误的文字或数字(单个数字)上划一条红线注销
B. 在错误的文字或数字(整个数字)上划一条红线注销
C. 在错误的文字或数字上画一条蓝线注销
D. 将正确的文字或数字用蓝字写在划线的上端
E. 更正人在划线处盖章
4. 账簿按用途不同可分为(　　)。
A. 序时账簿
B. 分类账簿
C. 联合账簿
D. 备查账簿
E. 活页式账簿
5. 在会计工作中,红色墨水可用于(　　)。
A. 记账
B. 结账
C. 对账
D. 冲账
E. 算账
6. 会计上允许使用的更正错误的方法有(　　)。
A. 划线更正法
B. 红字更正法
C. 补充登记法
D. 用涂改液修正
E. 刮、擦、挖、补
7. 总账和明细账之间的登记应该做到(　　)。
A. 登记的原始依据相同
B. 登记的方向相同
C. 登记的金额相同
D. 登记的人员相同
8. 对账的内容包括(　　)。
A. 账证核对
B. 账表核对
C. 表表核对
D. 账账核对
E. 账实核对
9. 年度结束后,对于账簿的保管应该做到(　　)。
A. 装订成册
B. 加上封面

C. 统一编号　　　　　　　　　　　　　　　　D. 当即销毁

10. 记账后发现记账凭证中应借、应贷会计科目正确，只是金额发生错误，可以采用的更正方法有(　　)。

A. 划线更正法　　　　　　　　　　　　　　B. 横线登记法

C. 红字更正法　　　　　　　　　　　　　　D. 补充登记法

E. 金额更正法

三、判断题

1. 在整个账簿体系中，日记账和分类账是主要账簿，备查账为辅助账簿。(　　)
2. 三栏式账簿一般适用于费用、成本等明细账。(　　)
3. 普通日记账既可以取代记账凭证，也可以取代总分类账。(　　)
4. 订本式账簿的优点是适用性强，便于汇总，可以根据需要开设，利于会计分工，提高工作效率。(　　)
5. 卡片式账簿的优点是能够避免账页失散，防止不合法地抽换账页。(　　)

四、业务分析题

某企业生产 A、B 两种产品，2014 年 5 月份的生产资料如下：

(1)期初结存的未完工 A 产品各成本项目余额如下：直接材料费 3 212 元、直接人工费 2 140 元、制造费用 4 437.5 元，共计 9 789.5 元。

(2)本月为生产 A、B 产品发生的费用如下：

A 产品耗用甲材料 100 千克、耗用乙材料 50 千克，B 产品耗用乙材料 30 千克(设甲材料单位成本为 32.58 元/千克，乙材料单位成本为 83.5 元/千克)。

A 产品生产工人工资 5 000 元，B 产品生产工人工资 3 000 元。

制造部门本月共发生间接费用 10 500 元，按生产工人工资比例为标准分配。

本月生产的 100 件 A 产品全部制造完工，50 件 B 产品也已制造完工，尚有 10 件 B 产品没有完工，作为在产品。在产品每件按下列标准计价：直接材料费 8 元/件、直接人工费 6 元/件、制造费用 2.05 元/件，共计 16.05 元/件。

要求：

(1)编制有关业务的会计分录。

(2)编制制造费用分配表。

(3)登记 A、B 产品生产成本明细分类账。

(4)编制完工产品成本计算表。

制造费用分配表

单位：元

产品名称	分配标准	制造费用	
		分配率	分配额
A产品			
B产品			
合　计			

生产成本明细账

产品名称:A产品　　单位:元

年		凭证号数	摘　要	成本项目			
月	日			直接材料	直接人工	制造费用	合　计
			期初余额				
			直接材料				
			应付职工薪酬				
			制造费用				
			本期发生额				
			完工产品成本				

生产成本明细账

产品名称:B产品　　单位:元

年		凭证号数	摘　要	成本项目			
月	日			直接材料	直接人工	制造费用	合　计
			期初余额				
			直接材料				
			应付职工薪酬				
			制造费用				
			本期发生额				
			完工产品成本				

完工产品成本计算表

单位:元

成本项目	A产品		B产品	
	总成本	单位成本	总成本	单位成本
直接材料				
应付职工薪酬				
制造费用				
完工产品成本				

第八章　财产清查

学习目标

通过本章的学习，明确财产清查对于保证会计核算质量的重要作用；了解财产清查的含义与种类；熟练掌握货币资金、实物财产及往来款项的清查方法，以及对清查结果的会计处理。

关键概念

财产清查　盘盈　盘亏　实地盘存制　永续盘存制　未达账项

引导案例

小李在一家公司担任出纳，每天都非常认真地逐笔登记公司的银行存款日记账。这个月的业务结束后，银行存款日记账上显示公司的银行存款余额为52 950元。但是，当小李接到银行对账单时，不禁心里"咯噔"一下，因为对账单上显示公司的银行存款余额只有48 250元。难道公司的银行存款被盗？小李赶紧跑去告诉主办会计，想不到主办会计听到这个消息后，却一点也不紧张，而是告诉小李说："你先去核对一下，确认一下是什么原因。"

思考：为什么主办会计对这件事情不紧张？

第一节　财产清查概述

一、财产清查的含义

财产清查，是指通过对实物、现金的实地盘点和对银行存款、往来款项的核对，查明各项财产物资、货币资金、往来款项的实有数和账面数是否相符的一种会计核算的专门方法。

保证会计信息的真实、正确和财产物资的安全、完整，做到账实一致，是对会计核算和财产保管的基本要求。因此，在整个会计核算过程中，一定要严格按照审核无误的记账凭证来登记账簿。从理论上讲，企业各项财产物资、货币资金和往来款项的实存数与其账存数应该是一致的。但是，在实际工作中，由于种种原因，有时会出现某些财产物资实存数与账存数不符的现象。造成账实不符的原因及财产清查的作用已在第二章中详细介绍，此处不再赘述。

二、财产清查的种类

财产清查的种类可按清查的范围标准、清查的时间标准和清查的执行单位不同进行分类。

(一)按清查的范围不同分类

1. 全面清查

全面清查是指对所有的财产和资金进行全面盘点与核对。其清查对象主要包括:原材料、在产品、自制半成品、库存商品、现金、短期存(借)款、有价证券及外币、在途物资、委托加工物资、往来款项、固定资产等。全面清查的内容多、范围广、工作量大,一般在以下几种情况下采用:年终决算之前,为确保年终决算会计信息的真实和准确,需要进行一次全面清查;企业关停并转或改变其隶属关系,需要进行全面清查;中外合资、合营需要进行全面清查;开展清产核资,需要进行全面清查;单位主要负责人调离工作,需要进行全面清查。

2. 局部清查

局部清查是指根据需要对企业的一部分财产进行的清查。例如,对库存现金,应每日盘点一次;对银行存款,至少每月同银行核对一次;对各种材料、在产品和产成品,除年度清查外,应有计划地每月重点抽查,尤其对贵重的财产物资,应至少每月清查一次;对债权资产,应在会计年度内至少核对 1~2 次。

(二)按清查的时间不同分类

1. 定期清查

定期清查是指在规定的时间内所进行的财产清查。这种清查一般在财产管理制度中予以规定,在年、季、月结账前进行。

2. 不定期清查

不定期清查是指根据实际需要临时进行的财产清查。一般是在更换财产物资保管人员和现金出纳员,企业撤销、合并或发生财产损失等情况时所进行的清查。

定期清查和不定期清查的范围应视具体情况而定,可全面清查,也可局部清查。

(三)按清查的执行单位不同分类

1. 内部清查

内部清查是指由本企业的有关人员对本企业的财产所进行的清查。这种清查也称“自查”。

2. 外部清查

外部清查是指由企业外部的有关部门或人员根据国家法律或制度的规定对企业所进行的财产清查。

三、财产清查的一般步骤

(一)成立财产清查领导小组

财产清查,尤其是全面清查,涉及面广、工作量大,必须成立专门的清查领导小组,负责财产清查的组织和管理。清查领导小组应由单位负责人，会计、业务、保管等有关部门的人员组成，并由具有一定权限的人员负责清查组织的各项工作。

(二)做好业务准备工作

为做好财产清查工作，会计部门和有关业务部门要在财产清查前做好各项业务准备工作。主要包括：(1)会计部门应在财产清查前，将有关账簿登记齐全，结出余额，进行试算平衡，做好账簿准备工作，为账实核对提供正确的账簿资料。(2)财产物资保管部门应登记好所经管的各种财产物资明细账，并结出余额。将所保管的各种财产物资进行分类整理，码放整齐，挂上标签并标明品种、规格和结存数量，以便盘点核对。对于腐烂、变质、残损的物品应另行存放，以便及时处理。(3)准备好必要的度量器具，并提前校验正确，保证计量准确。(4)准备好有关财产清查登记使用的表册，如“盘存表”“实存账存对比表”“未达账项登记表”等。

(三)实施财产清查

在做好各项准备工作之后，财产清查人员应根据清查的对象和目的，采用相应的清查方法，实施财产清查。

第二节　货币资金的清查

一、库存现金的清查方法

库存现金的清查，是指将库存现金的盘点实有数与库存现金日记账的账面余额进行核对的方法，以查明账实是否相符。

由于库存现金的收支业务十分频繁，容易出现差错，需要出纳人员的定期自查和专门清查人员的不定期清查。每日业务终了，出纳人员都应将现金日记账的账面余额与现金的实存数进行核对，做到日清月结，账款相符。专门清查人员对库存现金进行清查时，出纳人员必须在场。清查人员要认真审核收付凭证和账簿记录，检查经济业务的合理性和合法性。

库存现金盘点结束后，应根据盘点的结果，填制“库存现金盘点报告表”。该表是重要的原始凭证，既有实物财产清查“盘存单”的作用，又有“实存账存对比表”的作用。填制完毕，应由盘点人员和出纳人员签章方能生效。其一般格式如表8－1所示。

表8－1　　库存现金盘点报告表

单位名称：　　　　年　月　日　　　　单位：元

实存金额	账存金额	对比结果		备注
		盘盈	盘亏	

盘点人：　　　出纳员：

需要注意的是，企业如果有国库券、其他金融债券、公司债券、股票等有价证券，其盘点和清查方法与库存现金相同。

二、银行存款的清查方法

银行存款的清查，与库存现金的清查方法不同，它是采用与银行对账的方法来进行的。即将企业的银行存款日记账与开户银行提供的对账单逐比核对，以查明银行存款的收入、付出和结余的记录是否正确。开户银行送来的银行对账单是银行在收付企业存款时复写的账页，它完整地记录了企业存放在银行的款项的增减变动情况及结存余额，是进行银行存款清查的重要依据。

在实际工作中，经常会发现企业银行存款日记账余额与银行对账单余额不一致，其主要原因有两个：一是企业或银行记录错误；二是未达账项的影响。所谓未达账项，是指对于同一经济业务，由于结算凭证在企业和银行间传递时间上的先后，导致一方已经入账，而另一方尚未入账的款项。未达账项包括以下四种情况：

(1)企业已收，银行未收。即企业已经在银行存款日记账上记录银行存款的增加，而银行尚未收到有关原始凭证，所以尚未在账上反映企业银行存款的增加。例如，企业销售商品、提供劳务或让渡资产使用权时，收到支票，但尚未填制进账单连同收到的支票送交银行，委托银行转账。此时，企业在银行存款日记账上反映了银行存款的增加，但银行尚未收到结算单据，尚未反映企业银行存款的增加。

(2)企业已付，银行未付。即企业已经在银行存款日记账上记录银行存款的减少，而银行尚未收到有关原始凭证，所以尚未在账上反映企业银行存款的减少。例如，企业购买商品、接受劳务或取得资产使用权时，签发支票付款，但对方尚未填制进账单连同收到的支票送交银行，委托银行转账。此时，企业在银行存款日记账上反映了银行存款的减少，但银行尚未收到对方开户行转过来的结算单据，尚未反映企业银行存款的减少。

(3)银行已收，企业未收。即银行已经记录企业银行存款的增加，而企业尚未收到有关原始凭证，所以尚未在银行存款日记账上反映企业银行存款的增加。例如，企业委托银行收取货款，银行已经将款项转到企业的银行存款账户里，但尚未通知企业。此时，银行已经记录企业银行存款的增加，但企业尚未收到银行退回来的转讫结算单据，尚未在银行存款日记账上反映企业银行存款的增加。

(4)银行已付，企业未付。即银行已经记录企业银行存款的减少，而企业尚未收到有关原始凭证，所以尚未在银行存款日记账上反映企业银行存款的减少。例如，企业委托银行代付款项，银行已经将款项从企业的银行存款账户里转走，但尚未通知企业。此时，银行已经记录企业银行存款的减少，但企业尚未收到银行退回来的转讫结算单据，尚未在银行存款日记账上反映企业银行存款的减少。

上述任何一种情况的发生，都会使双方的账面存款余额不一致。因此，为了查明企业和银行双方账目的记录有无差错，同时也是为了发现未达账项，在进行银行存款清查时，必须将企业的银行存款日记账与银行对账单逐笔核对，核对的内容包括收付金额、结算凭证的种类和号数、收入来源、支出的用途、发生的时间和金额等。通过核对，如果发现企业有错账或漏账，应立即更正；如果发现银行有错账或漏账，应及时通知银行查明更正；如果发现有未达账项，则应据以编制“银行存款余额调节表”进行调节，并验证调节后余额是否相等。在调整时，应以双方的账面余额为基础，各自加上对方已收自己未付的款项，减去对方已付自己未付的款项。调整后的余额如果相等，说明双方账面余额不一致的原因是未达账项的影响。如果不相等，说明双方账面余额不一致的原因是一方或双方记账差错，应进一步找出差错，并采用正确的方法对其进行更正或提请对方进行更正。余额调整的公式为：

$$\text{企业银行存款日记账余额}+\text{银行已收企业未收款项}-\text{银行已付企业未付款项}=\text{银行对账单余额}+\text{企业已收银行未收款项}-\text{企业已付银行未付款项}$$

例 8—1 某企业 2014 年 8 月 31 日银行存款日记账的账面余额为 257 860 元，银行对账单的余额为 247 210 元，经逐笔核对，发现有下列未达账项：

(1)30 日，企业收到外单位开给的支票一张，金额 14 040 元，尚未填写进账单连同支票一起送存银行。

(2)30 日，企业采购原材料开出转账支票一张计 2 500 元，对方尚未通过开户行办理转账手续。

(3)31 日，企业委托银行收取货款 2 340 元，银行已经收妥，但还没有通知企业。

(4)银行代付水电费 1 450 元，付款通知尚未到达企业，企业尚未入账。

解析：根据上述未达账项，编制银行存款余额调节表如表 8—2 所示。

表 8—2 **银行存款余额调节表**

2014 年 8 月 31 日 单位：元

项　目	金　额	项　目	金　额
企业银行存款日记账余额	257 860	银行对账单余额	247 210
加：银行已收，企业未收	2 340	加：企业已收，银行未收	14 040
减：银行已付，企业未付	1 450	减：企业已付，银行未付	2 500
调节后的余额	258 750	调节后的余额	258 750

需要注意的是：调节后的余额，是企业实际拥有的存款余额，但是企业不能根据该余额调整账簿记录，本调节表不是用于记账的原始凭证，而应在有关结算凭证到达后，再据以记账。记账后，未达账项自然消失。对于长期存在的未达账项，应及时查明原因，予以解决。

上述银行存款的清查方法，也适用于各种银行借款的清查。但在清查银行借款时，还应检查借款是否按规定的用途使用，是否按期归还。

三、货币资金清查结果的会计处理

货币资金清查的结果包括两种情况：账实一致与账实不一致。账实一致既说明账簿记录真实、正确，又说明财产物资安全、完整。账实不一致包括盘盈、盘亏两种情况。盘盈是指实存数大于账存数，说明货币资金发生溢余；盘亏是指实存数小于账存数，说明货币资金发生短缺。无论是盘盈还是盘亏，都需要查明账实不一致的原因，明确经济责任，并进行相应的处理。从会计核算的角度而言，盘盈、盘亏的账务处理包括两个步骤：第一，在审批之前，将查明的货币资金的盘盈、盘亏和损失情况，根据清查中取得的原始凭证编制记账凭证，据以登记有关账簿，使各项货币资金的实存数和账存数一致。第二，在审批之后，根据处理结论，编制记账凭证，登记有关账簿。

企业应设置"待处理财产损溢"账户，反映和监督企业在财产清查中财产物资的盘盈、盘亏、毁损及处理情况。该账户按照经济内容分类，属于资产类账户，借方登记财产物资的盘亏数、毁损数和结转的已经批准处理的财产物资的盘盈数，贷方登记各种财产物资的盘盈数及按照规定程序批准的盘亏、毁损转销数。借方余额表示尚未处理的各种物资的净损失数，贷方余额表示尚未处理的各种财产物资的净溢余数。企业的待处理财产损溢，应根据查明的原因，经股东大会或董事会或经理会议或类似机构批准后，在期末结账前处理完毕。如待处理财产损溢在期末结账前尚未经批准的，在对外提供财务会计报告时，会计人员应先按有关规定进行处理，并在会计报表附注中做出说明；如果以后批准处理的金额与已处理金额不一致，应按其差额调整会计报表相关项目的年初数。企业在"待处理财产损溢"账户下设置"待处理流动资产损溢"和"待处理固定资产损溢"两个明细分类账户，分别核算流动资产损溢和固定资产损溢。

货币资金的盘盈和盘亏应先记入"待处理财产损溢——待处理流动资产损溢"账户，待查明原因后再进行有关账户的结转。

例 8—2　某企业在库存现金清查时，发现长款 900 元。

解析：

(1)在报经批准前，根据"库存现金盘点报告表"的记录，应编制如下调整分录：

借：库存现金　　900

　　贷：待处理财产损溢——待处理流动资产损溢　　900

(2)经反复核查，未查明原因，报经批准转作营业外收入：

借：待处理财产损溢——待处理流动资产损溢　　900

　　贷：营业外收入　　900

例 8—3　某企业在库存现金清查时，发现短款 500 元。

解析：

(1)在报经批准前，根据"库存现金盘点报告表"的记录，应编制如下调整分录：

借：待处理财产损溢——待处理流动资产损溢　　500

　　贷：库存现金　　500

(2)经反复核查，该短款是由于出纳员工作失误造成，应由出纳员负责赔偿：

借：其他应收款——出纳　　500

　　贷：待处理财产损溢——待处理流动资产损溢　　500

第三节　实物财产的清查

实物财产是指具有具体实物形态的各种财产，包括原材料、半成品、在产品、产成品、低值易耗品、包装物和固定资产等。实物财产清查是确定实际结存数量，查明实存数量与其账面结存数量是否一致的一种专门方法。因此，实物财产清查的一般方法包括确定财产物资实际结存数量和确定账面结存数量两类方法。

一、实物财产实际结存数量的清查方法

不同品种的实物财产，由于实物的形态、体积、重量、堆放方式等不同，因而所采用的清查方法也有所不同。常用的实物财产实际结存数量的清查方法有以下几种：

（1）实物盘点法，是指通过点数、过磅、量尺等方法来确定财产的实存数量。其适用的范围较广，一般适用于机器设备、包装好的原材料、在产品和库存商品等的清查。

（2）技术推算法，是指通过量方、计尺等技术方法推算财产物资的结存数量。其适用于散装的、大量成堆且难以逐一清点的财产物资的清查，如煤炭、化肥、饲料等的清查。

（3）抽样盘存法，是指采用抽取一定数量样品的方式对实物资产的实有数进行估算确定的一种方法。其适用于数量多、重量和体积比较均衡的实物财产的清查。

（4）函证核对法，是指通过向对方发函方式对实物资产的实有数进行确定的一种方法。其适用于对委托外单位加工或保管的实物资产的清查。

为了明确责任，在实物清查过程中，有关实物财产的保管人员和盘点人员必须同时在场。对于盘点结果，应如实准确地登记在"盘存单"上，并由盘点人和实物保管人同时签章。"盘存单"是记录盘点结果的书面证明，也是反映财产物资实存数的原始凭证。其一般格式如表8－3所示。

表 8－3 **盘存单**

单位名称： 盘点时间： 编号：

财产类别： 存放地点： 单位：元

编　号	名　称	计量单位	数　量	单　价	金　额	备　注

盘点人签章： 保管人签章：

为了查明实存数与账存数是否一致，确定盘盈或盘亏情况，应根据"盘存单"和有关账簿的记录，编制"实存账存对比表"。"实存账存对比表"是记录财产清查结果的重要原始凭证，也是分析盈亏原因、明确经济责任的依据。其一般格式如表 8－4 所示。

表 8－4 **实存账存对比表**

单位名称： 年　月　日

存放地点： 单位：元

<table>
<tr><th rowspan="3">编号</th><th rowspan="3">名称规格</th><th rowspan="3">计量单位</th><th rowspan="3">单价</th><th colspan="2">实　存</th><th colspan="2">账　存</th><th colspan="4">对比结果</th><th rowspan="3">备注</th></tr>
<tr><th rowspan="2">数量</th><th rowspan="2">金额</th><th rowspan="2">数量</th><th rowspan="2">金额</th><th colspan="2">盘　盈</th><th colspan="2">盘　亏</th></tr>
<tr><th>数量</th><th>金额</th><th>数量</th><th>金额</th></tr>
<tr><td></td><td></td><td></td><td></td><td></td><td></td><td></td><td></td><td></td><td></td><td></td><td></td><td></td></tr>
<tr><td></td><td></td><td></td><td></td><td></td><td></td><td></td><td></td><td></td><td></td><td></td><td></td><td></td></tr>
<tr><td></td><td></td><td></td><td></td><td></td><td></td><td></td><td></td><td></td><td></td><td></td><td></td><td></td></tr>
</table>

主管人员： 会计： 制表：

二、实物财产账面结存数量的清查方法

财产清查的重要环节是盘点财产物资，尤其是实物财产的账面结存数量。为使财产清查工作顺利进行，企业应建立科学而适用的盘存制度。在实际工作中，有两种盘存制度，即永续盘存制和实地盘存制。所谓盘存制度，是指确定财产物资本期发出数量和期末账面结存数量的一种方法。

(一)永续盘存制

永续盘存制是指通过设置财产物资明细账，根据有关记账凭证在财产物资明细账中逐日、逐笔登记增加、减少数，并随时计算出结存数额的一种盘存核算方法。计算公式为：

期末结存数量＝期初结存数量＋本期收入数量－本期发出数量

采用永续盘存制，企业可随时通过账簿记录了解财产物资的收入、发出和结存情况，因此有利于对财产物资的流量和存量进行动态管理，有利于财产物资的保管。但是采用永续盘存制，会计核算的工作量较大，有时会出现账实不一致的情况。所以，对财产物资仍需定期或不定期地进行实地盘点。永续盘存制的适用范围较广，除了不便于实行永续盘存制的财产物资外，一般都应采用永续盘存制。

(二)实地盘存制

实地盘存制是指平时对财产物资根据记账凭证只登记增加数、不登记减少数，月末结账时，通过盘点实物，来确定库存财产物资的实存数量，将实存数量作为账面结存数量，据此倒挤出财产物资的减少数量，并登记入账的一种盘存核算方法。计算公式为：

本期发出数量＝期初结存数量＋本期收入数量－期末实地盘存数量

实地盘存制平时对财产物资的发出和结存数不进行记录，日常核算工作量比较简单。但是该方法不能反映财产物资的动态和结存情况，另外，以存计耗倒挤成本，会把不合理的损耗、短缺、盗窃、丢失、差错等挤入成本中，容易掩盖财产管理中存在的问题，所以实地盘存制不利于财产物资的保管和控制。故实地盘存制一般不能随便采用，只有对特殊的商品，如价值低廉、收发频繁的零星材料或零售商店的非贵重商品、鲜活商品等，方可采用实地盘存制。

三、实物财产清查结果的会计处理

(一)固定资产清查结果的会计处理

在固定资产清查过程中，如果发现有盘亏的固定资产，应查明原因，填制“固定资产盘亏报告表”并写出书面报告，报经企业主管领导批准后转入“营业外支出”账户。在批准之前，只能作为待处理财产损溢处理；如果发现有盘盈的固定资产，应按照同类或类似固定资产的市场价格，减去按该项固定资产的新旧程度估计的价值耗损后的余额，作为固定资产的入账价值，转入“营业外收入”账户。

例 8—4　某企业在财产清查中，盘盈一台设备，估计重置价值 8 000 元，已提折旧 4 000 元。

解析：

(1)在报经批准之前，根据“实存账存对比表”的记录，编制会计分录如下：

借：固定资产　　8 000
　　贷：待处理财产损溢——待处理固定资产损溢　　4 000
　　　　累计折旧　　4 000

(2)经过审批，该设备由企业留用，作为营业外收入处理，编制会计分录如下：

借：待处理财产损溢——待处理固定资产损溢　　4 000
　　贷：营业外收入　　4 000

例 8—5　某企业在财产清查中发现短缺设备一台，该设备原价 48 000 元，已提折旧 9 600 元。

解析：

(1)在报经批准之前，根据“实存账存对比表”的记录，编制会计分录如下：

借：待处理财产损溢——待处理固定资产损溢　　38 400
　　累计折旧　　9 600
　　贷：固定资产　　48 000

(2)经过审批，该设备作为营业外支出处理，编制会计分录如下：

借：营业外支出　　38 400
　　贷：待处理财产损溢——待处理固定资产损溢　　38 400

(二)存货清查结果的会计处理

发生盘盈的存货，应根据“实存账存对比表”，将盘盈存货的价值记入“原材料”“生产成本”“库存商品”等账户的借方，同时记入“待处理财产损溢——待处理流动资产损溢”账户的贷方；报经批准后，冲减管理费用。

例 8—6　某企业在财产清查中，盘盈原材料 10 吨，价值 18 000 元。

解析：

(1)报经批准前，根据“实存账存对比表”的记录，编制会计记录如下：

借：原材料　　18 000
　　贷：待处理财产损溢——待处理流动资产损溢　　18 000

(2)经查明，这项盘盈材料因计量仪器不准造成生产领用少付多算，所以，经批准冲减本月管理费用，编制会计分录如下：

借：待处理财产损溢——待处理流动资产损溢　　18 000
　　贷：管理费用　　18 000

发生盘亏的存货，经批准之前应先记入“待处理财产损溢——待处理流动资产损溢”账户的借方，同时记入有关存货账户的贷方。批准后，再根据造成亏损的原因，分别进行账务处理：

(1)属于自然损耗产生的定额内的合理损耗，经批准后即可计入管理费用。

(2)属于超定额短缺的，能确定过失人的应由过失人负责赔偿；属于保险责任范围的，应向保险公司索赔；扣除过失人或保险公司赔款和残料价值后的余额，应计入管理费用。

(3)属于非常损失造成的存货毁损，扣除保险公司赔款和残料价值后，应计入营业外支出。

例 8—7　在财产清查中，发现 A 产品实际库存较账面库存短缺 3 500 元。

解析：

(1)报经批准之前，先调整账面余额，编制会计分录如下：

借：待处理财产损溢——待处理流动资产损溢　　3 500
　　贷：库存商品——A 产品　　3 500

(2)报经批准，如属于定额内的自然损耗，则应作为管理费用，计入本期损益，编制会计分录如下：

借：管理费用　　3 500
　　贷：待处理财产损溢——待处理流动资产损溢　　3 500

例 8—8　某企业盘亏甲材料 30 件，每件 100 元，经查明，是由于工作人员失职造成的材料毁损，应由过失人赔偿 1 000 元，毁损材料残值 600 元。

解析：

(1)报经批准之前，先调整账面余额，编制会计分录如下：

借：待处理财产损溢——待处理流动资产损溢　　3 510
　　贷：原材料——甲材料　　3 000
　　　　应交税费——应交增值税(进项税额转出)　　510

(2)报经批准，分别不同情况处理：

①由过失人赔偿：

借：其他应收款　　1 000
　　贷：待处理财产损溢——待处理流动资产损溢　　1 000

②残料作价入库：

借：原材料——甲材料　　600
　　贷：待处理财产损溢——待处理流动资产损溢　　600

③扣除过失人的赔款和残值后的盘亏数，计入管理费用：

借：管理费用　　1 910
　　贷：待处理财产损溢——待处理流动资产损溢　　1 910

例 8—9　某企业盘亏乙材料一批，实际成本为 5 000 元，经查明，属于非常事故造成的损失，保险公司应给予 3 000 元赔偿。

解析：

(1)报经批准之前，先调整账面余额，编制会计分录如下：

借：待处理财产损溢——待处理流动资产损溢　　5 850
　　贷：原材料——乙材料　　5 000
　　　　应交税费——应交增值税(进项税额转出)　　850

(2)报经批准，分别不同情况处理：

①应由保险公司赔偿部分：

借：其他应收款——保险公司　　3 000
　　贷：待处理财产损溢——待处理流动资产损溢　　3 000

②计入营业外支出部分：

借：营业外支出　　2 850
　　贷：待处理财产损溢——待处理流动资产损溢　　2 850

第四节　往来款项的清查

一、往来款项的清查方法

往来款项是指企业与其他单位或个人之间因商品交易、劳务提供或让渡资产使用权而发生的往来结算款项，包括应收账款、应付账款、预收账款、预付账款、其他应收款、其他应付款等。往来款项的清查，与银行存款类似，也是采用同对方单位核对账目的方法。在清查往来款项时，应首先将本单位往来账目核对正确，然后按往来单位分户编制对账单，送达对方进行核对。对账单一式两联，其中一联作为回单。如果对方单位核对相符，应在回单上盖章后退回；如果金额不符，则应将不符的情况在回单上注明，或另抄对账单退回，以便进一步清查。

往来款项清查完毕后，应根据对方退回的对账单回单，编制"往来款项清查报告表"，在报告表上填列各项往来款项的余额，对于存在争执的款项、可能收不回的款项以及无法支付的款项，除了要在报告表上注明之外，还应及时进行相应处理。"往来款项清查报告表"的格式如表8－5所示。

表8－5　　往来款项清查报告表

单位名称：　　　　年　月　日

总分类账户名称：　　　　单位：元

明细账户名称	账面余额	清查结果		核对不符原因分析			备　注
		核对相符金额	核对不符金额	未达账项金额	有争执款项金额	其　他	

清查人员：　　　　会计人员：

二、往来款项清查结果的会计处理

在财产清查过程中，如发现长期应收而收不回的款项，即坏账损失，经批准应予以转销。坏账损失不需要通过"待处理财产损溢"账户进行核算。转销方法通常采用备抵法。备抵法，是指按期估计坏账损失，形成坏账准备，当某一应收款项全部或部分被确认为坏账时，应根据其金额冲减坏账准备，同时转销相应的应收款项金额的一种核算方法。估计坏账损失的方法有应收款项余额百分比法、账龄分析法和销货百分比法等，这里主要介绍常用的应收款项余额百分比法。

采用备抵法，企业需设置"坏账准备"账户。企业计提坏账准备时，借记"资产减值损失"账户，贷记"坏账准备"账户；实际发生坏账时，借记"坏账准备"账户，贷记"应收账款"账户。如果确认并转销的坏账以后又收回，则应按收回的金额，借记"应收账款"账户，贷记"坏账准备"账户，以恢复企业债权、冲回已转销的坏账准备金额；同时，借记“银行存款”账户，贷记“应收账款”等账户，以反映款项收回情况。“坏账准备”账户，平时(1～11月份)期末余额可能在借方，也可能在贷方，其年末余额则一定在贷方。

例8－10 某企业自2014年年末开始计提坏账准备。2014年年末应收账款余额为4 000 000元；2015年2月发生坏账22 000元，2015年年末应收账款余额为4 400 000元；2016年1月收回上年已转销的坏账10 000元，2016年年末应收账款余额为5 000 000元。

解析：该企业各年坏账准备提取比例均为5%，其有关会计处理如下：

(1)2014年年末提取坏账准备200 000元(4 000 000×5%)时：

借：资产减值损失　　200 000

　　贷：坏账准备　　200 000

(2)2015年2月发生坏账22 000元时：

借：坏账准备　　22 000

　　贷：应收账款　　22 000

(3)2015年年末补提坏账准备42 000元(4 400 000×5%－200 000＋22 000)时：

借：资产减值损失　　42 000

　　贷：坏账准备　　42 000

(4)2016年1月收回已转销坏账10 000元时：

借：银行存款　　10 000

　　贷：应收账款　　10 000

借：应收账款　　10 000

　　贷：坏账准备　　10 000

(5)2016年年末补提坏账准备20 000元(5 000 000×5%－220 000－10 000)时：

借：资产减值损失　　20 000

　　贷：坏账准备　　20 000

本章小结

财产清查是会计核算的一种专门方法，是指通过对实物、现金的实地盘点和对银行存款、往来款项的核对，查明各项财产物资、货币资金、往来款项的实有数和账面数是否相符。

货币资金的清查主要包括库存现金的清查和银行存款的清查，其中，银行存款的清查是重点内容之一。在银行存款清查时，可能会出现的未达账项可以通过编制“银行存款余额调节表”来调整，但该表只起到对账作用，不能作为调节账面余额的原始凭证。

实物财产清查的一般方法包括确定财产物资实际结存数量和确定账面结存数量两类方法。确定实际结存数量的方法有实物盘点法、技术推算法、抽样盘存法和函证核对法四种方法，确定账面结存数量可以通过永续盘存制和实地盘存制两种盘存制度。实物财产清查结果的处理是本章的重点内容，包括存货和固定资产盘盈、盘亏结果的处理。

往来款项的清查，是采用同对方单位核对账目的方法，首先将本单位往来账目核对正确，然后按往来单位分户编制对账单，送达对方进行核对。往来款项清查完毕后，应根据对方退回的对账单回单，编制“往来款项清查报告表”，在报告表上填列各项往来款项的余额，对于存在争执的款项、可能收不回的款项以及无法支付的款项，除了要在报告表上注明之外，还应及时进行相应处理。

本章习题

一、单项选择题

1. 现金清查的方法是（　　）。

A. 技术测算法　　B. 实地盘点法

C. 外调核对法　　D. 与银行对账单相核对

2. 一般而言，单位撤销、合并时，要进行（　　）。

A. 定期清查　　B. 全面清查

C. 局部清查　　D. 实地清查

3. 对于现金的清查，应将其结果及时填列（　　）。

A. 盘存单　　B. 实存账存对比表

C. 库存现金盘点报告表　　D. 对账单

4. 银行存款清查的方法是（　　）。

A. 日记账与总分类账核对　　B. 日记账与收付款凭证核对

C. 日记账与对账单核对　　D. 总分类账与收付款凭证核对

5. 对于大量成堆难于清点的财产物资，应采用的清查方法是（　　）。

A. 实地盘点法　　B. 抽样盘点法

C. 查询核对法　　D. 技术推算盘点法

6. 实存账存对比表是调整账面记录的（　　）。

A. 记账凭证　　B. 转账凭证

C. 原始凭证　　D. 累计凭证

7. 下列项目的清查应采用询证核对法的是（　　）。

A. 原材料　　B. 应付账款

C. 实收资本　　D. 短期投资

8. 采用备抵法时，企业对于无法收回的应收账款，应借记的会计科目是（　　）。

A.“财务费用”　　B.“营业外支出”

C.“待处理财产损溢”　　D.“坏账准备”

9.“待处理财产损溢”账户期末（　　）。

A. 余额在借方　　B. 余额在贷方

C. 一般没有余额　　D. 余额可能在借方，也可能在贷方

10. 核销存货的盘盈时，应贷记的会计科目是（　　）。

A.“管理费用”　　B.“营业外收入”

C.“待处理财产损溢”　　D.“其他业务收入”

二、多项选择题

1. 导致企业银行存款日记账余额大于银行对账单余额的未达账项是(　　)。

A. 企业先收款记账而银行未收款未记账的款项

B. 银行先收款记账而企业未收款未记账的款项

C. 企业和银行同时收款的款项

D. 银行先付款记账而企业未付款未记账的款项

E. 企业先付款记账而银行未付款未记账的款项

2. 财产物资的盘存制度有(　　)。

A. 收付实现制　　B. 权责发生制

C. 永续盘存制　　D. 实地盘存制

E. 岗位责任制

3. 财产清查按照清查的时间可分为(　　)。

A. 全面清查　　B. 局部清查

C. 定期清查　　D. 不定期清查

E. 内部清查

4. 定期清查的时间一般是(　　)。

A. 年末　　B. 单位合并时

C. 中外合资时　　D. 季末

E. 月末

5. 进行财产清查的作用是(　　)。

A. 便于宏观管理

B. 保证各项财产物资的安全完整

C. 提高会计资料质量,保证其真实可靠

D. 有利于改善企业经营管理,挖掘财产物资潜力

E. 有利于准确地编制收付款凭证

6. 全面清查的对象包括(　　)。

A. 货币资金　　B. 各种实物资产

C. 往来款项　　D. 在途材料、商品

E. 委托加工、保管的物资

7. 财产清查处理的步骤是(　　)。

A. 核准数字,查明原因　　B. 调整凭证,做到账实相符

C. 调整账簿,做到账实相符　　D. 进行批准后的账务处理

E. 销毁账簿资料

8. 进行不定期清查的情况有(　　)。

A. 更换财产和现金保管人员时

B. 发生自然灾害和意外损失时

C. 会计主体发生改变或隶属关系变动时

D. 财税部门对本单位进行会计检查时

E. 企业关停并转、清产核资、破产清算时

三、判断题

1. 会计部门要在财产清查之前将所有的经济业务登记入账并结出余额,做到账账相符、账证相符,为财产清查提供可靠的依据。(　　)

2. 对在银行存款清查时出现的未达账项，可编制“银行存款余额调节表”来调整，该表是调节账面余额的原始凭证。（　）

3. 实地盘存制是指平时根据会计凭证在账簿中登记各种财产的增加数和减少数，在期末时再通过盘点实物，来确定各种财产的数量，并据以确定账实是否相符的一种盘存制度。（　）

4. 未达账项是指在企业和银行之间，由于凭证的传递时间不同，而导致记账时间不一致，即一方已接到有关结算凭证并已经登记入账，而另一方尚未接到有关结算凭证而未入账的款项。（　）

5. 为了反映和监督各单位在财产清查过程中查明的各种资产的盘亏及报经批准后的转销数额，应设置“待处理财产损溢”账户，该账户属于负债类账户。（　）

四、业务分析题

1. H企业2014年经财产清查，发现盘亏A材料200吨，每吨单价100元。经查明，属于定额内合理的损耗共计1 000元；属于由过失责任人赔偿共计8 000元；其余的属于自然灾害造成的损失，由保险公司赔偿6 000元。

要求：对H企业A材料的盘亏进行批准前和批准后的账务处理。

2. L企业2014年在财产清查中，发现盘亏机器设备一台，账面原值为380 000元，已提折旧额为80 000元。

要求：对L企业盘亏的固定资产进行批准前和批准后的账务处理。

3. M企业自2012年年末开始计提坏账准备。2012年年末应收账款余额为500 000元；2013年5月份发生坏账损失5 300元，2013年年末应收账款余额为600 000元；2014年3月份收回上年已转销的坏账8 000元，2014年年末应收账款余额为400 000元。假设该企业各年坏账准备提取比例均为3%。

要求：计算M企业各年的坏账准备补提或冲销数额并进行相应的账务处理。

第九章　财务会计报告

学习目标

通过本章的学习，了解财务报告的定义、目的、内容和特点；熟悉资产负债表、利润表、现金流量表的基本结构和内容；掌握资产负债表、利润表的编制方法；了解现金流量表的编制方法；了解财务报表之间的勾稽关系。

关键概念

财务报告　资产负债表　利润表　现金流量表

引导案例

2013 年 4 月 23 日，三元发布了一季度财务报告，季报被媒体用"惨淡"两字来形容。净利润减少了 1 254 万元，同比剧减 354.8%。对于净利润的大幅下滑，三元方面表示主要由于受原料奶价格上涨的影响，生产成本同比增加，对公司经营利润有较大影响。除了主营业务的萎靡，影响三元利润的投资收益和营业外收入均出现了近一倍的"双降"窘态。"合营企业麦当劳净利润下降，引起投资收益减少。"三元方面对此坦言。而政府补助等其他营业外收入也由上年同期的 376 万元减少到本季度的 85 万元，同比下降 77.32%。

此前，三元曾因重组三鹿，拖累公司业绩连续两年亏损，其后三元在 2011 年宣布与新华联控股联手参与太子奶破产重组时，业内又将此次交易定义为一桩"悬案"，不仅因为太子奶亏损严重的"烂摊子"，更多的是企业定位不符。"太子奶主要是面向农村市场，与三元的品牌形象不符。"中投顾问食品行业研究员向建军说，"而后三元主要依靠持有麦当劳 50%的股份进行分红，才得以扭亏为盈。不过从麦当劳今年一季报盈利仅增长 0.3%的速度来看，三元最后的靠山也在'摇摇欲坠'。"

资料来源：《北京商报》，2013 年 4 月 24 日。

思考：

财务报告是企业经营管理的缩影，了解财务报告所承载的信息、读懂报表上的数字，是企业经营好坏的一个关键工具。那么，财务报告包括哪些？财务报表又有什么作用呢？

第一节　财务会计报告概述

一、财务会计报告的定义

财务会计报告是指单位会计部门根据经过审核的会计账簿记录和有关资料，编制并对外提供的反映单位某一特定日期财务状况和某一会计期间经营成果、现金流量及所有者权益等会计信息的总结性书面文件。

二、财务会计报告的组成

财务会计报告包括会计报表、会计报表附注和财务情况说明书。

（一）会计报表

会计报表是指企业以一定的会计方法和程序由会计账簿的数据整理得出，以表格的形式反映企业财务状况、经营成果和现金流量的书面文件，是财务会计报告的主体和核心。企业会计报表按其反映的内容不同，分为资产负债表、利润表、现金流量表、所有者权益（股东权益）变动表。

（二）会计报表附注

会计报表附注是为便于会计报表使用者理解会计报表的内容而对会计报表的编制基础、编制依据、编制原则和方法及主要项目等所做的解释。会计报表附注是财务会计报告的一个重要组成部分，它有利于增进会计信息的可理解性，提高会计信息可比性和突出重要的会计信息。

（三）财务情况说明书

财务情况说明书是指其他应当在财务报告中披露的相关信息和资料。

三、财务会计报告的分类

（一）按其服务对象，可分为外部报表和内部报表

外部报表是企业向外部的会计信息使用者报告经济活动和财务收支情况的会计报表，如资产负债表、利润表、现金流量表和所有者权益变动表。这类报表一般有统一的格式和编制要求。内部报表是用来反映经济活动和财务收支的具体情况，为管理者进行决策提供信息的会计报表。这类报表无规定的格式和种类。

（二）按其编制的时间，可分为年报和中期报表

年报是年度终了以后编制的，全面反映企业财务状况、经营成果及其分配、现金流量等方

面的报表。中期报表是指短于 1 年的会计期间编制的会计报表，如半年末报表、季报、月报。半年末报表是指每个会计年度的前 6 个月结束后对外提供的财务会计报告。季报是季度终了以后编制的报表，种类比年报少一些。月报是月终编制的会计报表，只包括一些主要的报表，如资产负债表、利润表等。

（三）按其编制单位，可分为单位会计报表、汇总会计报表和合并会计报表

单位会计报表是由独立核算的会计主体编制的，用以反映某一会计主体的财务状况、经营成果的会计报表。汇总报表是由上级主管部门、专业公司根据基层所属企业所编制的报表加以汇总编制的报表，汇总编制时还包括主管部门、专业公司本身的业务。合并会计报表是控股公司把其本身与其附属公司看作一个统一的经济实体，用一套会计报表来反映其拥有或控制的所有资产和负债，以及其控制范围内的经营成果的会计报表。合并会计报表反映的是控股公司与其附属公司共同的财务状况和经营成果。

四、准备工作

（一）全面财产清查

企业在编制年度财务会计报告前，应当按照下列规定，全面清查资产、核实债务：

（1）结算款项（即债权、债务），包括应收款项、应付款项、应交税费等是否存在，与债权、债务单位的相应债权、债务金额是否一致。

（2）原材料、在产品、自制半成品、库存商品等各项存货的实存数量与账面数量是否一致，是否有报废损失和积压物资等。

（3）各项投资是否存在，投资收益是否按照国家统一的会计制度规定进行确认和计量。

（4）房屋建筑物、机器设备、运输工具等各项固定资产的实存数量与账面数量是否一致。

（5）在建工程的实际发生额与账面记录是否一致。

（6）需要清查、核实的其他内容。

（二）检查处理

企业在编制财务会计报告前，除应当全面清查资产、核实债务外，还应当完成下列工作：

（1）核对各会计账簿记录与会计凭证的内容、金额等是否一致，记账方向是否相符（账证核对）。

（2）依照规定的结账日进行结账，结出有关会计账簿的余额和发生额，并核对各会计账簿之间的余额。

（3）检查相关的会计核算是否按照国家统一的会计制度的规定进行（是否符合规定）。

（4）对于国家统一的会计制度没有规定统一核算方法的交易、事项，检查其是否按照会计核算的一般原则进行确认和计量以及相关账务处理是否合理（无规定的是否符合一般原则）。

（5）检查是否存在因会计差错、会计政策变更等原因需要调整前期或者本期相关项目。

第二节　资产负债表

一、资产负债表的定义

资产负债表是反映企业在某一特定日期(如月末、季末、年末)全部资产、负债和所有者权益情况的会计报表,它表明在某一特定日期企业所拥有或控制的经济资源、所承担的现有义务和所有者对净资产的要求权。它是一张揭示企业在一定时点财务状况的静态报表。资产负债表利用会计平衡原则,将合乎会计原则的资产、负债、股东权益交易科目分为“资产”和“负债及股东权益”两大块,在经过分录、转账、分类账、试算、调整等会计程序后,以特定日期的静态企业情况为基准,浓缩成一张报表。其报表功能除了供企业内部除错、确定经营方向、防止弊端外,也可让所有阅读者于最短时间内了解企业的经营状况。

二、资产负债表的作用

资产负债表必须定期对外公布和报送外部与企业有经济利害关系的各个经济体(包括股票持有者,长、短期债权人,政府有关机构)。当资产负债表列有上期期末数时,称为“比较资产负债表”,它通过前后期资产负债的比较,可以反映企业财务变动状况。根据股权有密切联系的几个独立企业的资产负债表汇总编制的资产负债表,称为“合并资产负债表”。它可以综合反映本企业以及与其股权上有联系的企业的全部财务状况。具体而言,资产负债表主要有以下几个作用:

(1)可以反映企业资产的构成及其状况,分析企业在某一日期所拥有的经济资源及其分布情况。资产代表企业的经济资源,是企业经营的基础,资产总量的高低在一定程度上可以说明企业的经营规模和盈利基础大小。企业的结构即资产的分布,企业的资产结构反映其生产经营过程的特点,有利于报表使用者进一步分析企业生产经营的稳定性。

(2)可以反映企业某一日期的负债总额及其结构,分析企业现时与未来需要支付的债务数额。负债总额表示企业承担的债务的多少,负债和所有者权益的比重反映了企业的财务安全程度。负债结构反映了企业偿还负债的紧迫性和偿债压力的大小,通过资产负债表可以了解企业负债的基本信息。

(3)可以反映企业所有者权益的情况,了解企业现有投资者在企业投资总额中所占的份额。实收资本和留存收益是所有者权益的重要内容,反映了企业投资者对企业的初始投入和资本累计的多少,也反映了企业的资本结构和财务实力,有助于报表使用者分析、预测企业生产经营安全程度和抗风险的能力。

三、资产负债表的项目分类和排列

资产负债表根据资产、负债、所有者权益(或股东权益,下同)之间的勾稽关系,按照一定的分类标准和顺序，把企业一定日期的资产、负债和所有者权益各项目予以适当排列。它反映的是企业资产、负债、所有者权益的总体规模和结构，即：资产有多少；资产中流动资产和非流动资产各有多少；流动资产中，货币资金有多少，应收账款有多少，存货有多少；等等。所有者权益有多少；所有者权益中，实收资本（或股本，下同）有多少，资本公积有多少，盈余公积有多少，未分配利润有多少；等等。

在资产负债表中，企业通常按资产、负债、所有者权益分类分项反映。也就是说，资产按流动性大小进行列示，具体分为流动资产、非流动资产；负债也按流动性大小进行列示，具体分为流动负债、非流动负债；所有者权益则按实收资本、资本公积、盈余公积、未分配利润等项目分项列示。

（一）资产

资产负债表中的资产反映由过去的交易、事项形成并由企业在某一特定日期所拥有或控制的，预期会给企业带来经济利益的资源。资产应当按照流动资产和非流动资产两大类别在资产负债表中列示，在流动资产和非流动资产类别下进一步按性质分项列示。

流动资产是预计在一个正常营业周期中变现、出售或耗用，或者主要为交易目的而持有，或者预计在资产负债表日起 1 年内（含 1 年）变现的资产，或者自资产负债表日起 1 年内交换其他资产或清偿负债的能力不受限制的现金或现金等价物。资产负债表中列示的流动资产项目通常包括货币资金、交易性金融资产、应收票据、应收账款、预付款项、应收利息、应收股利、其他应收款、存货和一年内到期的非流动资产等。

非流动资产是流动资产以外的资产。资产负债表中列示的非流动资产项目通常包括长期股权投资、固定资产、在建工程、工程物资、固定资产清理、无形资产、开发支出、长期待摊费用以及其他非流动资产等。

（二）负债

资产负债表中的负债反映在某一特定日期企业所承担的、预期会导致经济利益流出企业的现时义务。负债应当按照流动负债和非流动负债在资产负债表中列示，在流动负债和非流动负债类别下再进一步按性质分项列示。

流动负债是预计在一个正常营业周期中清偿，或者主要为交易目的而持有，或者自资产负债表日起 1 年内（含 1 年）到期应予以清偿，或者企业无权自主地将清偿推迟至资产负债表日后 1 年以上的负债。资产负债表中列示的流动负债项目通常包括短期借款、应付票据、应付账款、预收款项、应付职工薪酬、应交税费、应付利息、应付股利、其他应付款、一年内到期的非流动负债等。

非流动负债是流动负债以外的负债。资产负债表中列示的非流动负债项目通常包括长期借款、应付债券和其他非流动负债等。

（三）所有者权益

资产负债表中的所有者权益是企业资产扣除负债后的剩余权益，反映企业在某一特定日期股东（投资者）拥有的净资产的总额，它一般按照实收资本、资本公积、盈余公积和未分配利润分项列示。

四、资产负债表的编制方法

会计报表的编制，主要是通过对日常会计核算记录的数据加以归集、整理，使之成为有用的财务信息。企业资产负债表各项目的数据，主要通过以下几种方式取得：

(1)根据总账科目余额直接填列。资产负债表大部分项目的填列都是根据有关总账账户的余额直接填列，如“应收票据”项目根据“应收票据”总账科目的期末余额直接填列，“短期借款”项目根据“短期借款”总账科目的期末余额直接填列。“交易性金融资产”“工程物资”“递延所得税资产”“交易性金融负债”“应付票据”“应付职工薪酬”“应交税费”“递延所得税负债”“预计负债”“实收资本”“资本公积”“盈余公积”等，都按照此方法根据总账科目余额直接填列。

(2)根据总账科目余额计算填列。如“货币资金”项目，根据“库存现金”“银行存款”“其他货币资金”科目的期末余额合计数计算填列。

(3)根据明细科目余额计算填列。如“应收账款”项目，根据“应收账款”“预收账款”两个科目所属的有关明细科目的期末借方余额扣除计提的减值准备后计算填列；“应付账款”项目，根据“应付账款”“预付账款”科目所属相关明细科目的期末贷方余额计算填列。

(4)根据总账科目和明细科目余额分析计算填列。如“长期借款”项目，根据“长期借款”总账科目期末余额，扣除“长期借款”科目所属明细科目中反映的、将于1年内到期的长期借款部分，分析计算填列。

(5)根据科目余额减去其备抵项目后的净额填列。如“存货”项目，根据“存货”科目的期末余额，减去“存货跌价准备”备抵科目余额后的净额填列；“无形资产”项目，根据“无形资产”科目的期末余额，减去“无形资产减值准备”与“累计摊销”备抵科目余额后的净额填列。

资产负债表的“年初数”栏内各项数字，根据上年年末资产负债表“期末数”栏内各项数字填列，“期末数”栏内各项数字根据会计期末各总账账户及所属明细账户的余额填列。如果当年度资产负债表规定的各个项目的名称和内容同上年度不相一致，则按编报当年的口径对上年年末资产负债表各项目的名称和数字进行调整，填入本表“年初数”栏内。

五、资产负债表中各项目的计算公式

(一)资产

(1)货币资金＝库存现金＋银行存款＋其他货币资金

(2)交易性金融资产＝“交易性金融资产”科目的期末余额

(3)短期投资＝短期投资－短期投资跌价准备

(4)应收票据＝“应收票据”科目的期末余额

(5)应收账款＝应收账款(借)＋预收账款(借)－应计提“应收账款”的“坏账准备”

(6)其他应收款＝其他应收款－应计提“其他应收款”的“坏账准备”

(7)存货＝原材料＋周转材料＋库存商品＋委托加工物资＋委托代销商品＋生产成本等－存货跌价准备

(8)材料采用计划成本核算，以及库存商品采用计划成本或售价核算的企业，应按加或减材料成本差异、商品进销差价后的金额填列。

(9)其他流动资产＝小企业除以上流动资产项目外的其他流动资产

(10)长期债权投资＝长期债权投资[小企业不准备在1年内(含1年)变现的各种债权性质投资的账面余额;长期债权投资中,将于1年内到期的长期债权投资,应在流动资产类下“一年内到期的长期债权投资”项目单独反映]

(11)固定资产净值＝“固定资产”科目期末余额－“累计折旧”科目期末余额－“固定资产减值准备”科目期末余额[企业以融资方式租入的固定资产的原价以及累计折旧也包括在内]

(12)工程物资＝“工程物资”科目期末余额

(13)固定资产清理＝固定资产清理(借)[“固定资产清理”科目期末为贷方余额,以“－”号填列]

(14)无形资产净值＝“无形资产”科目期末余额－“累计摊销”科目期末余额－“无形资产减值准备”科目余额

(15)长期待摊费用＝“长期待摊费用”科目期末余额－“将于1年内(含1年)摊销的数额”

(16)其他长期资产＝小企业除以上资产以外的其他长期资产

(二)负债

(1)预付账款＝应付账款(借)＋预付账款(借)

(2)短期借款＝“短期借款”科目期末余额

(3)应付票据＝“应付票据”科目期末余额

(4)应付账款＝应付账款(贷)＋预付账款(贷)

(5)应付职工薪酬＝ 应付工资＋其他应交款(应付职工工资附加费等支付给个人的款项)＋其他应付款(职工教育经费)

(6)应付股利＝“应付股利”科目期末余额

(7)应交税费＝应交税费(贷)[“应交税费”科目期末为借方余额,以“－”号填列]

(8)其他应交款＝其他应交款(贷)[“其他应交款”科目期末为借方余额,以“－”号填列]

(9)其他应付款＝“其他应付款”科目期末余额

(10)其他流动负债＝小企业除以上流动负债以外的其他流动负债

(11)长期借款＝“长期借款”科目期末余额

(12)长期应付款＝“长期应付款”科目期末余额

(13)预收账款＝应收账款(贷)＋预收账款(贷)

(14)其他长期负债＝反映小企业除以上长期负债项目以外的其他长期负债,包括小企业接受捐赠记入“待转资产价值”科目,尚未转入资本公积的余额。本项目应根据有关科目的期末余额填列。上述长期负债各项目中将于1年内(含1年)到期的长期负债,应在“一年内到期的长期负债”项目内单独反映。上述长期负债各项目均应根据有关科目期末余额减去将于1年内(含1年)到期的长期负债后的金额填列。

(三)所有者权益

(1)实收资本＝“实收资本”科目期末余额

(2)资本公积＝“资本公积”科目期末余额

(3)盈余公积＝“盈余公积”科目期末余额

(4)未分配利润＝本年利润＋利润分配[未弥补的亏损，在本项目内以“－”号填列]

六、资产负债表的编制示例

例9—1 紫鑫股份有限公司2014年12月31日的资产负债表和科目余额表分别如表9—1和表9—2所示。

表9—1 **资产负债表** 单位：元

编制单位：紫鑫股份有限公司 2014年12月31日 单位：元

资　产	期末余额	期初余额	负债及所有者权益	期末余额	期初余额
流动资产：			流动负债：		
货币资金	2 812 600		短期借款	600 000	
交易性金融资产	30 000		应付票据	400 000	
应收票据	492 000		应付账款	1 907 600	
应收账款	598 200		预收账款	0	
预付账款	200 000		应付职工薪酬	220 000	
应收股利	0		应交税费	73 200	
应收利息	0		应付利息	2 000	
其他应收款	10 000		应付股利	0	
存货	5 16 000		其他应付款	100 000	
一年内到期的非流动资产	0		一年内到期的非流动负债	2 000 000	
其他流动资产	200 000		其他流动负债	0	
流动资产合计	9 502 800		流动负债合计	5 302 800	
非流动资产：			非流动负债：		
长期股权投资	500 000		长期借款	1 200 000	
固定资产	2 200 000		非流动负债合计	1 200 000	
在建工程	3 000 000		负债合计	6 502 800	
工程物资	0		所有者权益：		
固定资产清理	0		实收资本	10 000 000	
无形资产	1 200 000		资本公积	0	
长期待摊费用	0		盈余公积	200 000	
递延所得税资产	0		未分配利润	100 000	
其他非流动资产	400 000		所有者权益合计	10 300 000	
非流动资产合计	7 300 000				
资产总计	16 802 800		负债及所有者权益总计	16 802 800	

表 9—2　　**科目余额表**　　单位:元

科目名称	借方余额	科目名称	贷方余额
库存现金	4 000	短期借款	100 000
银行存款	1 611 622	应付票据	200 000
其他货币资金	14 600	应付账款	1 907 600
交易性金融资产	0	其他应付款	100 000
应收票据	132 000	应付职工薪酬	360 000
应收账款	1 200 000	应交税费	453 462
坏账准备	—3 600	应付利息	0
预付账款	200 000	应付股利	64 431.70
其他应收款	10 000	一年内到期的长期负债	0
材料采购	550 000	长期借款	2 320 000
原材料	90 000	实收资本	10 000 000
周转材料	76 100	盈余公积	249 540.80
库存商品	4 244 800	利润分配(未分配利润)	436 027.50
材料成本差异	8 500		
其他流动资产	200 000		
长期股权投资	500 000		
固定资产	4 802 000		
累计折旧	—340 000		
固定资产减值准备	—60 000		
工程物资	600 000		
在建工程	856 000		
无形资产	1 200 000		
累计摊销	—120 000		
递延所得税资产	15 000		
其他长期资产	400 000		
合　计	16 191 062	合　计	16 191 062

根据上述资料,编制紫鑫股份有限公司 2015 年 12 月 31 日的资产负债表,如表 9—3 所示。

表 9—3 资产负债表

编制单位:紫鑫股份有限公司 2015 年 12 月 31 日 单位:元

资　产	期末余额	期初余额	负债及所有者权益	期末余额	期初余额
流动资产:			流动负债:		
货币资金	1 630 222	2 812 600	短期借款	100 000	600 000
交易性金融资产	0	30 000	应付票据	200 000	400 000
应收票据	132 000	492 000	应付账款	1 907 600	1907 600
应收账款	1 196 400	598 200	预收账款	0	0
预付账款	200 000	200 000	应付职工薪酬	360 000	220 000
应收股利	0	0	应交税费	453 462	73 200
应收利息	0	0	应付利息	0	2 000
其他应收款	10 000	10 000	应付股利	64 431.70	0
存货	4 969 400	5 16 000	其他应付款	100 000	100 000
一年内到期的非流动资产	0	0	一年内到期的非流动负债	0	2 000 000
其他流动资产	200 000	200 000	其他流动负债	0	0
流动资产合计	8 338 062	9 502 800	流动负债合计	3 185 493.70	5 302 800
非流动资产:			非流动负债:		
长期股权投资	500 000	500 000	长期借款	2 320 000	1 200 000
固定资产	4 402 000	2 200 000	非流动负债合计	2 320 000	1 200 000
在建工程	856 000	3 000 000	负债合计	5 505 493.70	6 502 800
工程物资	600 000	0	所有者权益:		
固定资产清理	0	0	实收资本	10 000 000	10 000 000
无形资产	1 080 000	1 200 000	资本公积	0	0
长期待摊费用	0	0	盈余公积	249 540.80	200 000
递延所得税资产	15 000	0	未分配利润	436 027.50	100 000
其他非流动资产	400 000	400 000	所有者权益合计	10 685 568.30	10 300 000
非流动资产合计	7 853 000	7 300 000			
资产总计	16 191 222	16 802 800	负债及所有者权益总计	16 191 222	16 802 800

第三节　利润表

一、利润表的定义

利润表是反映企业一定会计期间(如月度、季度、半年度或年度)生产经营成果的会计报表。企业一定会计期间的经营成果既可能表现为盈利,也可能表现为亏损,因此,利润表也被称为损益表。它全面揭示了企业在某一特定时期实现的各种收入,发生的各种费用、成本或支出，以及企业实现的利润或发生的亏损情况。

利润表是根据“收入－费用＝利润”的基本关系来编制的，其具体内容取决于收入、费用、利润等会计要素及其内容，从反映企业经营资金运动的角度看，它属于动态会计报表。

二、利润表的作用

编制利润表的主要目的是将企业经营成果的信息，提供给各种报表使用者，以供他们作为决策的依据或参考。利润表的主要作用有：

（一）可据以解释、评价和预测企业的经营成果和获利能力

经营成果通常是指以营业收入、其他收入抵扣成本、费用、税金等的差额所表示的收益信息。经营成果是一个绝对值指标，可以反映企业财富增长的规模。获利能力是一个相对值指标，是指企业运用一定经济资源（如人力、物力）获取经营成果的能力。这里，经济资源可以因报表用户的不同需要而有所区别，可以是资产总额、净资产，也可以是资产的耗费（成本或费用），还可以是投入的人力（如职工人数）。因此，衡量获利能力的指标包括资产收益率、净资产（税后）收益率、成本收益率以及人均实现收益等指标。经营成果的信息直接由利润表反映，而获利能力的信息除利润表外，还要借助于其他会计报表和注释附表才能得到。

通过比较和分析同一企业在不同时期，或不同企业在同一时期的资产收益率、成本收益率等指标，能够揭示企业利用经济资源的效率；通过比较和分析收益信息，可以了解某一企业收益增长的规模和趋势。根据利润表所提供的经营成果信息，股东、债权人和管理部门可解释、评价和预测企业的获利能力，据以对是否投资或追加投资、投向何处、投资多少等做出决策。

（二）可据以解释、评价和预测企业的偿债能力

偿债能力是指企业以资产清偿债务的能力。利润表本身并不提供偿债能力的信息，然而企业的偿债能力不仅取决于资产的流动性和资本结构，也取决于获利能力。企业在个别年份获利能力不足，不一定影响偿债能力，但若一家企业长期丧失获利能力，则资产的流动性必然由好转坏，资本结构也将逐渐由优变劣，陷入资不抵债的困境。因此，一家数年收益很少、获利能力不强甚至亏损的企业，通常其偿债能力不会很强。

债权人和管理部门通过分析和比较利润表的有关信息，可以间接地解释、评价和预测企业的偿债能力，尤其是长期偿债能力，并揭示偿债能力的变化趋势，进而做出各种信贷决策和改进企业管理工作的决策，如维持、扩大或收缩现有信贷规模，应提出何种信贷条件等。管理部门则可据以找出偿债能力不强的原因，努力提高企业的偿债能力，改善企业的公关形象。

（三）企业管理人员可据以做出经营决策

比较和分析利润表中的各种构成要素，可知悉各项收入、成本、费用与收益之间的消长趋势，发现各方面工作中存在的问题，揭露缺点，找出差距，改善经营管理，努力增收节支，杜绝损失的发生，做出合理的经营决策。

(四)可据以评价和考核管理人员的绩效

比较前后期利润表中各项收入、费用、成本及收益的增减变动情况,并考查其增减变动的原因,可以较为客观地评价各职能部门、各生产经营单位的绩效,以及这些部门和人员的绩效与整个企业经营成果的关系,以便评判各部门管理人员的功过得失,及时做出采购、生产销售、筹资和人事等方面的调整,使各项活动趋于合理。

利润表上述重要作用的发挥,与利润表所列示信息的质量直接相关。利润表信息的质量则取决于企业在收入确认、费用确认以及其他利润表项目确定时所采用的方法。由于会计程序和方法的可选择性,企业可能会选用对其有利的程序和方法,从而导致收益偏高或偏低。例如,在折旧费用、坏账损失和已售商品成本等方面都可按多种会计方法计算,产生多种选择,影响会计信息的可比性和可靠性。另一方面,利润表中的信息表述的是各类业务收入、费用、成本等的合计数以及非重复发生的非常项目,这也会削弱利润表的重要作用。

三、利润表的编制原理及编制方法

利润表的编制原理是“收入－费用＝利润”的会计平衡公式和收入与费用的配比原则。

在生产经营中,企业不断地发生各种费用支出,同时取得各种收入,收入减去费用,剩余的部分就是企业的盈利。取得的收入和发生的相关费用的对比情况就是企业的经营成果。如果企业经营不当,发生的生产经营费用超过取得的收入,企业就发生亏损;反之,企业就能取得一定的利润。会计部门应定期(一般按月份)核算企业的经营成果,并将核算结果编制成报表,这就形成了利润表。

计算利润时,企业应以收入为起点,计算出当期的利润总额和净利润额。其利润总额和净利润额形成的计算步骤为:

(1)以主营业务收入减去主营业务成本、主营业务税金及附加。计算主营业务利润,目的是考核企业主营业务的获利能力。

主营业务利润＝主营业务收入－主营业务成本－主营业务税金及附加

上述公式的特点是:主营业务成本、主营业务税金及附加与主营业务直接有关,先从主营业务收入中直接扣除,计算出主营业务利润。

(2)从主营业务利润和其他业务利润中减去管理费用、销售费用和财务费用,计算出企业的营业利润,目的是考核企业生产经营活动的获利能力。

营业利润＝主营业务利润＋其他业务利润－管理费用－销售费用－财务费用
＋公允价值变动收益＋投资收益

上述公式的特点是:主营业务利润和其他业务利润减去管理费用、销售费用和财务费用后,得出的营业利润近似净利润的概念。公式中,将管理费用、销售费用和财务费用作为营业利润的扣减项目,意味着不仅主营业务应负担管理费用、销售费用和财务费用,其他业务也应负担管理费用、销售费用和财务费用。

(3)在营业利润的基础上,加上营业外收支净额,计算出当期利润总额,目的是考核企业的综合获利能力。

利润总额＝营业利润＋营业外收支净额

其中:

营业外收支净额＝营业外收入－营业外支出

(4)在利润总额的基础上，减去所得税，计算出当期净利润额，目的是考核企业最终获利能力。

净利润＝利润总额－所得税费用

利润表的格式如表 9—4 所示。

表 9—4 **利 润 表**

编制单位： 年 月 单位：元

项 目	本月数	本年数
一、营业收入		
减：营业成本		
营业税金及附加		
销售费用		
管理费用		
财务费用		
资产减值损失		
加：公允价值变动收益(损失以"－"号填列)		
投资收益(损失以"－"号填列)		
其中：对联营企业和合营企业的投资收益		
二、营业利润(亏损以"－"号填列)		
加：营业外收入		
减：营业外支出		
其中：非流动资产处置损失		
三、利润总额(亏损总额以"－"号填列)		
减：所得税费用		
四、净利润(净亏损以"－"号填列)		
五、每股收益：		
(一)基本每股收益		
(二)稀释每股收益		
六、其他综合收益		
七、综合收益总额		

四、利润表的编制示例

例 9—2 紫鑫股份有限公司 2014 年损益类科目发生额如表 9—5 所示。

表 9—5　　**紫鑫股份有限公司损益类科目 2014 年度累计发生净额**　　单位:元

科目名称	借方发生额	贷方发生额
主营业务收入		2 300 000
其他业务收入		200 000
主营业务成本	1 400 000	
其他业务成本	100 000	
营业税金及附加	4 000	
销售费用	40 000	
管理费用	314 200	
财务费用	83 000	
资产减值损失	61 800	
投资收益		63 000
营业外收入		100 000
营业外支出	39 400	
所得税费用	170 600	

根据上述资料,编制紫鑫股份有限公司 2014 年度利润表,如表 9—6 所示。

表 9—6　　**利　润　表**

编制单位:紫鑫股份有限公司　　2014 年　　单位:元

项　目	本期金额	上期金额
一、营业收入	2 500 000	
减:营业成本	1 500 000	
营业税金及附加	4 000	
销售费用	40 000	
管理费用	314 200	
财务费用	83 000	
资产减值损失	61 800	
加:投资收益(损失以"—"号填列)	63 000	
二、营业利润(损失以"—"号填列)	560 000	
加:营业外收入	100 000	
减:营业外支出	39 400	
三、利润总额(损失以"—"号填列)	620 600	
减:所得税费用	170 600	
四、净利润(损失以"—"号填列)	450 000	

第四节 现金流量表

一、现金流量表的定义

现金流量表是一份显示于指定时期(一般为一个月、一季度,主要是一年的年报)的现金流入和流出的财务报告。这份报告显示资产负债表及损益表如何影响现金,以及根据公司的经营、投资和融资角度做出分析。作为一个分析的工具,现金流量表的主要作用是决定公司短期生存能力,特别是缴付账单的能力。

过去的企业经营都强调资产负债表与损益表,随着企业经营的扩展与复杂化,对财务资讯的需求日见增长,更因许多企业经营的中断肇因于资金的周转问题,渐渐地,报道企业资金动向的现金流量表也获得许多企业经营者的重视,并将之列为必备的财务报表。

现金流量表是反映一家公司在一定时期现金流入和现金流出动态状况的报表。其组成内容与资产负债表和损益表相一致。通过现金流量表,可以概括反映经营活动、投资活动和筹资活动对企业现金流入、流出的影响,对于评价企业的实现利润、财务状况及财务管理,比传统的损益表提供了更好的基础。

二、现金流量表的分类

(一)经营活动产生的现金流量

经营活动是指企业投资活动和筹资活动以外的所有交易和事项。经营活动产生的现金流量主要包括销售商品、提供劳务、购买商品、接受劳务、支付工资和缴纳税款等流入和流出的现金和现金等价物。

(二)投资活动产生的现金流量

投资活动是指企业长期资产的购建和不包括在现金等价物范围内的投资及其处置活动。投资活动产生的现金流量主要包括购建固定资产、处置子公司及其他营业单位等流入和流出的现金和现金等价物。

(三)筹资活动产生的现金流量

筹资活动是指导致企业资本及债务规模和构成发生变化的活动。筹资活动产生的现金流量主要包括吸收投资、发行股票、分配利润、发行债券、偿还债务等流入和流出的现金和现金等价物。偿付应付账款、应付票据等商业应付款等属于经营活动,不属于筹资活动。

知识拓展 9—1 透视财务报表之间的勾稽关系

一、表内勾稽关系

会计报表项目之间的基本勾稽关系包括:资产=负债+所有者权益;收入-费用=利润;

现金流入一现金流出=现金净流量;资产负债表、利润表及现金流量表分别与其附表、附注、补充资料等相互勾稽;等等。在会计报表基本勾稽关系中,前三项勾稽关系分别是资产负债表、利润表及现金流量表的基本平衡关系,一般没有问题。但是从调查程序上还是应予以必要的关注。

二、表外勾稽关系

(一)资产负债表与利润表间相关项目的勾稽关系

根据资产负债表中的短期投资和长期投资,复核、匡算利润表中"投资收益"的合理性。例如,关注是否存在资产负债表中没有投资项目而利润表中却列有投资收益,以及投资收益大大超过投资项目的本金等异常情况。根据资产负债表中的固定资产、累计折旧金额,复核、匡算利润表中"管理费用——折旧费"的合理性。结合生产设备的增减情况和开工率、能耗消耗,分析主营业务收入的变动是否存在产能和能源消耗支撑。分析利润及利润分配表中"未分配利润"项目与资产负债表中"未分配利润"项目的勾稽关系是否恰当。注意:利润及利润分配表中,"年初未分配利润"项目"本年累计数"栏的数额应等于"未分配利润"项目"上年数"栏的数额,应等于资产负债表"未分配利润"项目的期初数。

(二)现金流量表与资产负债表、利润表相关项目的勾稽关系

分析资产负债表中"货币资金"项目期末与期初差额,与现金流量表中"现金及现金等价物净增加"项目的勾稽关系是否合理。一般企业的"现金及现金等价物"所包括的内容大多与"货币资金"口径一致;销售商品、提供劳务收到现金≈(主营业务收入+其他业务收入)×(1+17%)+预收账款增加额一应收账款增加额一应收票据增加额;购买商品、接受劳务支付现金≈(主营业务成本+其他业务成本+存货增加额)×(1+17%)+预付账款增加额一应付账款增加额一应付票据增加额。

下面将通过一个案例来说明何谓基于报表勾稽关系的财务报表分析。

一位股票投资者在阅读上市公司年报中发现了一个有趣的问题:在某上市公司2014年的年报中,利润表中2014年主营业务收入为6.52亿元,现金流量表中2014年销售商品、提供劳务收到的现金为5.23亿元,收入与现金流相差1亿多元;同时在资产负债表中,公司2014年年末的应收票据、应收账款合计只有近0.14亿元。这位分析者对此产生了疑惑,近1亿元的收入为什么在现金流量表与资产负债表中未能体现出来?究竟是该公司的报表存在问题,还是什么其他原因?

这位分析者注意到了三张表之间的勾稽关系。他的基本思路是:对于利润表中所实现的"主营业务收入",企业要么收到现金,反映于现金流量表中的"销售商品、提供劳务收到的现金";要么形成应收款项,反映于资产负债表中的"应收账款"和"应收票据"。

但是,正如前面所指出的那样,这种勾稽关系的成立依赖于某些前提条件。导致上述情形出现的常见原因有以下几类:

第一类是企业在确认主营业务收入时,既没有收到现金流,也没有确认应收账款或应收票据。例如,企业在确认主营业务收入时冲减了"应付账款";企业在确认主营业务收入时冲减了以前年度的"预收账款";企业在补偿贸易方式下确认主营业务收入时冲减了"长期应付款";企业用非货币方式进行交易,但不符合非货币性交易的标准(补价高于25%);等等。

第二类是企业在确认主营业务收入时,同时确认了应收账款或应收票据,但是其后应收账款或应收票据的余额减少时,企业并非全部收到现金(注意报表中"应收账款"项目是应收账款

余额扣除坏账准备后的应收账款账面价值)。例如,对应收账款计提了坏账准备;企业对应收账款进行债务重组,对方以非现金资产抵偿债务或者以低于债务面值的现金抵偿债务;企业年内发生清产核资,将债务人所欠债务予以核销;企业利用应收账款进行对外投资;企业将应收账款出售,售价低于面值;企业将应收票据贴现,贴现所获金额低于面值;企业给予客户现金折扣,收到货款时折扣部分计入了财务费用;企业委托代销产品,按照应支付的代销手续费,借记"销售费用"科目,同时冲减了应收账款;等等。

第三类是企业合并报表范围发生了变化所致。例如,企业在年中将年初纳入合并报表的子公司出售(或降低持股比例至合并要求之下),则在年末编制合并利润表时将子公司出售前的利润表纳入合并范围,但资产负债表没有纳入,故使得勾稽关系不成立。

分析者可以通过阅读报表及相关附注证实或证伪上述三类原因的存在。如果没有发现上述原因及其他特殊原因存在的证据,那么很有可能是该公司的报表存在问题,则分析者需要重点关注该公司的收入确认、应收账款与其他应收款、现金流量的归类等。

通过对上述案例的分析,可以看到,基于报表勾稽关系的财务报表分析是一种更为注重对报表结构、报表各项目间关系理解的财务分析思路,它更强调从报表来看企业发生的经济业务,更注重识别企业财务报表是否存在粉饰和错误。由于在我国现阶段,现实中存在着相当一部分的虚假会计信息,报表粉饰行为盛行,所以应该强调基于报表勾稽关系的财务报表分析。

第五节 所有者(股东)权益变动表

所有者权益变动表解释在某一特定时间内,股东权益如何因企业经营的盈亏及现金股利的发放而发生的变化。它是说明管理阶层是否公平对待股东的最重要的信息。所有者权益变动表包括在年度会计报表中,是资产负债表的附表。

所有者权益变动表全面反映了企业的股东权益在年度内的变化情况,便于会计信息使用者深入分析企业股东权益的增减变化情况,并进而对企业的资本保值增值情况做出正确判断,从而提供对决策有用的信息。

所有者权益变动表包括表首、正表两部分。其中,表首说明报表名称、编制单位、编制日期、报表编号、货币名称、计量单位等;正表是股东权益增减变动表的主体,具体说明股东权益增减变动表的各项内容,包括股本(实收资本)、资本公积、法定和任意盈余公积、未分配利润等。每个项目中,又分为年初余额、本年增加数、本年减少数、年末余额四小项;每个小项中,又分别具体情况列示其不同内容。

所有者权益增减变动表各项目应根据"股本""资本公积""盈余公积""未分配利润"等科目的发生额分析填列。

一、所有者权益变动表的具体项目

所有者权益变动表至少应当单独列示反映下列信息的项目:

(1)净利润;

(2)直接计入所有者权益的利得和损失项目及其总额;

(3)会计政策变更和差错更正的累积影响金额；

(4)所有者投入资本和向所有者分配利润等；

(5)按照规定提取的盈余公积；

(6)实收资本(或股本)、资本公积、盈余公积、未分配利润的期初和期末余额及其调节情况。

二、所有者权益变动表的结构

为了清楚地表明构成所有者权益的各组成部分当期的增减变动情况，所有者权益变动表应当以矩阵的形式列示：一方面，列示导致所有者权益变动的交易或事项，改变了以往仅仅按照所有者权益的各组成部分反映所有者权益变动情况，而是从所有者权益变动的来源对一定时期所有者权益变动情况进行全面反映；另一方面，按照所有者权益各组成部分(包括实收资本、资本公积、盈余公积、未分配利润和库存股)及其总额列示交易或事项对所有者权益的影响。此外，企业还需要提供比较所有者权益变动表，所有者权益变动表还就各项目再分为“本年金额”和“上年金额”两栏分别填列。

第六节　会计报表附注

会计报表附注是会计报表的重要组成部分，是对会计报表本身无法或难以充分表达的内容和项目所做的补充说明和详细解释。

一般来讲，会计报表附注至少应当包括下列内容：

(1)不符合会计假设的说明；

(2)重要会计政策和会计估计及其变更情况、变更原因及其对财务状况和经营成果的影响；

(3)或有事项和资产负债表日后事项的说明；

(4)关联方关系及其交易的说明；

(5)重要资产转让及其出售说明；

(6)企业合并、分立的说明；

(7)重大投资、融资活动；

(8)会计报表中重要项目的明细资料；

(9)会计报表中重要项目的说明有助于理解和分析会计报表需要说明的其他事项。

本章小结

财务报告的目标是向投资者、债权人、政府部门及其他机构等财务报告的使用者提供与企业财务状况、经营成果和现金流量等有关的会计信息，反映企业管理层受托责任履行情况，有助于财务报告使用者做出经济决策。财务会计报告是企业正式对外揭示或者表述财务信息的总结性书面文件，它至少应该包括财务报表和附注两部分内容。企业对外提供的财务报表主要包括资产负债表、利润表、现金流量表以及所有者权益变动表等。

资产负债表是根据“资产＝负债＋所有者(股东)权益”的会计恒等式编制的，其项目按照一定的分类标准和一定的顺序排列。资产负债表“期末数”栏各项目的数字是根据有关账户的期末余额编制的。

我国的利润表主要是多步式，利润表的“本期金额”栏各项目应根据各相同或相应名称损益类账户的总账本期发生额分析填列编制。

现金流量表是以现金流量为基础编制的，反映企业在一定会计期间现金及现金等价物流入与流出情况的会计报表，其基本结构为主表和补充资料两大部分。现金流量主要分为三大部分：经营活动产生的现金流量、投资活动产生的现金流量和筹资活动产生的现金流量。

所有者权益变动表是反映构成所有者权益各组成部分当期增减变动情况的报表。

报表附注是对资产负债表、利润表、现金流量表和所有者权益变动表等报表中列示项目的文字描述或明细资料，以及对未能在这些报表中列示项目的说明等。

本章习题

一、单项选择题

1. 下列会计报表中，反映企业在某一特定日期财务状况的是(　　)。

A. 现金流量表　　B. 利润表

C. 资产负债表　　D. 利润分配表

2. 资产负债表中，资产是按(　　)排列的。

A. 收益性　　B. 重要性

C. 流动性　　D. 时间性

3. “应收账款”科目所属明细科目如有贷方余额，应在资产负债表(　　)项目中反映。

A. “预付账款”　　B. “预收账款”

C. “应收账款”　　D. “应付账款”

4. 在利润表中，从利润总额中减去(　　)，得出净利润。

A. 应交所得税　　B. 利润分配数

C. 销售费用　　D. 所得税费用

5. 下列利润表项目中，主要根据科目的贷方发生额分析填列的是(　　)。

A. “营业收入”　　B. “营业税金及附加”

C.“销售费用” D.“管理费用”

二、多项选择题

1. 利润表中,应列入“营业税金及附加”项目中的税金有(　　)。

A. 增值税 B. 消费税

C. 城市维护建设税 D. 资源税

E. 教育费附加

2. 会计报表应当包括(　　)。

A. 资产负债表 B. 利润表

C. 现金流量表 D. 相关附表

E. 财务状况变动表

3. 构成营业利润的要素主要包括(　　)。

A. 营业收入 B. 营业成本

C. 营业税金及附加 D. 销售费用

E. 管理费用

4. 企业的对外报表有(　　)。

A. 资产负债表 B. 利润表

C. 现金流量表 D. 商品产品成本表

E. 利润分配表

5. 下列会计报表中,属于动态报表的有(　　)。

A. 资产负债表 B. 利润表

C. 现金流量表 D. 商品产品成本表

E. 利润分配表

三、业务分析题

1. 某一般纳税企业 2014 年 6 月发生下列经济业务:

(1)企业销售甲产品 1 000 件,每件售价 80 元,价税款已通过银行收讫。

(2)企业销售给红星厂乙产品 900 件,每件售价 50 元,但价税款未收到。

(3)结转已售甲、乙产品成本。其中,甲产品生产成本 65 400 元;乙产品生产成本 36 000 元。

(4)以银行存款支付本月销售甲、乙两种产品的销售费用 1 520 元。

(5)根据规定计算应交城市维护建设税 8 750 元。

(6)王明外出归来报销因公务出差的差旅费 350 元(原已预支 400 元)。

(7)以现金 1 000 元支付厂部办公费。

(8)企业收到红星厂前欠货款 45 000 元并存入银行。

(9)没收某单位逾期未退回包装物的包装物押金 6 020 元(作为营业外收入)。

(10)年初,用银行存款支付厂部全年材料仓库的租赁费 2 400 元,本月摊销(计入管理费用)。

(11)根据上述有关经济业务结转本期主营业务收入、营业外收入。

(12)根据上述有关经济业务结转本月主营业务成本、销售费用、主营业务税金及附加及管理费用。

(13)根据本期实现的利润总额,按 25%的税率计算应交所得税。

要求:根据上述经济业务,编制会计分录以及该企业当月的利润表,增值税税率为 17%(凡能确定二级或者明细账户名称的,应同时列明二级或者明细账户)。

2. 某企业 2014 年 5 月 31 日有关科目余额及方向如下表所示。

单位:元

科目名称	借方余额	贷方余额
应收账款	65 000	
坏账准备		500
预付账款	30 000	
原材料	34 000	
生产成本	56 000	
库存商品	85 000	
材料成本差异		2 000
长期待摊费用	800	
应付利息	4 000	
利润分配	1 725 000	
本年利润		210 000

要求:根据上述资料计算:

(1)资产负债表中“应收账款”项目的净额。

(2)资产负债表中“存货”项目的数额。

(3)资产负债表中“长期待摊费用”项目的数额。

(4)资产负债表中“未分配利润”项目的数额。

第十章 会计核算形式

学习目标

通过本章的学习，了解会计核算形式的意义和分类；理解记账凭证核算形式的特点、科目汇总表核算形式的特点、汇总记账凭证核算形式的特点；掌握记账核算形式的基本内容和优缺点、科目汇总核算形式的基本内容和优缺点、汇总记账凭证核算形式的基本内容和优缺点。

关键概念

会计核算形式　记账凭证核算形式　科目汇总表核算形式　汇总记账凭证核算形式

引导案例

现代信息技术的飞速发展给会计学科带来了前所未有的影响，不仅表现在数据处理工具和信息载体的巨大变革上，还表现在对会计方法、会计理论等方面的巨大冲击与挑战。

例如，信息技术对会计凭证的冲击。在传统手工方式下，记账凭证一般按照经济业务反映的经济内容划分为收款凭证、付款凭证和转账凭证三类，或者划分为现金收款凭证、银行存款收款凭证、现金付款凭证、银行存款付款凭证和转账凭证五类。这样可以分类了解经济业务，也便于事后查询各类经济业务，从而登记相应账簿。在现代会计电算化方式下，会计核算由计算机自动完成，查询也相当方便，所以，实际上也没有必要再划分得那么详细，只采用一种通用记账凭证即可，这样相当简便，不必在输入凭证时来回切换凭证类别，也不用手工编制凭证编号，一般会计软件会自动递增产生凭证编号。又如，在传统手工方式下，记账工作量相当大，不同账簿由不同人登记，而且总账与明细账存在重复登记现象，并且登账时必须遵循登账规则。但在信息技术下，所有的账可由一个人独立完成，记账速度相当快，反映信息及时、规范，有的记账规则不复存在，有的虽存在却发生了一些冲击，如记账时不能隔页跳行、字体的倾斜高度、结转次页等不复存在。受到冲击的还有本章将为大家介绍的会计核算形式。

思考：什么是会计核算形式？它包括哪些种类？

第一节　会计核算形式概述

一、会计核算形式的定义和意义

会计核算形式是指会计凭证、账簿、会计报表和记账程序相互结合的方式，也称会计核算组织程序、账务处理程序或者记账程序。不同的会计核算形式，规定了填制会计凭证、登记账簿、编制会计报表的不同步骤和方法。

由于各单位的规模大小、业务繁简各不相同，其凭证组织、账簿组织、记账程序和记账方式也有所区别，从而形成各种不同的会计核算形式。会计核算形式可以使会计数据的处理过程有条不紊地进行，确保会计记录正确、完整，会计信息相关、可靠；可以减少不必要的会计核算环节和手续，节约人力、物力和财力，提高会计工作效率；对会计核算工作的分工协作、责任划分，充分发挥会计工作的监督职能，也有重要意义。

二、会计核算形式的种类

会计核算形式一般有以下六种：

(1)记账凭证核算形式；

(2)科目汇总表核算形式；

(3)多栏式日记账核算形式；

(4)汇总记账凭证核算形式；

(5)日记总账核算形式；

(6)通用日记账核算形式。

六种会计核算形式的主要区别即各自的特点，主要表现在登记总账的依据和方法不同。

其共同点可以归纳为以下六个方面：

(1)将同类经济业务的原始凭证汇总编制成汇总原始凭证；

(2)根据原始凭证或汇总原始凭证编制记账凭证；

(3)根据记账凭证中的收款凭证和付款凭证登记现金日记账和银行存款日记账；

(4)根据原始凭证、汇总原始凭证和记账凭证登记有关的明细分类账；

(5)定期将日记账和明细分类账同总分类账进行核对；

(6)定期根据总分类账和明细分类账编制会计报表。

第二节 记账凭证核算形式

一、记账凭证核算形式的特点

记账凭证核算形式是指对发生的经济业务事项，都要根据原始凭证或汇总原始凭证编制记账凭证，然后直接根据记账凭证逐笔登记总分类账的一种核算形式。它是会计核算中最基本的一种核算形式。

二、记账凭证核算形式下凭证、账簿的格式及设置

(一)凭证设置

采用记账凭证会计核算组织程序时，记账凭证的设置有两种方式：

(1)采用通用记账凭证。所有经济业务发生后都编制此种记账凭证。

(2)采用专用记账凭证。可以采用收款凭证、付款凭证和转账凭证三种格式。经济业务发生后，根据经济业务的性质分别编制不同的记账凭证。

(二)账簿设置

采用记账凭证会计核算组织程序一般应该设置以下账簿：

(1)日记账。主要是库存现金日记账、银行存款日记账，一般采用三栏式格式的订本账。

(2)明细分类账。明细分类账应根据单位经济业务的性质和管理的需要而确定，一般采用三栏式、数量金额式、多栏式等格式的活页账或卡片账。

(3)总分类账。总分类账按规定的会计科目开设账户，一般采用三栏式格式的订本账。

三、记账凭证核算形式的账务处理程序

(1)根据原始凭证编制汇总原始凭证。

(2)根据原始凭证或汇总原始凭证编制收款凭证、付款凭证和转账凭证。如果企业业务较少，也可编制通用记账凭证。

(3)根据收款凭证、付款凭证逐笔登记库存现金日记账和银行存款日记账。

(4)根据原始凭证、汇总原始凭证和记账凭证，登记各种明细分类账。

(5)直接根据记账凭证逐笔登记总分类账。

(6)期末，将库存现金日记账、银行存款日记账和明细分类账的余额与有关总分类账的余额核对相符。

(7)期末，根据总分类账和明细分类账的记录，编制会计报表。

记账凭证核算形式的财务处理程序如图 10－1 所示。

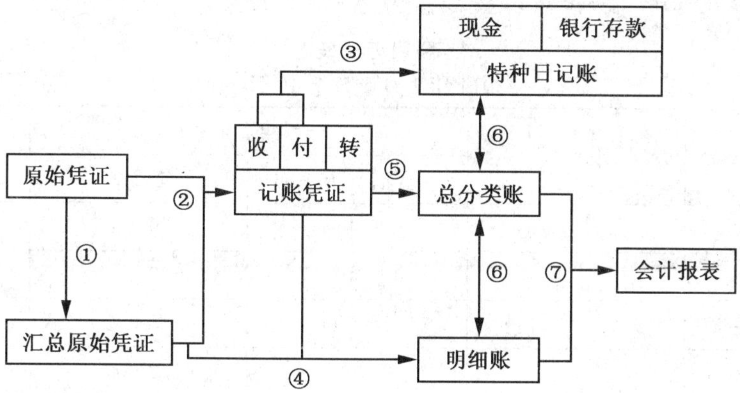

图 10—1　记账凭证核算形式

四、记账凭证核算形式的优缺点及其适用范围

记账凭证核算形式的优点是简单明了，核算手续简便，层次清楚、便于查账。这是由于省去了编制记账凭证的汇总工作，而且对于一些不经常发生经济业务的账户，可省去设置明细账，只需在总账的摘要栏中说明经济业务的主要内容，从而简化了记账工作。总分类账还较详尽地反映了全部经济业务内容，账户的对应关系和经济业务的来龙去脉比较清晰，便于查账和用账。记账凭证核算形式的缺点主要是登记总分类账的工作量较大，而且不便于对会计工作进行分工。记账凭证核算形式一般适用于规模较小、经济业务较少、凭证不多的单位。

第三节　科目汇总表核算形式

一、科目汇总表核算形式的特点

科目汇总表核算形式是定期将所有记账凭证汇总编制成科目汇总表，然后再根据科目汇总表登记总分类账为主要特点的一种核算形式。

二、科目汇总表核算形式下凭证、账簿的格式及设置

采用这种核算形式，其会计凭证和账簿设置与记账凭证核算形式基本相同。

三、科目汇总表的编制方法

科目汇总表的基本编制方法，是将一定时期的全部记账凭证，按照相同科目的借方和贷方归类，定期汇总每一会计科目的借方本期发生额和贷方本期发生额，填写在一张科目汇总表

上，再据以登记总分类账。具体如表10—1、表10—2所示。

表10—1　　科目汇总表

2014年1月1日至10日　　第×号　　单位：元

会计科目	账页	本期发生额		记账凭证起讫号数
		借方	贷方	
库存现金		60 440	59 400	
银行存款		165 400	107 600	
应收账款		58 500	15 000	
其他应收款		2 000	2 000	
物资采购		11 700	33 000	
原材料		33 000		
短期借款				
应付账款		23 400	60 000	
应付职工薪酬		56 800		
应交税费		5 400		
主营业务收入			148 900	
销售费用		295		
管理费用		1 865		
财务费用		7 100		
合计		425 900	425 900	

复核：　　记账：　　制表：

表10—2　　总分类账

会计科目：银行存款　　单位：元

2014年		凭证号数	摘要	借方	贷方	借或贷	余额
月	日						
1	1		月初余额			借	20 000
	10	科汇×号	1日至10日发生额	165 400	107 600	借	77 800
	20	科汇×号	11日至20日发生额	26 600	36 400	借	68 000
	31	科汇×号	21日至31日发生额	19 000	25 000	借	62 000
	31		本月发生额及余额	211 000	169 000	借	62 000

复核：　　记账：　　制表：

四、科目汇总表核算形式的账务处理程序

(1)根据原始凭证或原始凭证汇总表，编制收款凭证、付款凭证和转账凭证，或通用格式记

账凭证。

(2)根据收款凭证、付款凭证，逐笔顺序登记现金日记账和银行存款日记账。

(3)根据记账凭证，结合有关原始凭证或原始凭证汇总表，逐笔登记各种明细分类账。

(4)根据记账凭证，定期编制科目汇总表。

(5)根据科目汇总表，登记总分类账。

(6)月末，将现金日记账、银行存款日记账和明细分类账的余额与对应的总分类账的余额互相核对。

(7)根据总分类账、明细分类账和其他有关资料，编制会计报表。

科目汇总表核算形式的账务处理程序如图 10－2 所示。

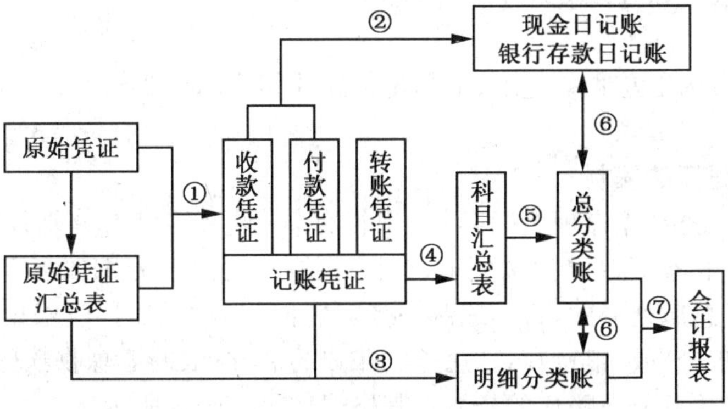

图 10—2　科目汇总表核算形式

五、科目汇总表核算形式的优缺点及其适用范围

根据科目汇总表登记总分类账，大大简化了登记总账工作量，而且通过科目汇总表的编制，可以根据各科目本期借、贷方发生额的合计数进行试算平衡，及时发现并纠正记账过程中的差错，从而保证记账工作的质量。但科目汇总表不分对应科目进行汇总，反映不出账户的对应关系和经济业务的来龙去脉，不便于对经济业务进行分析和检查，不利于查账。

科目汇总表核算形式一般适用于规模较大、经济业务较多的单位。

第四节　汇总记账凭证核算形式

一、汇总记账凭证核算形式的特点

汇总记账凭证核算形式是定期将所有记账凭证汇总编制成汇总记账凭证，然后再根据汇总记账凭证登记总分类账为主要特点的一种核算形式。

二、汇总记账凭证核算形式下凭证、账簿的格式及设置

采用这种核算形式，除仍应设置收款凭证、付款凭证和转账凭证外，还要设置汇总收款凭证、汇总付款凭证和汇总转账凭证，在各种汇总记账凭证中都要求反映账户的对应关系。由于汇总记账凭证反映了账户的对应关系，为使总分类账的内容与各种汇总记账凭证相一致，总分类账所采用的借、贷、余三栏式中的借、贷两栏应设有"对方科目"专栏的格式，以便于清晰反映科目之间的对应关系。其日记账、明细账的设置与记账凭证核算程序基本相同。

三、汇总记账凭证的编制方法

汇总记账凭证分为汇总收款凭证、汇总付款凭证和汇总转账凭证三种格式。

(一)汇总收款凭证的编制

汇总收款凭证，是按"库存现金"科目、"银行存款"科目的借方分别设置，定期(如5天或10天)将这一期间内的全部现金收款凭证、银行存款收款凭证，分别按与设置科目相对应的贷方科目加以归类、汇总填列一次，每月编制一张。登记总分类账时，应根据汇总收款凭证上的合计数，记入"库存现金"或"银行存款"总分类账户的借方；根据汇总收款凭证上各贷方科目的合计数，分别记入有关总分类账户的贷方。其格式如表10—3所示。

表10—3 汇总收款凭证

借方科目： 年 月 汇收字第 号

贷方科目	金额				总账账页
	1～10日	11～20日	21～31日	合计	
合计					

(二)汇总付款凭证的编制

汇总付款凭证，是按"库存现金"科目、"银行存款"科目的贷方分别设置，定期(如5天或10天)将这一期间内的全部现金付款凭证、银行存款付款凭证，分别按与设置科目相对应的借方科目加以归类、汇总填列一次，每月编制一张。月终时，结算出汇总付款凭证的合计数，据以登记总分类账。登记总分类账时，根据汇总付款凭证的合计数，记入"库存现金""银行存款"总分类账户的贷方；根据汇总付款凭证内各借方科目的合计数，记入相应总分类账户的借方。其格式如表10—4所示。

表 10—4　　　　汇总付款凭证

贷方科目：　　　　年　　月　　　　汇付字第　号

借方科目	金　额				总账账页
	1～10 日	11～20 日	21～31 日	合　计	
合　计					

(三)汇总转账凭证的编制

汇总转账凭证，习惯上，按照贷方科目设置，通常是按照除“库存现金”“银行存款”以外的每一科目的贷方分别设置，定期将这一期间内的全部转账凭证，按与设置科目相对应的借方科目加以归类、汇总填列一次，每月编制一张。其格式如表 10—5 所示。

表 10—5　　　　汇总转账凭证

贷方科目：　　　　年　　月　　　　汇转字第　号

贷方科目	金　额				总账账页
	1～10 日	11～20 日	21～31 日	合　计	
合　计					

四、汇总记账凭证核算形式的账务处理程序

(1)根据原始凭证，编制汇总原始凭证。

(2)根据原始凭证或汇总原始凭证，编制收款凭证、付款凭证和转账凭证，也可采用通用的记账凭证。

(3)根据收款凭证和付款凭证，逐笔登记库存现金日记账和银行存款日记账。

(4)根据原始凭证、汇总原始凭证和记账凭证，登记各种明细分类账。

(5)根据记账凭证，编制有关汇总记账凭证，包括汇总收款凭证、汇总付款凭证和汇总转账凭证。转账业务不多的企业，可不填制汇总转账凭证，直接根据转账凭证登记总分类账。

(6)根据汇总记账凭证，登记总分类账。

(7)期末，将库存现金日记账、银行存款日记账和明细分类账的余额同有关总分类账的余额核对相符。

(8)期末，根据总分类账和明细分类账，编制会计报表。

汇总记账凭证核算形式的账务处理程序如图 10－3 所示。

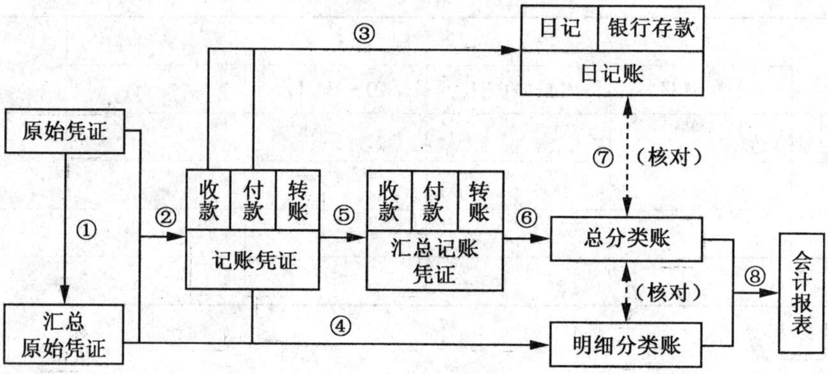

图 10－3　汇总记账凭证核算形式

五、汇总记账凭证核算形式的优缺点和适用范围

汇总记账凭证核算形式是根据汇总记账凭证月终一次登记总分类账的，从而大大减轻了登记总账的工作量；同时，汇总记账凭证是按照会计科目的对应关系编制的，清晰地反映了经济业务的来龙去脉，总分类账也反映了账户的对应关系，便于查账。但是，这种核算形式的汇总转账凭证是按每一贷方科目而不是按经济业务性质归类、汇总的，不利于日常核算工作的合理分工。同时，编制汇总记账凭证的工作量也较大。

汇总记账凭证核算形式适用于规模较大、经济业务较多、管理要求总分类核算提供详细资料的大型会计单位。

综上，三种核算形式的比较如表 10－6 所示。

表 10－6　三种核算形式的比较

核算形式	优　点	缺　点	适用范围
记账凭证核算形式	直接根据记账凭证登记总账，简单明了，易于理解，总分类账可以较详细地反映经济业务的发生情况	登记总分类账的工作量较大。对于经济业务较多、经营规模较大的企业，总分类账的登记工作过于繁重	适用于规模较小、经济业务较少的单位
科目汇总表会计核算形式	可以简化总分类账的登记工作，减轻了登记总分类账的工作量，并可做到试算平衡，简明易懂，方便易学	科目汇总表不能反映账户对应关系，不便于查对账目	适用于经济业务较多的单位
汇总记账凭证会计核算形式	减轻了登记总分类账的工作量，便于了解账户之间的对应关系	按每一贷方科目编制汇总转账凭证，不利于会计核算的日常分工，当转账凭证较多时，编制汇总转账凭证的工作量较大	适用于规模较大、经济业务较多的单位

知识拓展 10—1

在手工会计方式下，会计核算形式主要有记账凭证核算形式、科目汇总表核算形式、汇总记账凭证核算形式、多栏式日记账核算形式等，其主要区别在于登记总账的依据不同。无论采用哪一种核算形式，其共同特点都是“平行登记”，即来源于记账凭证的会计信息总是同方向、同金额、同会计期间记录于总账和明细账中，这样重复记录、抄写的工作量较大，很容易出现数据错误和数据舞弊。

在会计电算化方式下，主要采用记账凭证核算形式，即直接根据凭证登记总账，因为计算机速度相当快，而且准确可靠。会计数据处理主要借助会计软件完成，具有数据处理的集中化和自动化的特点。在电算化系统中，整个核算流程分为输入、核算和输出三个环节，首先将分散于手工会计各个核算岗位的会计数据输入计算机，此后的各种数据处理工作都由计算机按照会计软件的要求自动完成，不受人工干预。从输入会计凭证到输出会计报表，一气呵成，一切中间环节都在计算机内自动处理，而需要的任何中间资料都可以通过系统提供的查询功能得到处理。

本章小结

会计核算形式一般有以下六种：(1)记账凭证核算形式；(2)科目汇总表核算形式；(3)汇总记账凭证核算形式；(4)多栏式日记账核算形式；(5)日记总账核算形式；(6)通用日记账核算形式。

记账凭证核算形式的特点：对发生的经济业务事项，要根据原始凭证或汇总原始凭证编制记账凭证，然后直接根据记账凭证逐笔登记总分类账。

科目汇总表核算形式的特点：根据记账凭证定期归类、汇总，编制科目汇总表，然后根据科目汇总表编制总分类账。

汇总记账凭证核算形式的特点：根据原始凭证或者汇总原始凭证编制记账凭证，根据记账凭证定期编制汇总记账凭证，再根据汇总记账凭证登记总分类账。

本章习题

一、单项选择题

1. 各种会计核算形式的主要区别在于(　　)。

A. 填制会计凭证的依据和方法不同　　B. 编制会计报表的依据和方法不同

C. 登记明细账的依据和方法不同　　D. 登记总账的依据和方法不同

2. 记账凭证核算形式下，登记总分类账的根据是(　　)。

A. 记账凭证　　B. 汇总记账凭证

C. 科目汇总表　　D. 原始凭证

3. 汇总记账凭证核算形式下，总分类账账页格式一般采用(　　)。

A. 三栏式　　B. 多栏式

C. 数量金额式　　D. 设有“对应科目”栏的三栏式

4. 科目汇总表是依据(　　)编制的。
A. 记账凭证　　B. 原始凭证
C. 原始凭证汇总表　　D. 各种总账
5. 以下项目中,属于科目汇总表核算形式缺点的是(　　)。
A. 增加了会计核算形式程序　　B. 增加了登记总分类账的工作量
C. 不便于检查核对项目　　D. 不便于进行试算平衡

二、多项选择题

1. 记账凭证核算形式的优点有(　　)。
A. 在记账凭证上能够清晰地反映账户之间的对应关系
B. 在总分类账上能够比较详细地反映经济业务的发生情况
C. 总分类账登记方法易于掌握
D. 可以减轻总分类账登记的工作量
E. 账页耗用较少
2. 科目汇总表核算形式的优点有(　　)。
A. 可以进行账户发生额的试算平衡
B. 可以减轻登记总账的工作量
C. 能够保证总分类账登记的正确性
D. 适用性比较强
E. 可清晰地反映账户之间的对应关系
3. 汇总记账凭证核算形式的优点有(　　)。
A. 在汇总记账凭证上能够清晰地反映账户之间的对应关系
B. 不必再填制各种专有记账凭证
C. 可以大大减少登记总分类账的工作量
D. 定期编制汇总记账凭证的工作量比较小
E. 对汇总过程中存在的错误能够及时发现
4. 所有核算形式在做法上的相同点有(　　)。
A. 根据各种记账凭证直接逐笔登记总分类账
B. 根据各种记账凭证直接逐笔登记库存现金日记账
C. 根据各种记账凭证直接逐笔登记明细分类账
D. 根据各种分类账簿的记录资料编制会计报表
E. 根据各种记账凭证直接逐笔登记银行存款日记账
5. 为了便于编制汇总收款凭证,日常编制收款凭证时,分录形式最好是(　　)。
A. 一借一贷　　B. 一借多贷
C. 多借一贷　　D. 多借多贷
E. 多借两贷

三、简答题

1. 什么是记账凭证核算形式?这种核算形式有哪些优点?
2. 什么是科目汇总表核算形式?这种核算形式有哪些优点?
3. 什么是汇总记账凭证核算形式?简述其账务处理程序。

第十一章　会计机构和会计岗位

学习目标

通过本章的学习，了解会计机构的设置；了解会计人员岗位职责。

关键概念

会计机构　会计规范　会计岗位

引导案例

财务是一个专业性极强的领域，很多中小企业创业的起步阶段大多会在这个领域碰壁，原因有很多，重要的则是自身财务体系的建设不完善。选择将财务外包就成为许多中小企业的选择，因此代理记账也逐渐成了时下主要的企业外包服务内容。在会计代理行业中，美国可以说是开创者，印度也凭借第三次技术革命"华丽转身"，占据大部分会计代理市场。2011 年 10 月 31 日上海金融报发表的《金融服务外包谋变》一文中指出，据统计，目前全国的金融服务外包市场份额为 1.2 亿元，而中国占据的份额还非常小，发展空间和潜力很大。对于会计代理市场，我国也有相应的法律规范，如 2005 年 1 月 22 日财政部颁布的第 27 号令《代理记账管理办法》。代理记账一般是指代理记账公司为委托代理的企业建账、记账、编制财务报表、国地税的纳税申报、代理工商年检、税务登记、企业所得税汇算清缴、财税咨询、纳税筹划、整理错乱账、完善企业内部财务管理制度等方面的会计服务。《会计法》第二十一条规定，是否单独设置会计机构由各单位根据自身会计业务的需要自主决定。但从企业长远发展来看，建立健全会计机构，配备与工作要求相适应、具有一定素质和数量的会计人员，是做好会计工作、充分发挥会计职能作用的重要保证。

思考：会计机构包括哪些？会计人员的岗位是如何设置的？

第一节　会计机构

一、会计机构的设置

《会计法》第三十六条第一款规定："各单位应当根据会计业务的需要，设置会计机构，或者在有关机构中设置会计人员并指定会计主管人员；不具备设置条件的，应当委托经批准设立从事会计代理记账业务的中介机构代理记账。”

（1）根据业务需要设置会计机构。

①实行企业化管理的事业单位，大、中型企业（包括集团公司、股份有限公司、有限责任公司等），应当设置会计机构。

②业务较多的行政单位、社会团体和其他组织也应设置会计机构。

③对那些规模很小的企业、业务和人员都不多的行政事业单位等，可以不单独设置会计机构。

（2）不设置会计机构的单位应设置会计人员并指定会计主管人员。

《会计法》规定，不单独设置会计机构的单位，应当“在有关机构中设置会计人员并指定会计主管人员”。

“会计主管人员”是《会计法》中的一个特指概念，不同于通常所说的“会计主管”“主管会计”“主办会计”等，而是指负责组织管理会计事务、行使会计机构负责人职权的负责人。

《会计法》规定应在会计人员中指定会计主管人员，目的是强化责任制度，防止出现会计工作无人负责的局面。

（3）对于不具备设置会计机构条件的单位，应当委托中介机构代理记账。

二、代理记账

（一）代理记账的概念

代理记账是指从事代理记账业务的社会中介机构接受委托人的委托办理会计业务。委托人是指委托代理记账机构办理会计业务的单位。代理记账机构是指从事代理记账业务的中介机构。

（二）代理记账的基本要求

1. 代理记账机构具备的条件

在我国从事代理记账业务的机构应具备下列条件：有3名以上持有会计从业资格证书的专职从业人员；同时聘用一定数量相同条件的兼职人员；主管代理记账业务的负责人具有会计师以上专业技术职务资格；有健全的代理记账业务规范和财务会计管理制度；机构的设立依法经过工商行政管理部门或者其他管理部门核准登记。申请成立除会计师事务所以外的代理记账机构，必须经过所在地的县级以上人民政府财政部门审查批准，并领取由财政部统一印制的代理记账许可证书，才能从事代理记账业务。

2. 代理记账的业务范围

（1）根据委托人提供的原始凭证和其他资料，按照国家统一的会计制度的规定进行会计核算，包括审计原始凭证、填制记账凭证、登记会计账簿、编制财务会计报告等。

（2）对外提供财务会计报告。经代理机构负责人和委托人签名并盖章后，才能对外提供。

（3）向税务机关提供税务资料。

（4）委托人委托的其他会计业务。

3. 代理记账机构与委托人的关系

委托人与代理记账机构应当签订合同，明确双方的权利、义务，合同应载附以下内容：委托人、代理记账机构对会计资料真实性、完整性承担责任；明确会计凭证传递程序和签收手续；编制和提供财务会计报告的要求；会计档案保管的要求；双方终止合同应办理的会计交接事宜。

4. 委托代理记账的委托人的义务

(1)对本单位发生的经济业务事项，应当填制或者取得符合国家统一的会计制度规定的原始凭证。

(2)应当配备专人负责日常货币收支和保管。

(3)及时向代理记账机构提供真实、完整的原始凭证和其他相关资料。

(4)对于代理记账机构退回的要求按照国家统一的会计制度规定进行更正、补充的原始凭证，应当及时予以更正、补充。

5. 代理记账机构及其从业人员的义务

(1)按照委托合同办理代理记账业务，遵守有关法律、行政法规和国家统一的会计制度的规定。

(2)对在执行业务中知悉的商业秘密应当保密。

(3)对委托人示意其做出不当的会计处理应予以回避。

(4)对委托人提出的有关会计处理原则问题应当予以解释。

第二节　会计人员

会计人员是指从事会计工作的专职人员。在我国，会计人员按职权划分主要有总会计师、会计机构负责人、会计主管人员、一般会计；按照专业技术职务划分为高级会计师、中级会计师、初级会计师。

一、会计机构负责人(会计主管人员)的任职资格

(一)会计机构负责人(会计主管人员)的设置

会计机构负责人(会计主管人员)，是指在一个单位内具体负责会计工作的中层领导人员。在设置会计机构的情况下，这位负责人就是会计机构负责人；而在有关机构设置会计人员的情况下，被指定为会计主管人员的人就是负责人。

(二)会计机构负责人(会计主管人员)的任职资格和任职条件

会计机构负责人(会计主管人员)的任职资格和条件应当包括以下主要内容：

1. 政治素质

要求会计机构负责人(会计主管人员)遵纪守法，坚持原则，廉洁奉公，具备良好的职业道德。

2. 专业技术资格条件和工作经历

担任单位会计机构负责人(会计主管人员)的，除取得会计从业资格证书外，还应当具备会计师以上专业技术职务资格或者从事会计工作3年以上经历。

3. 政策业务水平

要求熟悉国家财经法律、法规、规章制度，掌握财务会计理论及本行业的业务管理知识。

4. 组织能力

不仅要求自己是会计工作的行家里手，还要能领导和组织好本单位的会计工作。

5. 身体条件

必须具备良好的身体素质，才能适应和胜任本职工作。

二、会计从业资格管理制度

《会计法》第三十八条第一款和第三款规定："从事会计工作的人员，必须取得会计从业资格证书。""会计人员从业资格管理办法由国务院财政部门规定。"《会计从业资格管理办法》于2005年1月22日颁布，自2005年3月1日起施行。

（一）会计从业资格管理的基本要求

《会计从业资格管理办法》规定，各单位不得任用（聘用）不具备会计从业资格证书的人员从事会计工作，还规定"因有提供虚假财务会计报告，做假账，隐匿或者故意销毁会计凭证、会计账簿、财务会计报告，贪污，挪用公款，职务侵占等与会计职务有关的违法行为，被依法追究刑事责任的人员不得参加会计从业资格考试，不得取得或者重新取得会计从业资格证书"。"有《会计法》第四十二条、第四十三条、第四十四条所列违法情形之一，被依法吊销会计从业资格证书的人员，自被吊销之日起5年内（含5年）不得参加会计从业资格考试，不得重新取得会计从业资格证书。"

（二）会计从业资格管理制度的基本内容

1. 会计从业资格的适用范围

在国家机关、社会团体、公司、企业、事业单位和其他组织从事下列会计工作的人员（包括香港特别行政区、澳门特别行政区、台湾地区人员及外籍人员在中国大陆境内从事会计工作的人员），必须取得会计从业资格，持有会计从业资格证书，具体包括：(1)会计机构负责人（会计主管人员）；(2)出纳；(3)稽核；(4)资本、基金核算；(5)收入、支出、债权债务核算；(6)工资、成本费用、财务成果核算；(7)财产物资的收发、增减核算；(8)总账；(9)财务会计报告编制；(10)会计机构内会计档案管理。

2. 会计从业资格的取得

(1)会计从业资格的取得实行考试制度

考试科目为：财经法规与职业道德、会计基础、初级电算化（或者珠算）。考试大纲由财政部统一制定并公布，各地负责组织实施从业资格考试，体现统一领导、分级管理。

(2)会计从业资格报名条件

遵守会计和其他财经法律、法规；具备良好的道德品质；具备会计专业基础知识和技能。

(3)会计从业资格部分考试科目免试条件

申请人具备报考条件并取得国家教育行政主管部门认可的中专以上（含中专）会计类专业学历的，自毕业之日起2年内（含2年），可免试会计基础、初级电算化。

会计类专业包括会计学、会计电算化、注册会计师专门化、审计学、财务管理、理财学。

3. 会计从业资格证书管理

(1)上岗注册登记

持证会计人员从事会计工作，应当自从事会计工作之日起 90 日内，填写注册登记表，并持会计从业资格证书和所在单位出具的从事会计工作的证明，向单位所在地或所属部门、系统的会计从业资格管理机构办理注册登记。

(2)离岗备案

持证会计人员离开会计工作岗位超过 6 个月的，应当填写注册登记表，并持会计从业资格证书，向原注册登记的会计从业资格管理机构备案。

(3)调转登记

持证会计人员在同一会计从业资格管理机构管辖范围办调转工作单位，且继续从事会计工作的，应当自离开原工作单位之日起 90 日内，填写调转登记表。

持证会计人员在不同会计从业资格管理机构管辖范围调转工作单位，且继续从事会计工作的，应当填写调转登记表，持有会计从业资格证书，及时向原注册登记的会计从业资格管理机构办理调出手续；并自办理调出手续之日起 90 日内，持会计从业资格证书、调转登记表和调入单位开具的从事会计工作证明，向调入单位所在地区的会计从业资格管理机构办理调入手续。

(4)变更登记

持证会计人员的学历或学位、会计专业技术职务资格等发生变更的，可以持相关有效证明和会计从业资格证书，向所属会计从业资格管理机构办理从业档案信息变更登记。

(三)会计从业资格的管理部门

会计从业资格的管理，主要实行属地原则，由县级以上地方人民政府部门负责本行政区域内的会计从业资格管理。

三、持证会计人员继续教育

(一)持证会计人员继续教育的概念和特点

(1)持证会计人员继续教育，是指取得会计从业资格的人员，为不断提高和保持其专业胜任能力和职业道德水平，持续地接受一定形式的、有组织的理论知识、专业技能和职业道德的教育和培训活动。

(2)持证会计人员继续教育的特点主要有针对性、适应性、灵活性。

①针对性。即针对不同对象确定不同的教育内容，采取不同的教育方式，解决实际问题。

②适应性。即联系实际工作需要，学以致用。

③灵活性。即继续教育培训内容、方法、形式等方面具有灵活性。

(二)持证会计人员继续教育的内容和形式

持证会计人员继续教育的形式包括接受培训和自学两种。

接受培训主要包括：

(1)财政部门会计管理机构组织的培训及批准的培训单位组织的培训;
(2)省级以上业务主管部门举办的业务培训;
(3)正在普通院校或成人院校接受国家承认的会计专业学历教育;
(4)财政部门会计管理机构认可的其他形式。

自学的形式多种多样,如参加普通高等院校或成人院校会计、审计、财务管理、理财学、会计电算化、注册会计师专门化等国家承认的相关专业学历教育等。

(三)持证会计人员继续教育的学时要求

持证会计人员应当接受继续教育,每年接受培训(面授)的时间累计不得少于 24 小时。

四、会计专业职务和会计专业技术资格

(一)会计专业职务

会计专业职务分为高级会计师、会计师、助理会计师和会计员。

(二)会计专业技术资格

会计专业技术资格分为初级资格、中级资格和高级资格三个级别,分别对应助理会计师或会计员、会计师和高级会计师。

初级、中级会计资格的取得实行全国统一考试制度;高级会计师资格的取得实行考试与评审相结合制度。

五、会计工作岗位设置

(一)会计工作岗位设置的基本要求

财政部门发布的《会计基础工作规范》,对会计人员配备、会计岗位设置的原则做了规定,如"会计工作岗位,可以一人一岗、一人多岗或者一岗多人",为各单位配备会计人员、建立岗位责任制提供了基本依据。

(二)会计机构内部稽核制度和内部牵制制度

《会计法》第三十七条规定:"会计机构内部应当建立稽核制度。出纳人员不得兼任稽核、会计档案保管和收入、支出、费用、债权债务账目的登记工作。"

1. 内部稽核制度

内部稽核制度是内部控制制度的重要组成部分。内部稽核制度不同于内部审计制度,前者是会计机构内部的一种工作制度;后者是单位在会计机构之外另行设置的内部审计机构或者审计人员对会计工作进行再检查的一种制度。

内部稽核制度主要包括:
(1)审核财务、成本、费用、会计报表的方法等。
(2)审核实际发生的经济业务或财务收支是否符合现行法律、法规、规章制度的规定。
(3)审核会计凭证、会计账簿、财务会计报告和其他会计资料的内容是否真实、完整,计算

是否正确，手续是否齐全，是否符合有关法律、法规、规章和制度的规定。

(4)审核各项财产物资的增减变动和结存情况，并与账面记录进行核对，确定账实是否相符。

2. 内部牵制制度

内部牵制制度，也称钱账分管制度，是内部控制制度的重要组成部分。

六、会计人员回避制度

(1)国家机关、国有企业、事业单位任用会计人员应当实行回避制度。

(2)单位负责人的直系亲属不得担任本单位的会计机构负责人、会计主管人员。

(3)会计机构负责人、会计主管人员的直系亲属不得在本单位会计机构中担任出纳工作。

(4)需要回避的直系亲属包括夫妻关系、直系血亲关系、三代以内旁系血亲以及近姻亲关系。

七、会计人员工作交接

(一)会计人员工作交接的概念及意义

1. 会计工作人员交接的概念

一般会计人员办理交接手续，由会计机构负责人(会计主管人员)监交；会计机构负责人(会计主管人员)办理交接手续，由单位负责人监交，必要时主管单位可以派人会同监交。

2. 会计人员工作交接的意义

(1)做好会计交接工作，可以使会计工作前后衔接，保证会计工作连续进行。

(2)做好会计交接工作，可以防止账目不清、财务混乱等现象发生。

(3)做好会计交接工作，是明确经济责任的有效措施。

(二)需要办理会计工作交接的情况

(1)临时离职或因病不能工作，需要接替或代理的，会计机构负责人(会计主管人员)或单位负责人必须指定专人接替或代理，并办理会计工作交接手续。

(2)临时离职或因病不能工作的会计人员恢复工作时，应当与接替或代理人员办理交接手续。

(3)移交人员因病或其他特殊原因不能亲自办理移交手续的，经单位负责人批准，可由移交人委托他人代办交接，但委托人应当对移交人的会计凭证、会计账簿、财务会计报告和其他有关资料的真实性、完整性承担法律责任。

(三)办理会计工作交接的基本程序

1. 交接前的准备工作

(1)已经受理的经济业务尚未填制会计凭证的应当填制完毕。

(2)尚未登记的账目应当登记完毕，结出余额，并在最后一笔余额后加盖经办人印章。

(3)整理好应该移交的各项资料，对未了事项和遗留问题要写出书面说明材料。

(4)编制移交清册，列明应该移交的会计凭证、会计账簿、财务会计报告、公章、现金、有价证券、支票簿、发票、文件、其他会计资料和物品等内容；实行会计电算化的单位，从事该项工作的移交人员应在移交清册上列明会计软件及密码、会计软件数据盘、磁带等内容。

(5)会计机构负责人(会计主管人员)移交时，应将财务会计工作、重大账务收支问题和会计人员的情况等向接替人员介绍清楚。

2. 移交点收

移交人员离职前，必须将本人经管的会计工作，在规定的期限内全部向接管人员移交清楚。接管人员应认真按照移交清册逐项点收。

现金要根据会计账簿记录余额进行当面点交，不得短缺，接替人员发现不一致或"白条抵库"现象时，由移交人员在规定期限内负责查清处理。

有价证券的数量要与会计账簿记录一致，有价证券面额与发行价不一致时，按照会计账簿余额交接。

会计凭证、会计账簿、财务会计报告和其他会计资料必须完整无缺，不得遗漏。如有短缺，必须查清原因，并在移交清册中加以说明，由移交人负责。

银行存款账户余额要与银行对账单核对相符，如有未达账项，应编制"银行存款余额调节表"调节相符；各种财产物资和债权债务的明细账户余额，要与总账有关账户的余额核对相符；对重要实物要实地盘点，对余额较大的往来账户要与往来单位、个人核对。

公章、收据、空白支票、发票、科目印章以及其他物品等必须交接清楚。

实行会计电算化的单位，交接双方应在电子计算机上对有关数据进行实际操作，确认有关数字正确无误后方可交接。

3. 专人负责监交

对监交的具体要求是：

(1)一般会计人员办理交接手续，由会计机构负责人(会计主管人员)监交。

(2)会计机构负责人(会计主管人员)办理交接手续，由单位负责人监交，必要时主管单位可以派人会同监交。

通常有三种情况：一是所属单位负责人不能监交，需要由主管单位派人代表主管单位监交。二是所属单位负责人拖延监交，需要由主管单位派人督促监交。三是不宜由所属单位负责人单独监交，而需要主管单位会同监交。

此外，主管单位认为交接中存在某种问题需要派人监交时，也可派人会同监交。

4. 交接后的有关事宜

(1)会计工作交接完毕后，交接双方和监交人应在移交清册上签名或盖章，并应在移交清册上注明：单位名称，交接日期，交接双方和监交人的职务、姓名，移交清册页数以及需要说明的问题和意见等。

(2)接管人员应继续使用移交前的账簿，不得擅自另立账簿，以保证会计记录前后衔接，内容完整。

(3)移交清册一般应填制一式三份，交接双方各执一份，存档一份。

(四)移交后的责任

即便接替人员在交接时因疏忽没有发现所接会计资料在合法性、真实性方面的问题而在事后发现，仍应由原移交人员负责，原移交人员不得以会计资料已移交而推脱应负的责任。

八、总会计师的设置及职责权限

《会计法》第三十六条第二款规定："国有的和国有资产占控股地位或者主导地位的大、中型企业必须设置总会计师。总会计师的任职资格、任免程序、职责权限由国务院规定。"

(一)总会计师的设置范围

(1)大、中型企业必须设置总会计师。

(2)《会计法》不限制其他单位根据需要设置总会计师。

(二)总会计师的地位

为了保障总会计师的职权，《总会计师条例》还规定，凡设置总会计师的单位不能再设置与总会计师职责重叠的副职。

(三)总会计师的任职条件

一是坚持社会主义方向；二是坚持原则、廉洁奉公；三是取得会计师专业技术资格后，主管一个单位或者单位内部一个重要方面的财务会计工作的时间不少于 3 年；四是要有较高的理论政策水平；五是具备本行业的基本业务知识；六是身体健康。

(四)总会计师的职责

根据《总会计师条例》的规定，总会计师的职责主要包括两个方面：一是由总会计师负责组织的工作；二是由总会计师协助、参与的工作。

(五)总会计师的权限

根据《总会计师条例》的规定，总会计师有以下权限：一是对违法违纪问题的制止和纠正权。二是建立、健全单位经济核算的组织指挥权。三是对单位财务收支具有审批签署权。四是有对本单位会计人员的管理权，包括本单位会计机构设置、会计人员配备、继续教育、考核、奖惩等。

知识拓展 11—1

1. 中国注册会计师协会

中国注册会计师协会(简称"中注协")成立于 1988 年 11 月，是在财政部党组和理事会领导下开展行业管理和服务的法定组织，依据《注册会计师法》和《社会团体登记条例》的有关规定设立。承担着《注册会计师法》赋予的职能、财政部党组委托和财政部领导交办的职能，以及协会章程规定的职能，已拥有团体会员 5 000 多家，个人会员 13 万多人，其中，执业会员约 6.5 万人，非执业会员 7 万多人。中国注册会计师协会分别于 1996 年 10 月和 1997 年 5 月加入亚太会计师联合会和国际会计师联合会，并与 50 多个境外会计师职业组织建立了友好合作和交往关系。

中国注册会计师协会最高权力机构为全国会员代表大会,全国会员代表大会选举产生理事会。理事会选举产生会长、副会长、常务理事会,理事会设若干专门委员会和专业委员会。常务理事会在理事会闭会期间行使理事会职权。协会下设秘书处,为其常设执行机构。

主要职责是:(1)审批和管理本会会员,指导地方注册会计师协会办理注册会计师注册;(2)拟定注册会计师执业准则、规则,监督、检查实施情况;(3)组织对注册会计师的任职资格、注册会计师和会计师事务所的执业情况进行年度检查;(4)制定行业自律管理规范,对违反行业自律管理规范的行为予以惩戒;(5)组织实施注册会计师全国统一考试;(6)组织和推动会员培训工作;(7)组织业务交流,开展理论研究,提供技术支持;(8)开展注册会计师行业宣传;(9)协调行业内、外部关系,支持会员依法执业,维护会员合法权益;(10)代表中国注册会计师行业开展国际交往活动;(11)指导地方注册会计师协会工作;(12)办理法律、行政法规规定和国家机关委托或授权的其他有关工作。

2. 中国会计学会

中国会计学会(Accounting Society of China,ASC)成立于1980年1月,是财政部所属由全国会计领域各类专业组织,以及会计理论界、实务界会计工作者自愿结成的学术性、专业性、非营利性社会组织,是联系政府机构、工商界和学术界的桥梁和纽带,是会计精英就财务会计改革与实践进行交流的高层次平台。

业务范围:(1)组织协调全国会计科研力量,开展会计理论研究和学术交流,促进科研成果的推广和运用;(2)总结我国会计工作和会计教育经验,研究和推动会计专业的教育改革;(3)编辑出版会计刊物、专著、资料;(4)发挥学会的智力优势,开展多层次、多形式的智力服务工作,包括组织开展中高级会计人员培养、会计培训和会计咨询与服务等;(5)开展会计领域国际学术交流与合作;(6)发挥学会联系政府与会员的桥梁和纽带作用,接受政府和其他单位委托,组织开展有关工作;(7)其他符合学会宗旨的业务活动。

本章小结

会计机构是贯彻执行党和国家方针政策,制定和执行会计制度,组织领导和处理会计工作的专职机构。会计人员的职责包括:进行会计核算;实行会计监督;拟定本单位办理会计事务管理的具体办法;参与预测、决策计划、预算的制定,考核、分析计划、预算的执行情况。

本章习题

一、简答题

1. 会计人员有哪些权限和职责?

2. 我国《会计法》对各单位的会计机构的设置有哪些具体的规定?

参考文献

[1]陈丙:《基础会计学》,西南财经大学出版社 2011 年版。
[2]胡思虎、李美珍:《基础会计》,西南财经大学出版社 2011 年版。
[3]杨斯迈:《精编基础会计》,西南财经大学出版社 2011 年版。
[4]财政部会计司编写组:《企业会计准则讲解》,人民出版社 2008 年版。
[5]陈文铭:《基础会计习题与案例》,东北财经大学出版社 2012 年版。
[6]陈国辉、迟旭升:《基础会计》,东北财经大学出版社 2012 年版。
[7]胡世强:《新编会计学原理》,西南财经大学出版社 2011 年版。
[8]企业会计准则编审委员会:《企业会计准则》,立信会计出版社 2015 年版。
[9]企业会计准则编审委员会:《企业会计准则应用指南》,立信会计出版社 2015 年版。
[10]陈国辉、迟旭升:《基础会计》,东北财经大学出版社 2015 年版。
[11]朱小平、徐泓:《初级会计学》,中国人民大学出版社 2012 年版。
[12]刘永泽、陈立军:《中级会计学》,东北财经大学出版社 2014 年版。
[13]全国会计从业资格考试专用教材组:《会计基础》,北京理工大学出版社 2014 年版。
[14]陈国辉、迟旭升:《基础会计》(第 3 版),东北财经大学出版社 2013 年版。
[15]栾甫贵、尚洪涛:《基础会计》,机械工业出版社 2011 年版。
[16]徐泓:《基础会计学》,机械工业出版社 2011 年版。
[17]程培先:《会计学基础》,人民邮电出版社 2013 年版。
[18]李君、许丹:《新编会计学基础》,人民邮电出版社 2013 年版。
[19]余珍、喻辉、杜鹃:《会计学原理》,人民邮电出版社 2014 年版。
[20]张启銮:《会计学》,清华大学出版社 2010 年版。
[21]范俊铭:《会计基础与实务》,机械工业出版社 2011 年版。
[22]吉林省财政厅:《会计基础》,吉林大学出版社 2014 年版。
[23]吉林省财政厅:《财经法规与职业道德》,吉林大学出版社 2014 年版。